Les leçons et le but de l'âme

Un guide canalisé sur la raison pour laquelle vous êtes ici

Sonia Choquette

Traduit de l'anglais
par Nadine Lachance

ADA éditions

Titre original anglais : Soul Lessons And Soul Purpose

Éditeur : François Doucet
Traduction : Nadine Lachance
Révision linguistique : Micheline Forget
Correction d'épreuves : Marie-Lise Poirier, Isabelle Veillette
Typographie et mise en page : Sébastien Michaud
Graphisme de la page couverture : Matthieu Fortin
Design de la couverture : Amy Gingery
Illustrations : Maria LaFrance
ISBN 978-2-89565-594-7
Première impression : 2008
Dépôt légal : 2008
Bibliothèque et Archives nationales du Québec
Bibliothèque Nationale du Canada

Éditions AdA Inc.
1385, boul. Lionel-Boulet
Varennes, Québec, Canada, J3X 1P7
Téléphone : 450-929-0296
Télécopieur : 450-929-0220
www.ada-inc.com
info@ada-inc.com

Diffusion

Canada :	Éditions AdA Inc.
France :	D.G. Diffusion
	Z.I. des Bogues
	31750 Escalquens - France
	Téléphone : 05-61-00-09-99
Suisse :	Transat - 23.42.77.40
Belgique :	D.G. Diffusion - 05-61-00-09-99

Imprimé au Canada

Participation de la SODEC. SODEC
Nous reconnaissons l'aide financière du gouvernement du Canada par l'entremise du Programme d'aide au développement de l'industrie de l'édition (PADIÉ) pour nos activités d'édition.
Gouvernement du Québec - Programme de crédit d'impôt pour l'édition de livres - Gestion SODEC.

J'aimerais dédier ce livre à tous mes guides affectueux, sur les plans physique et spirituel, spécialement à Joachim, Elephelia et aux Émissaires du Troisième Rayon.

Table des matières

Avant-propos

En janvier dernier, je fus invitée à enseigner pendant une semaine sur un magnifique bateau de croisière le long de la côte ouest du Mexique. Lors d'une chaude soirée, après un délicieux dîner, je décidai d'aller sur le pont supérieur et de méditer sous le ciel étoilé avant de retourner à ma cabine. Exprimant doucement ma gratitude pour cette opportunité qui m'était offerte de partager mes dons, j'ai demandé à l'Univers de me guider concernant le but de ma vie — c'est-à-dire de me faire connaître la meilleure prochaine étape à suivre au sein de mon travail et de mon service auprès des autres à ce moment-là.

De façon assez claire et sans être prévenue, j'ai immédiatement été sollicitée par un groupe d'êtres éclairés appelés les *Émissaires du Troisième Rayon*, dont le porte-parole principal est un guide qui se fait lui-même appeler *Joachim*. Il travaille avec moi, depuis plus de deux ans maintenant, à diriger un livre intitulé *Les leçons et le but de l'âme*. Prise au dépourvu par une direction aussi explicite, et déjà engagée à écrire un autre livre, j'ai demandé aux Émissaires s'il s'agissait d'un plan qui pouvait attendre… du moins jusqu'à ce que j'aie terminé le projet sur lequel je travaillais.

Sans accepter ni refuser, ils ont simplement réaffirmé que je devais écrire un livre appelé *Les leçons et le but de l'âme*, dans lequel ils fourniraient une instruction directe sur la manière d'accomplir notre but sur Terre. Et je devais commencer rapidement.

Le lendemain, j'ai partagé la nouvelle avec mon éditeur, Reid Tracy, et sa réponse fut :

— Si c'est ce vers quoi tu as été guidée, alors fais-le !

Et nous nous sommes mis d'accord.

Une fois la croisière terminée, je me suis précipitée à la maison pour terminer le projet sur lequel je travaillais. Plusieurs mois supplémentaires s'avérèrent nécessaires pour le compléter, tout en étant consciente que mes guides attendaient patiemment que je termine cette tâche et que je commence cette nouvelle mission.

Mon incapacité de commencer à écrire immédiatement n'a pas du tout dissuadé les Émissaires. Ignorant ce que je faisais, ils ont commencé à me télécharger de l'information concernant mon prochain livre. Ils m'ont expliqué clairement comment ils voyaient le contenu de ce bouquin. Il devait être présenté dans un format très clair et contenir 22 leçons, lesquelles, disaient-ils, je comprendrais. De manière intuitive, ce nombre avait du sens pour moi. D'abord, une grande partie de mon entraînement ésotérique passé et de mon éducation métaphysique était basée sur la numérologie, laquelle est l'étude de l'ordre mathématique de l'Univers. Dans ce système, 22 est un nombre sacré qui reflète le monde métaphysique. Et, dans mes études de la Kabbale occidentale, il est considéré comme la fondation de toute chose.

Je sais également, en raison de mes études personnelles dans le passé — oui, vingt-deux ans — que les premiers 22 nombres symbolisent les principes cosmiques derrière toute manifestation. En plus de l'importance spirituelle des premiers 22 nombres, l'alphabet hébreu est également composé de 22 nombres, chacun correspondant à un autre qui représente certaines lois spirituelles.

Il y a aussi 22 archétypes trouvés dans l'arcane majeur du jeu du tarot, qui représente une grande et significative partie de mon éducation et de ma formation. Dans chacune de mes traditions spirituelles, 22 est un nombre important et sacré même ; donc, d'être orientée à présenter ce livre en 22 leçons simples avait tout à fait du sens pour moi.

J'ai également été guidée à organiser les chapitres d'une certaine manière, chacun construit par rapport au prochain. Je ne devais pas insister pour que les lecteurs suivent nécessairement l'ordre donné, mais il m'avait été dit de les encourager à laisser leur gouverne intérieure être l'instructeur et de travailler à leur manière. Je devais seulement diriger le curriculum ; la voix intérieure du lecteur devait guider son assimilation.

Surtout, les Émissaires m'ont dit que j'avais été préparée depuis plusieurs années à amener de l'avant cette information — même durant toute ma vie — et que le moment était venu. Être la messagère du partage de cette information faisait partie de ma mission, et il était temps de la réaliser. Mes guides m'ont dit que j'allais simplement leur permettre d'écrire à travers moi et qu'ils feraient le travail. Je n'avais jamais été chargée d'écrire un livre auparavant, j'étais donc excitée par l'expérience.

À cause de l'influence des Émissaires, la voix distincte de mes guides passe à travers ces pages. Elle est forte, claire et sans absurdité. Les guides parlent au plus haut niveau de notre conscience, la partie la plus éveillée de nous. Ils ont appris à être assez francs par moments, et leur conseil est sans sentimentalisme et toujours inconditionnellement aimant. Ils montent doucement à travers la résistance de l'ego et parlent à notre moi authentique.

À ce titre, au cours de votre lecture, vous percevrez leur vibration, ressentirez leur présence et saurez qu'ils ont confiance en vous.

Mes guides ont été très clairs sur le fait que le moment d'apprendre nos leçons de l'âme, d'ouvrir notre cœur et d'élever notre vibration sur la planète Terre est *maintenant*. Nous ne pouvons plus rester paisiblement inconscients, irresponsables à nous-mêmes et aux autres, et nous attacher à l'ignorance et à l'ego sans subir de grandes pertes. Les changements de la Terre, tels que les tsunamis, les tremblements de terre massifs et les ouragans épiques qui se déchaînent à l'heure actuelle, sont en lien direct avec notre résistance à une vibration supérieure, à notre refus de grandir, d'éveiller notre âme et d'ouvrir notre cœur. Les bouleversements s'aggraveront si notre énergie ne change pas et ne s'élève pas à un niveau plus élevé et plus aimant. Plus vite nous élèverons notre âme individuellement, et plus vite nous guérirons collectivement la souffrance sur la planète. Nous n'avons pas de temps à perdre.

J'ai été informée que ce livre serait simple, direct. Il étalera chaque leçon de l'âme, étape par étape, afin que chacun – qu'il s'agisse d'un novice ou d'un maître –, prêt à élever sa vibration personnelle et à assumer sa vraie nature divine, puisse facilement suivre les différentes étapes qu'il présente. Les parties en caractère léger m'ont été dictées par les guides. Les portions écrites en italique sont mes propres contributions et histoires, et ne sont pas dirigées. J'espère qu'au fil de ces pages, nous acquerrons tous une clarté et une orientation sur nos chemins respectifs.

Mon but ultime, en plus de servir de guide intuitif et de messagère, a toujours été d'enseigner la loi spirituelle. C'est ma plus grande joie que de servir d'intermédiaire entre les Émissaires du Troisième Rayon et vous, en partageant ces leçons. J'ai confiance qu'elles ouvriront la voie à votre accomplissement créatif et à la paix de votre esprit. J'espère qu'elles serviront de clé à la porte conduisant à votre vraie nature divine. Alors, commençons.

Introduction

PAR LES ÉMISSAIRES DU TROISIÈME RAYON

Bienvenue ! Ce livre se veut un guide dans votre apprentissage à devenir maître de votre expérience humaine, et à vivre comme un être spirituel illimité, libéré des modèles négatifs qui vous attachent à votre ego et à la souffrance. Nous sommes ici pour vous aider à poursuivre votre but sur la Terre, lequel est d'évoluer d'un être mortel, limité et borné par l'ego vers un être illimité, divin, immortel et incarné par l'esprit. La Terre est votre salle de classe. C'est le seul endroit dans l'Univers où vous pouvez physiquement faire l'expérience de vos créations sur place. C'est le laboratoire pour votre formation et votre expérimentation, et l'incubation pour votre splendeur. La plus grande contribution que vous pouvez apporter à cette planète est de devenir le maître d'amour et de lumière que vous êtes appelé à devenir par le Grand Créateur.

C'est un guide sur la façon d'évoluer rapidement vers un être incarné de lumière. Il vous enseigne, en 22 étapes, le chemin direct vers une vie vibrationnelle supérieure, et vous offre des façons de mesurer votre progrès et de réaliser que vous avancez.

Vous serez intéressé à ce livre si vous êtes prêt à entreprendre la réalisation de votre véritable but sur Terre. Il parle à ceux qui n'ont pas de ténacité dans leur quête à devenir maîtres de leur vie. Alors que vous lisez ces pages, ne vous permettez pas d'être intimidé ou submergé par le contenu.

Il y a beaucoup d'information et de directives à absorber et à intégrer dans votre être, mais vous avez une quantité innombrable d'appuis pour vous aider à réussir, incluant les nôtres. Bien que vous soyez ici pour maîtriser la Divine Expression, vous n'êtes pas seul dans vos efforts. À l'instant où vous décidez de commencer à réaliser le but de votre âme, vos anges et vos guides — des êtres de lumière comme nous —, et votre Moi Supérieur vont immédiatement intervenir pour vous assister. Si votre cœur est ouvert, vous recevrez un appui affectueux à chaque étape du chemin — au-delà de tout ce que votre ego mortel peut imaginer. Les forces bienveillantes de l'Univers veulent vous encourager.

Pendant que vous travaillez, il est important de ne pas percevoir votre vie sur Terre comme une école de réforme ou un endroit d'où il faut s'échapper, comme le font plusieurs étudiants spirituellement orientés. À la place, voyez-la comme une école d'*opportunité*. La planète Terre est le seul endroit énergétique dans l'Univers où vous obtenez des réactions immédiates concernant chacun des choix que vous faites, vous indiquant si vous êtes ou non sur la bonne voie. Parce que vous êtes immortel, vous retournez encore et encore sur Terre jusqu'à ce que vous appreniez. Ce qui a pour conséquence que personne n'échoue à accomplir son but et personne n'est laissé derrière. À la fin, toutes les âmes évoluent.

Finalement, d'une façon ou d'une autre, vous apprendrez tous et toutes vos leçons de l'âme, Les mauvaises nouvelles sont que, vous, humains, en tant que race collective, n'évoluez pas très bien dans votre programme en ce moment. Les conditions qui se détériorent sur la planète Terre en sont le reflet — à la fois dans l'environnement et dans les relations avec chacun. Cet échec à aimer et à exprimer la lumière est ressenti partout dans l'Univers.

En tant qu'êtres d'un plus haut royaume, nous descendons les vagues de la lumière pour vous aider à vous sortir de cet état de confusion. Comme Tuteurs divins, nous activons la mémoire collective de votre héritage sacré et vous aidons à retourner sur la voie avec les leçons de l'âme et votre plus haut objectif à atteindre. Avec cette infusion de conduite transcendante, de plus en plus de gens ouvrent leur cœur. Un nombre croissant d'individus retournent à la clarté et se réapproprient le vrai sens de leur passage sur Terre : devenir des expressions vivantes de divinité.

Tous les humains sont ensemble dans cette salle de classe, servant à tour de rôle d'enseignants et d'étudiants. Lorsqu'une personne perd pied, elle peut demander aux autres de la superviser. Comme des cellules individuelles dans un corps spirituel, chacun de vous contribue à la croissance personnelle de la santé de l'humanité comme un tout. Personne n'est superflu. Comme chaque cellule, chaque âme est importante.

Bien que vous soyez unis, vous êtes différents. Tout comme un corps a plusieurs organes, tissus et cellules qui en font un tout, chaque individu aide à créer l'entièreté de l'humanité. Et tout comme un mauvais fonctionnement dans une partie du corps cause des problèmes dans d'autres régions, ainsi l'arrêt du développement de l'âme d'une personne affecte la race entière. Par ailleurs, quand un aspect du corps est vibrant et en vie, il restaure, rajeunit et régénère les autres parties, redonnant de la santé au système.

Votre vibration personnelle s'accroît pendant que vous maîtrisez vos leçons de l'âme ; et elle rajeunit, restaure et donne à nouveau de l'énergie à chaque personne avec qui vous entrez en contact. Pour chaque progrès que vous faites, vous aidez à guérir cette planète. Vous contribuez à l'équilibre terrestre et fournissez des solutions aux problèmes des autres. Vous servez de la façon la plus noble qui soit quand vous acceptez votre nature spirituelle en modelant une possibilité humaine aux autres.

Nous, dans les royaumes de lumière, avons été appelés pour vous servir. Nous soutenons vos efforts, comprenons vos frustrations et soutenons votre succès puisque votre croissance est essentielle pour accomplir le Plan divin. Votre joie est celle de tous, et votre succès est également celui de tous — aussi bien que celui de Dieu. Jusqu'à ce que vous réclamiez votre moi sacré, l'Univers entier souffre. En atteignant votre but, vous aidez chaque personne et chaque chose. En retour, les efforts de tous les autres vous assistent.

Dans le processus de la maîtrise de l'âme, toute chose dans l'Univers tend finalement vers le même but, celui de servir le Seigneur de la Vie à travers l'amour et les travaux dignes. Nous vous soutenons, alors que votre croissance profite à nous, à Dieu et au Plan divin. Prenez plaisir à réclamez votre nature sacrée et soyez conscient que vous êtes assisté par les cieux. Demandez de l'aide et soyez ouvert à la recevoir.

C'est notre plus grande joie de vous aider et de vous servir. En tant qu'enfant divin du grand Créateur, vous avez accès à toute l'aide dont vous avez besoin. Vous n'avez pas à la gagner ; permettez-la simplement.

Votre mission personnelle est de vivre en paix et dans la joie. Votre but est de servir et d'aimer Dieu à l'intérieur de toute chose. Notre lumière et notre amour sont avec vous.

Comment utiliser ce livre

Le chemin vers la maîtrise de l'âme est résumé dans les prochaines 22 leçons de l'âme. Chacune, si apprise et pleinement intégrée dans votre vie, prépare le sol et coule la fondation pour comprendre et assimiler la prochaine. Elles abordent la conscience à tous les niveaux — le corps, la pensée, les émotions et l'esprit — et servent à aligner votre conscience uniquement avec votre Moi Supérieur et votre véritable objectif.

Les leçons sont divisées en deux niveaux : les onze premières sont orientées principalement vers le démantèlement des fausses idées et la libération de l'ego, tandis que les onze autres se concentrent pour élever votre conscience et votre vibration afin qu'elles s'unissent pleinement avec votre Moi Supérieur et l'Expression divine sur Terre.

Pour pleinement incarner chaque leçon, chaque âme doit passer à travers quatre stades d'apprentissage : **l'étudiant, l'apprenti, le compagnon et le maître**. Si vous êtes un étudiant, l'information sera complètement nouvelle et offrira une perspective qui est différente de votre façon actuelle de penser, de percevoir et de vivre dans le monde. Vous pouvez reconnaître si vous êtes ou non un étudiant pour chaque leçon donnée en évaluant le degré avec lequel vous faites l'expérience de la difficulté ou des problèmes dans votre vie relativement à ce sujet. Plus vous avez de la frustration ou de la souffrance, plus l'indication que vous êtes un étudiant sera claire.

Si vous êtes un apprenti dans une leçon particulière, la tâche ne sera pas entièrement nouvelle. Vous y aurez été exposé avant et serez intellectuellement ouvert à l'apprendre. Peut-être que vous avez même activement cherché des mentors ou des modèles pour vous aider à comprendre plus profondément le sujet jusqu'à un certain point. Vous pouvez dire que vous êtes un apprenti dans un certain enseignement de l'âme si vous en parlez souvent — et si vous y pensez encore plus. Vous vous efforcez de comprendre cet enseignement et essayez de vous y conformer si vous le pouvez. Pour la plupart, bien que vous soyez ouvert (un peu) à apprendre, vous espérez secrètement ne rien avoir à faire de différent. Vous comprenez que vous devez changer, mais résistez à faire quoi que ce soit de concret pour cela.

En entrant dans la phase du compagnon d'une leçon de l'âme, votre résistance commence à diminuer. Vous saisissez l'information au niveau du cœur et commencez à la mettre en pratique. C'est le stade de « l'apprentissage par l'action ». À l'opposé du stade de l'apprenti où vous comprenez intellectuellement un enseignement, mais ne le mettez pas en pratique, à ce point, vous y projetez votre cœur et commencez à agir selon lui au meilleur de votre capacité. Un apprenti demande à la vie : « Pourquoi me fais-tu cela ? » tandis que le compagnon se demande : « Pourquoi est-ce que je me fais cela à moi-même ? » Vous vous engagez maintenant à assimiler la leçon. Vous reconnaissez que toutes les difficultés sont une indication de ce que vous avez besoin d'apprendre, et vous prenez la pleine responsabilité d'agir ainsi.

Lorsque vous êtes un maître d'une leçon de l'âme, vous l'avez acceptée et incorporée si pleinement dans votre vie qu'elle cesse de vous causer le moindre problème. Vous faites l'expérience des avantages d'avoir appris ce sujet dans chaque sphère de votre vie. Vous vous sentez fort et confiant. En maîtrisant une leçon, vous commencez à construire votre but dans cette sphère ; et votre réalisation sert de modèle d'inspiration pour ceux qui œuvrent toujours dans les phases de l'étudiant, de l'apprenti et du compagnon. De cette façon, vous encouragez, guidez et donnez de l'espoir aux autres.

Les leçons sont présentées séquentiellement ; pour les assimiler plus facilement, abordez-les dans l'ordre. La première coule la fondation pour la seconde, laquelle vous prépare pour la troisième — et ainsi de suite. Plus vous intégrez et possédez un chapitre, plus il vous sera facile d'apprendre et d'assimiler le prochain.

Ceci dit, les êtres humains sont rarement consistants. Ne vous étonnez pas si en révisant ces enseignements vous découvrez que vous avez joué à la marelle à travers eux au fil du temps — en en apprenant certains, en en ignorant d'autres, et en échouant misérablement dans des secteurs ; vous avez maintenant un mélange de conscience à passer au tamis. Si c'est le cas — comme nous en sommes certains —, révisez les leçons que vous connaissez et appliquez-les — il est toujours bon de réviser —, et travaillez sur celles que vous avez effleurées ou contournées.

Pour vous assister dans la compréhension du stade où vous êtes rendu selon chaque leçon, nous avons exposé à la fin de chaque chapitre des exemples d'expression pour l'étudiant, l'apprenti, le compagnon et le maître. Ceux-ci vont vous aider à évaluer où vous en êtes dans la courbe d'apprentissage de ce sujet particulier, et à planifier la marche à suivre pour avancer.

Ne vous inquiétez pas de votre niveau actuel. Les gens sont tous à des niveaux variés dans les différentes leçons. Vous pouvez être un maître dans l'une et un étudiant dans l'autre. Vous êtes rarement au sommet ou au plus bas dans les 22 leçons de façon simultanée.

En vous déplaçant le long de la courbe d'apprentissage, vous invitez ceux qui ont maîtrisé quelque chose avant vous à briller, et vos efforts encouragent ceux derrière vous à essayer encore plus. Chaque phase d'apprentissage sert un but pour vous et pour les autres. Votre lutte fait ressortir le meilleur en eux, et leur travail fait ressortir le meilleur en vous.

Le programme présenté dans ce livre est une ligne de conduite de la Loi divine. Elle gouverne toute conscience vivante dans l'Univers ; elle est rigoureuse, elle met au défi et elle remplit ses attentes. Les lois sont impersonnelles, mais une fois que vous commencez à travailler avec elles, vous récoltez les récompenses immédiatement. Votre expérience est votre meilleur professeur, parce qu'elle vous révèle si vous apprenez ou non. Votre joie personnelle reflétera votre degré de succès.

Lisez chaque leçon attentivement – plusieurs fois. Considérez-la pendant une journée ou deux et laissez l'information s'installer dans votre conscience et dans votre cœur. Remarquez si elle a du sens ou non pour vous, et accordez-vous du temps pour l'accepter.

À la fin de chaque chapitre, nous avons demandé à Sonia d'offrir de simples suggestions pour vous aider à cheminer au cours de votre apprentissage. Chaque petit pas vous déplace rapidement vers une plus haute vibration. Par conséquent, le processus d'apprentissage est doux et non intimidant. En aucun cas, il ne vous est demandé de grandir au-delà de votre capacité – nous vous invitons simplement à sortir de votre zone de confort et à essayer quelque chose de nouveau. Le voyage n'a pas à être douloureux, et, en fait, cet enseignement est à vrai dire destinée à soulager votre détresse et votre souffrance quotidiennes.

La seule chose à éviter est de refuser d'apprendre, ce qui serait la tentative de l'ego à bloquer votre divinité. Si vous succombez à votre ego, vous abaissez la vibration de votre âme et de l'humanité en entier. En rejetant la croissance, vous nuisez à la Terre et à tous ceux qui y vivent parce que vous faites partie de l'esprit collectif de la race humaine. Soyez certain qu'au niveau de l'âme, votre désir de développer votre plein potentiel d'amour est plus grand que la résistance personnelle de votre ego. Par conséquent, vous serez encouragé par l'Univers, encore et encore, à abandonner toute résistance à votre divinité — jusqu'à ce que votre ego fasse place à la croyance, à l'acceptation et à une plus haute vibration.

Approchez ces leçons d'une manière détendue, avec le cœur et l'esprit ouverts. Elles représentent un défi à maîtriser, mais nous vous assurons qu'elles sont loin d'être aussi difficiles à accepter qu'à ignorer. Négliger ces enseignements rend le voyage de la vie misérable et non créatif.

N'ayez pas peur des leçons de l'âme, puisqu'il n'y a rien à craindre. Elles vous libéreront de la frustration et de la douleur — il n'y a rien à ajouter. Elles ne limiteront pas non plus votre liberté. En fait, c'est l'opposé qui se produira : plus vous adopterez votre nature spirituelle, plus vous votre liberté grandira.

C'est avec curiosité et intérêt qu'il faut approcher ces leçons. Comme vous le découvrirez, vous avez déjà appris certaines d'entre elles, et vous en avez même maîtrisé d'autres et vous les exprimez maintenant comme une part de votre but. À cet égard, vous serez agréablement surpris.

Il n'est pas nécessaire de maîtriser les 22 leçons dans cette vie, parce que l'âme voyage d'une vie à une autre avec tout le savoir passé qui demeure intact. Consciemment ou inconsciemment, vous avez travaillé sur ces sujets pendant plusieurs incarnations et vous progressez. Chaque séjour sur Terre sert de salle de classe, alors que vous escaladez la courbe de l'apprentissage. Vous arrivez à chaque leçon de l'âme au parfait moment, et aucun apprentissage n'est jamais perdu.

Bien que de sauter complètement des leçons ne soit pas recommandé, vous avez tout le temps de l'Univers pour apprendre, puisque le don de votre grand Créateur est de libre volonté. Vous pouvez choisir de progresser rapidement ou lentement. La planète Terre et l'expérience humaine sont une école de l'âme, et personne n'obtient de diplôme sans maîtriser les 22 leçons.

Approchez ces enseignements avec un esprit ouvert. Prenez satisfaction et fierté en ceux que vous avez maîtrisés et persévérez avec ceux qui présentent un défi. Soyez diligent dans vos efforts jusqu'à ce que vous réussissiez. Demandez de l'aide et rappelez-vous qu'en tant qu'être divin, rien ne vous limite, sauf vos pensées. Cet enseignement est destiné à vous guider, étape par étape, dans la libération des modèles et comportements qui bloquent votre divinité.

La consécration du plus haut but de votre âme arrive lorsque vous avez maîtrisé les 22 leçons et les avez intégrées à votre Moi Supérieur comme étant votre vraie identité. À ce moment-là, vous serez aligné uniquement avec la Conscience divine à chaque instant de votre vie. Vous tomberez dans un état de sérénité, libre de toute limitation et de souffrance. Votre lumière intérieure s'étendra dans le monde et au-delà, amenant la guérison et l'harmonie à tous. À l'humble service du Seigneur aimant de l'Univers, qui interpelle votre lumière à ce moment-ci, nous reconnaissons votre divinité et sommes honorés de servir votre évolution.

Dans la paix et avec grand amour,
Les Émissaires du Troisième Rayon

PARTIE I

Apprendre à utiliser votre pouvoir créatif

Leçon de l'âme # 1

Vous êtes un être immortel divin

Vous êtes un être immortel divin — un précieux enfant de l'Univers. Votre but fondamental sur Terre est de reconnaître votre vraie nature en tant qu'être créateur spirituel. Toutefois, votre ego, qui est lié à votre mortalité physique, combat cette vérité de toutes les façons possibles dans le but de maintenir un contrôle sur vous, vous faisant oublier votre réelle identité et vous jetant dans la confusion et le désespoir.

Lorsque vous reconnaissez que vous êtes un être immortel divin, avec le pouvoir de créer et de maîtriser plusieurs capacités, le trouble et le désespoir cessent donc ; et votre expérience humaine devient joyeuse, calme et paisible. Si vous ne reconnaissez pas votre divinité et permettez plutôt à votre ego de vous définir, vous demeurez craintif, malheureux et coupé de votre vrai but sur Terre — et vous êtes incapable d'exprimer votre esprit créatif.

En tant qu'être immortel divin, l'aspect le plus important de votre but est de réclamer et de maîtriser votre créativité. La planète Terre et l'expérience humaine offrent à votre âme la meilleure salle de classe possible où elle peut se découvrir, apprendre l'épreuve et l'erreur, et avancer dans chaque voie. Les anciens mystiques de votre domaine se réfèrent à ceci comme *l'alchimie*, le processus de changer l'initiative de votre ego en l'or de votre esprit.

Vous vous demandez peut-être ce que cela signifie exactement d'être un être immortel divin ? Cela signifie que vous n'êtes pas votre corps, votre personnalité ou votre ego; vous n'êtes pas non plus votre passé ou votre futur. Vous ne devez pas vous définir par vos expériences ou vos conditions — bien que ces dernières soient des outils que vous pouvez utiliser —, elles ne sont pas ce que vous êtes.

Vous êtes *esprit* — une fougueuse et céleste intelligence créée par Dieu et illimitée en nature. Vous n'avez pas besoin de devenir « spirituel » — comme s'il y avait quelque chose de fondamentalement défectueux en vous que vous deviez corriger ou vaincre, comme tant d'entre vous le croient. Vous *êtes* esprit. Saisissez, exprimez, aimez et profitez de ceci.

Il n'y a pas de monde extérieur de qui vous devez acquérir l'acceptation et l'approbation. Il y a seulement une famille humaine, dans laquelle tous les gens sont connectés de façon intrinsèque comme un corps divin singulier. Vous faites partie de cette communauté et êtes autant une expression sacrée de l'amour qu'un enfant de Dieu.

La seule chose qui vous bloque de cette conscience est votre ego, qui fait temporairement partie de votre véhicule physique — le corps dans lequel vous apprenez tandis que vous êtes ici sur Terre. Il essaie de tout contrôler et veut que vous croyiez qu'il est responsable. L'ego est craintif, manipulateur et déroutant; et il fera tout ce qui est en son pouvoir pour vous distraire et pour que vous ne connaissiez pas votre esprit, votre véritable moi. Ne tombez pas sous son charme.

Nous ne recommandons pas, néanmoins, d'essayer de vous débarrasser de votre ego parce qu'en vérité vous ne le pouvez pas. Aussi longtemps que vous êtes vivant, il en est ainsi. Tenter de l'éradiquer serait de jouer au chat et à la souris; un jeu qui vous empêcherait de vivre dans votre esprit.

À la place, aimez et respectez cet aspect troublant de vous-même pour ce qu'il est : la partie limitée de vous qui veut être en contrôle. Riez de votre ego — affectueusement, bien sûr — et ignorez ses perceptions. Ce n'est pas la voix de votre moi essentiel et il ne transmet pas la vérité. Quand vous écoutez votre ego, vous devenez consumé par la négativité et la peur. Il dérangera votre esprit avec ses insécurités interminables, ses exigences et ses menaces, lesquelles grandiront uniquement si vous leur portez attention durant un certain moment.

Plutôt que de vous concentrer sur ce faux conseil, harmonisez-vous avec votre divin esprit immortel. Il vous guidera vers la vérité attestant que vous êtes un être précieux, et que Dieu, l'Univers, vos guides et anges, et nous, les Émissaires, vous adorons. En tant qu'enfant béni de l'esprit, vous êtes fait uniquement d'amour. Apprenez à vous chérir comme Dieu le fait — pleinement, librement et inconditionnellement. Vous êtes ici sur Terre pour accepter et maîtriser cette vérité.

[Comme il fut mentionné dans l'avant-propos, les portions de ce livre en caractère léger **m'ont été dictées par les Émissaires du Troisième Rayon. Les sections écrites en** *italique* **sont mes propres histoires et réflexions et elles ne sont pas guidées. — Sonia]**

Je me souviens de la toute première fois où j'ai été introduite à cette leçon. Elle s'est présentée à moi par le biais de ma meilleure amie et compagne psychique, Sue, alors que j'avais onze ans. Elle me l'a amenée alors que nous étions en train de jouer aux osselets à l'école. Quand arriva mon tour, Sue s'est penchée vers moi et m'a chuchoté :

— J'ai quelque chose à te dire.

Intriguée, j'ai tourné la tête vers elle, mais j'ai continué à jouer le jeu. Elle a attendu que j'aie terminé afin d'obtenir mon entière attention, et elle m'a ensuite dit :

— Devine quoi ? Nous sommes Dieu.

Choquée par son blasphème, j'ai bafouillé :

— Quoi ? Qui ? Nous ? Tu veux dire toi et moi ? Comment peux-tu dire cela ? C'est… c'est… faux !

Ma réaction a été instantanée. Bien que j'étais « psychique » et avais de très fortes connexions personnelles avec des êtres spirituels, j'étais toujours une bonne fille catholique – une étudiante conventionnelle en religion, et je n'avais jamais entendu une telle chose narcissique. Il m'avait été dit que nous étions des pécheurs, nés de cette façon, et pas même acceptables pour le ciel avant d'être baptisés. La suggestion de Sue que nous soyons Dieu était outrageuse et antithétique à toute chose qui m'avait été enseignée à l'école. Ça ressemblait à un sacrilège.

– Ne dis pas cela, spécialement tout haut, lui ai-je dit pour la faire taire. Chut !

– Peu importe ce que tu dis, a-t-elle répondu calmement, c'est vrai.

Son assurance tranquille était intrigante. Comment le savait-elle ? Comment pouvait-elle être si confiante, si intrépide ? Après tout, nous étions catholiques.

Elle a attendu que je me sois calmée, puis m'a doucement expliqué qu'elle avait fait certaines lectures à la bibliothèque publique dans la section métaphysique et était tombée sur l'auteur Ernest Holmes, Madame Blavatsky et d'autres professeurs théosophiques.

– Dans ces livres, de grands professeurs disent que nous sommes divins. Je les crois, et tu le devrais aussi, m'a dit Sue.

Ses mots m'ont effrayée à ce moment-là. Cela semblait si… arrogant – du moins selon mon éducation catholique. Toutefois, à un niveau organique et intuitif, cela résonnait dans mes os comme vrai. Cela semblait vrai et je ne pouvais pas l'ignorer.

Nous avons cessé notre discussion à ce moment-là parce que j'avais peur que nous ayons été entendues et que nous ayons des problèmes. Mais ses mots ont semé une graine en moi, et je ne pouvais pas rejeter l'idée. J'ai commencé à y réfléchir et je me suis même faufilée à la bibliothèque pour lire le livre de métaphysique dont elle m'avait parlé. Nous y étions – la même vérité qu'elle m'avait partagée.

Je parvins à l'âge de quatorze ans, et les graines de ma divinité personnelle avaient pris racine. Je n'en parlais pas avec les autres, sauf avec ma mère ; elle et mes guides étaient d'accord avec ce que Sue m'avait dit :

– Nous sommes divins.

Peu après, j'ai été présentée à l'un de mes mentors spirituels les plus influents, le docteur Tully. Quand je l'ai entendu parler pour la première fois, il a confirmé ce que Sue avait affirmé et a dévoué une lecture entière à la nature sacrée que nous partageons tous. Je l'ai cru et mon but dans la vie a commencé à se préciser.

Depuis lors, j'ai été témoin d'autres personnes arrivant à cette même conscience de base de l'âme de plusieurs manières. Cela en choque quelques-uns – comme il en a été pour moi –, en intrigue certains et en effraie d'autres encore plus. Mais, de plus en plus, cette leçon apporte principalement un grand soulagement. Nous sommes des êtres divins et les cellules de notre corps le savent. Plus tôt nous l'accepterons, plus tôt nous deviendrons plus paisibles. Nous avons besoin de comprendre cela maintenant afin de cesser d'agir par la peur et de nous jeter, nous-mêmes et les autres, hors de notre amour de soi. Nous prendrons tous conscience du moment où cette vérité s'est présentée à nous. Et lorsque cette conscience émergera, nous reconnaîtrons notre appel à cette leçon, et ce sera le moment de commencer la poursuite de notre but.

Maintenant, vous pouvez appliquer cette leçon.

— Si vous trouvez que ceci est une information totalement nouvelle et qu'il est difficile de croire qu'il y ait quelque chose de divin à propos de vous ou de quelqu'un d'autre, que vous pensez qu'il est arrogant d'avoir de telles pensées grandioses, ou que avez en général une faible estime de vous-même... vous êtes alors conséquemment un **étudiant** à cet enseignement.

— Si vous reconnaissez que vous êtes une âme, mais croyez difficilement que vous êtes un saint ; que vous pensez qu'il est possible de devenir divin, mais pas dans cette vie ; que vous vous définissez habituellement, ainsi que le monde, par les opinions des autres ; et que vous vous inquiétez continuellement au sujet de votre apparence... vous êtes alors un **apprenti**.

— Si vous surveillez vos pensées, si vous voyez grand, si vous vous sentez aimé par Dieu et savez que vous êtes un être spirituel... vous êtes dans la phase **compagnon**.

— Si vous acceptez que vous êtes divin, n'avez pas de résistance face à votre esprit immortel, faites l'expérience d'une vie sacrée, ou vous vous demandez comment vous pouvez mieux créer ce que vous désirez... alors, vous êtes sur la voie de **maîtriser** cette leçon.

Si vous êtes un **étudiant**...

- Prenez de profondes respirations et réalisez qu'elles vous donnent la vie. Elles sont la fondation de votre esprit.
- Réfléchissez à propos de votre esprit et considérez ce qui « allume votre feu » — façon de parler — avec joie.
- Portez attention aux ressemblances des gens plutôt qu'à leurs différences, et remarquez ce qui est bon — même bien — concernant tous les êtres humains.
- Cessez de rechercher l'approbation des autres et acceptez votre divinité.

Si vous êtes un **apprenti**...

- Concentrez-vous sur les choses que vous aimez et appréciez-les par rapport à vous même, les faisant sans gêne et souvent.
- Donnez-vous verbalement une pleine approbation.
- Prenez le temps de remarquer les activités qui apportent la paix et engagez-vous-y.
- Déclarez que vous êtes aimé par votre Créateur.

Si vous êtes un **compagnon**...

- Rappelez-vous quotidiennement que vous êtes divin.
- Regardez dans l'âme des gens.
- Reconnaissez l'esprit à l'intérieur de tous les êtres.
- Ignorez toute pensée ou tout sentiment qui vous font douter de votre valeur, concentrez-vous plutôt exclusivement sur votre vie spirituelle.

Si vous sentez que vous êtes sur la voie qui vous mènera à la **maîtrise** de cette leçon...

- Moquez-vous de votre ego et profitez de votre esprit.
- Continuez à façonner votre amour de soi et votre acceptation.

- Soyez ouvert à votre nature divine.

- Aimez-vous sans condition.

La leçon de votre âme
Vous êtes un être immortel divin.

Le but de votre âme
Vous aimer vous-même comme Dieu vous aime.

Leçon de l'âme # 2

Vous êtes un cocréateur avec le Divin

Vous êtes un cocréateur avec l'Univers ; et chaque geste de votre vie reflète la façon dont vous utilisez actuellement votre pouvoir créateur. Ceci inclut votre santé, la qualité de vos relations, votre statut matériel, la satisfaction ou l'insatisfaction découlant de vos expériences quotidiennes et de votre travail.

Cela peut vous bouleverser de croire que vous pourriez possiblement avoir autant d'influence. Néanmoins, c'est vrai. Vous désignez toutes les circonstances, sauf que vous le faites rarement intentionnellement. Vous développez la plupart des situations inconsciemment parce que vous ne savez pas comment utiliser votre créativité correctement pour réaliser vos vrais buts.

Toutefois, ne considérez pas cette leçon comme un blâme.Vous adresser des reproches serait comme tendre les clés d'une voiture à un enfant, le regarder causer un carambolage de dix voitures et ensuite lui dire qu'il a intentionnellement provoqué l'accident. Il l'a peut-être provoqué, oui — mais pas intentionnellement.

En tant qu'être divin, vous possédez le pouvoir de créer sur la planète Terre ; pour accomplir avec succès ce que vous désirez vraiment, vous devez travailler à l'intérieur de la *Loi divine*. Il y a des principes immuables, dictés par Dieu, qui gouvernent la façon dont le monde physique naît. Si vous agissez conformément avec ces préceptes sacrés, vous réaliserez tout ce que vous souhaitez. Jusqu'à ce que vous compreniez et acceptiez que vous êtes un cocréateur et que avez choisi votre vie telle qu'elle est aujourd'hui — bien qu'inconsciemment, peut-être —, vous ne pourrez pas maîtriser les leçons de votre âme ou atteindre votre but.

Le plus tôt vous réaliserez votre pouvoir créatif intérieur et apprendrez comment l'utiliser correctement, le plus vite votre vie deviendra l'expérience joyeuse qu'elle est destinée à être.

Nous vous entendons répliquer : « Vous voulez dire que j'ai créé la pauvreté, la maladie, l'isolation, le chômage, la frustration sociale et la lutte ? »

En fait, oui, vous les avez créés... mais encore, pas intentionnellement. Vous avez juste, par le biais de mauvais exemples, appris à mal utiliser votre pouvoir divin inhérent plutôt que de le diriger correctement. Vous avez fondamentalement fait ce que vous avez observé chez les autres — habituellement sans interroger leurs comportements. Par exemple, si votre mère a mal géré son énergie créative par rapport à l'argent et a généré des dettes, il y a alors de fortes chances que vous en fassiez de même. Ses propres parents ont probablement éprouvé des problèmes à ce niveau-là.

Il y a plusieurs mois, j'ai parlé au téléphone avec une cliente prénommée Rita. Se proclamant elle-même sceptique, c'est sa fille qui l'a encouragée à prendre contact avec moi. Elle m'a avoué bien franchement avoir beaucoup de difficulté à croire quoi que ce soit, encore moins ce que je pouvais avoir à lui dire.

Déconcertée, tandis que je scrutais son énergie et que je la recevais avec mes guides, je lui ai demandé si sa mère venait tout juste de mourir d'obésité morbide.

Surprise, Rita m'a dit qu'en fait, oui, c'était exact. Sa mère, qui pesait cent soixante-douze kilos et mesurait seulement un mètre soixante, avait vécu avec un surplus de poids toute sa vie.

Je lui ai alors demandé si elle souffrait du même problème.

Rita a été silencieuse pour un moment et m'a ensuite dit :

– J'aimerais croire que non, mais je dois admettre que oui. Je souffre aussi d'un énorme surplus de poids, mais, comme je suis plus grande que ma mère, je me suis convaincue que ce n'était pas si mal. Je ne me suis jamais considérée comme une obèse morbide, mais je crois que mon médecin n'aurait aucun mal à le déclarer.

Je lui ai alors demandé si sa fille avait aussi un excès de poids. Ce à quoi elle a répondu :

– Absolument ! Plus que moi ! Je lui dis que c'est un risque pour sa santé, mais elle me répond de me mêler de mes affaires. Cela m'exaspère, mais avec l'éclairage que vous m'apportez, je suppose qu'elle a raison.

Rita est ensuite tombée dans une crise de désespoir :

– Oh Seigneur ! à certains moments, je veux juste abandonner, a-t-elle dit.

J'ai attendu quelques instants afin que ses émotions se calment, et je lui ai ensuite demandé si sa mère lui avait déjà tenu de tels propos.

– Chaque jour de sa vie, a-t-elle répondu avec un ton de ressentiment.

– Et votre fille ? ai-je demandé. Qu'en est-il d'elle ? Est-ce qu'elle dit parfois qu'elle veut arrêter d'essayer ?

– Maintenant que vous le mentionnez, oui, elle le dit constamment, a répondu Rita. Cela me met en colère quand elle est aussi négative.

– Et vous ? ai-je continué, êtes-vous pessimiste ?

– Je n'ai jamais pensé que je l'étais, mais j'imagine que je devrais dire que je le suis.

– Et quand vous vous sentez mal, vous mangez, n'est-ce pas ?

– Certainement, c'est ce que je fais. Cela soulage la douleur pour une minute.

– À partir de ce que mes guides m'enseignent, ai-je continué, vous et votre fille recréez simplement le même modèle hérité de vos parents et vous le perpétuez.

– Toutes les femmes dans la famille ont un excès de poids, m'a-t-elle dit, et elle a ensuite ri. J'imagine que nous sommes toutes allées à la même école.

– Oui ! mais voici les bonnes nouvelles. Tout comme vous l'avez manifesté, vous pouvez tout aussi bien engendrer quelque chose d'autre – mais pas délibérément, et pas en utilisant uniquement votre ego. Vous devez cocréer avec l'Univers dans le but de réussir. Vous avez le pouvoir de générer le malheur et la misère – ou la santé et la joie. Demandez simplement de l'aide à votre Assistant divin lorsque vous concevrez votre vie et les choses s'amélioreront.

Rita demeura silencieuse pour une minute environ, puis elle prit une profonde respiration et dit :

– Je sais que vous avez raison. J'ai dit que j'étais sceptique, mais la vérité est que ma propre voix intérieure, ou peu importe comment vous l'appelez, me laissait le même message. Je ne voulais simplement pas l'entendre, donc je prétendais que je ne le pouvais pas.

Je lui ai suggéré encore une fois de considérer la condition de son poids comme n'étant rien de plus qu'un modèle adopté inconsciemment, et qui, avec l'aide du Divin, pourrait être changé. Dans son cas, je lui recommandé de joindre les Outremangeurs Anonymes ; ce serait pour elle un excellent entraînement de base pour utiliser les pouvoirs divins afin de créer de nouvelles circonstances, et c'est gratuit en plus.

Contrairement à ses dires, Rita n'était pas si réfractaire qu'elle ne le laissait entendre. Le lendemain, elle se ralliait aux Outremangeurs Anonymes et, dix mois plus tard, elle m'écrivait pour me faire part qu'elle avait perdu vingt-sept kilos – et beaucoup de ressentiment. Elle déclarait qu'elle aimait se créer un nouveau corps et une nouvelle vie pour elle-même. La meilleure partie, a-t-elle ajouté, était que sa fille Jolene avait récemment décidé, elle aussi, de changer ses pensées. Elles travaillent maintenant ensemble à développer un héritage différent pour elles-mêmes et les futures femmes de la famille.

Ces abus de la créativité ne sont la faute de personne. Ce sont simplement des erreurs répétitives – des modèles transmis d'une personne à une autre, de génération en génération, de vie en vie. Votre rôle est d'arrêter ces formes de pensées inconscientes qui dirigent votre vie, et dont les conséquences se perpétuent ; il vous faut organiser de nouveaux exemples de pouvoir imaginatif pour les autres qui viendront, les libérant donc par le fait même. Voilà pourquoi vous êtes ici – pour maîtriser consciemment et diriger votre énergie divine au lieu de laisser votre vie continuer à être dirigée – et sur le pilote automatique –, répétant les mêmes erreurs.

À ce moment-ci, il n'est pas nécessaire de vous inquiéter à propos de la façon de mieux canaliser votre pouvoir créatif. Acceptez simplement que vous avez ce pouvoir, parce que vous ne pouvez pas maîtriser ce don avant de vous en proclamer propriétaire.

Cela peut donner l'impression que certains secteurs de votre vie, tels que la famille ou les conditions physiques ou attributs avec lesquels vous êtes né, étaient au-delà du domaine de votre influence personnelle. Mais vous êtes un être intemporel et vous avez des vies passées et une longue histoire devant vous, déjà incarnée dans votre forme présente. Donc, aussi farfelu que cela puisse paraître à votre ego, votre âme a choisi vos circonstances, incluant votre famille, votre corps et l'endroit où vous êtes né, et ce, dans le but de mieux servir votre évolution continue.

Chaque nouvelle vie se poursuit exactement là où la précédente s'est terminée. Cela veut dire que, non seulement vous choisissez l'emplacement de votre présente incarnation, mais vous perpétuez également des attributs de vos vies passées. Par exemple, si vous étiez improductif et particulièrement dépendant lors de votre dernier passage sur Terre, et que vous n'avez pas appris comment rediriger votre créativité pour devenir plus productif, vous allez continuer à faire face aux conditions de manque dans vos apparitions subséquentes sur la planète, jusqu'à ce que vous appreniez à manifester quelque chose de différent.

J'ai un client, Carlos, qui a accepté son pouvoir et a décidé de faire un changement radical dans sa vie avec l'assistance du Divin.

Ingénieur né au Mexique, il voulait devenir un résident permanent des États-Unis et il a mis sur pied un centre de guérison métaphysique à El Paso, au Texas, où il travaillait et vivait en utilisant un passeport temporaire.

Prenant en main son pouvoir cocréatif, il fit une demande de permis pour sa résidence. Son avocat lui laissa entendre qu'il avait seulement cinquante pour cent des chances de le recevoir, et que, même là, plusieurs années pourraient s'écouler avant qu'il ne soit approuvé. Rejetant cette prédiction, Carlos demanda à l'Univers de l'aider à réaliser son projet. Sept mois plus tard, il recevait sa carte de résidence dans le courrier. Son avocat n'arrivait pas à le croire, le processus requerrant habituellement plusieurs longues et fastidieuses étapes, et en plus, aucune d'elles n'avait été commencée.

Continuant à cocréer, plutôt qu'à « essayer de comprendre » par lui-même ou d'écouter les autres qui le décourageaient, il demanda à Dieu de l'aider à concrétiser un bâtiment pour son centre de guérison. À l'intérieur de quelques courts mois, une structure, qui venait tout juste de subir des réparations pour un montant de 50 000 $, se libéra. De plus, cette construction avait aussi été récemment repeinte, et ce, dans les couleurs exactes du logo de Carlos. Il y déménagea et installa son centre à l'intérieur de quelques semaines – ce que tout le monde lui avait dit être impossible.

– Laissé à mes propres conseils, a-t-il dit, je n'aurais jamais réussi. Mais je suis un cocréateur, et j'ai demandé à l'Univers de soutenir mes buts et de faire un peu de magie pour moi. Je voulais créer quelque chose de différent de ce qu'on m'avait dit que je pouvais faire, ou que j'avais vu les autres faire – et même moi-même – dans le passé. Je voulais prouver à ceux qui croyaient que je ne pourrais réaliser ce rêve qu'ils avaient tort.

Et il a réussi ! Vous pouvez visiter son centre de guérison lorsque vous passez par El Paso. On l'appelle Butterflies of Wisdom (Les papillons de la sagesse), et c'est vraiment un endroit transformationnel.

Vous ne sautez pas d'étapes ou n'avez pas des sorties de corps qui vous permettent d'éviter les leçons de votre âme. À la place, vous vous déplacez progressivement le long de la courbe d'apprentissage, travaillant petit à petit à assumer, exprimer et maîtriser votre esprit divin sur le plan physique. C'est le bonheur de vivre dans ce monde, et la raison pour laquelle votre âme choisit de venir sur Terre. Vous pouvez créer, et vous créez sans arrêt. Une fois que vous avez appris comment faire telle chose dans les manières qui vous plaisent, la vie devient une merveille de possibilités infinies.

Maintenant, vous pouvez appliquer la leçon.

— Si vous ne croyez pas que vous pouvez créer toute chose maintenant, ou que vous l'avez déjà cru dans le passé ; que vous vous sentez fâché et impuissant quant à l'injustice de tout cela ; que vous pensez que l'on vous demande d'être responsable pour plus que ce que vous pouvez en prendre, ou entretenez secrètement l'espoir que bientôt un prince ou une princesse arrivera sur son cheval blanc afin de rendre magiquement votre vie beaucoup plus facile… alors, vous êtes un **étudiant** dans cette leçon.

— Si vous avez été introduit à cette idée auparavant et la trouviez intrigante ou même amusante, mais que vous ne la preniez pas trop au sérieux ; si vous lisez des livres sur l'autonomie (mais ne les finissez pas) ; ou que vous êtes encouragé, mais non convaincu que vous pouvez faire les choses mieux… vous êtes alors un **apprenti**.

— Si vous savez que vous êtes un cocréateur avec l'Univers, que vous êtes impatient d'améliorer vos capacités d'expression, que vous portez une grande attention à vos choix ou prenez la pleine responsabilité des conditions de votre vie… alors, vous êtes dans la phase **compagnon**.

— Si vous vous réveillez confiant, concentré et ambitieux à l'idée de cocréer votre prochain but excitant ; si vous savez par chaque cellule de votre corps que vous allez réussir ; si vous abordez la vie avec une facilité optimiste et doublée d'une détermination et d'une discipline d'acier et à toute épreuve; et que vous ne permettriez jamais à l'échec d'entrer dans votre esprit... vous avez donc atteint le niveau de la **maîtrise** par rapport à cet enseignement.

Si vous êtes un **étudiant**...

- Faites la liste de toutes les conditions présentes dans votre vie que vous approuvez, et dont vous profitez; prenez le plein crédit pour elles.
- Faites la liste de toutes les circonstances pour lesquelles vous n'êtes pas heureux; et observez si d'autres membres de la famille les partagent, un peu comme des modèles négatifs et appris.
- Réfléchissez sur le fait que vous pouvez créer et demandez-vous sur quoi vous aimeriez travailler prochainement.
- Lisez des livres sur l'autonomie.

Si vous êtes un **apprenti**...

- Faites une liste des choses que vous voulez accomplir maintenant et mesurez la part d'enthousiasme que chaque but vous inspire.
- Poursuivez seulement les désirs qui vous excitent grandement. Oubliez le reste pour l'instant.
- Parlez seulement de vos réussites. Soyez silencieux à propos de vos échecs.

- Pensez au fait de créer comme à celui de jouer avec une baguette magique. Quelles possibilités aimeriez-vous développer présentement ?

Si vous êtes un **compagnon**…

- Chaque soir, avant d'aller vous coucher, prenez en note vos créations de la journée.

- Faites deux colonnes : dans la colonne A, faites la liste des succès et des manifestations satisfaisantes ; dans la colonne B, décrivez les faux pas.

- Dans la colonne A, à côté des réalisations, notez plusieurs choses que vous avez faites pour les accomplir. Dans la colonne B, inscrivez des choses que vous avez actualisées ou que vous avez ratées dans leur matérialisation et qui vous ont causé cette déception.

- Faites la liste des modèles positifs qui mèneront vers plus de bonheur et d'accomplissement.

- Identifiez les domaines dans lesquels vous êtes forts créativement et ceux dans lesquels vous avez plus de difficulté.

- Examinez les habitudes négatives qui gênent vos efforts à réaliser vos désirs et qui sont absentes par rapport à vos succès.

Si vous êtes sur la voie de **maîtriser** cette leçon…

- Célébrez vos succès. Ne soyez pas gêné et ne les minimisez pas. Il est bon et sacré d'honorer votre divinité.
- Partagez vos clés de l'accomplissement.
- Soyez d'un grand soutien pour les étudiants, les apprentis et les compagnons, et aidez-les lorsqu'ils le demandent.
- Continuez à pratiquer, à définir vos rêves et à profiter du processus.
- Souvenez-vous toujours de rester profondément concentré.

Félicitations! Vous avez vaincu l'un des plus grands obstacles de l'âme en acceptant votre nature spirituelle et le pouvoir qui vous a été donné de cocréer.

La leçon de votre âme
Vous êtes un cocréateur divin.

Le but de votre âme
En acceptant pleinement votre pouvoir créateur, vous honorez, respectez et rappelez aux autres d'en faire autant.

Leçon de l'âme # 3

La création commence avec la pensée

Toute création commence avec la pensée. Le processus de manifestation n'est pas aléatoire ou mal organisé, bien que cela puisse certainement avoir l'air d'être ainsi pour un œil inexercé. À la place, votre pouvoir imaginatif, et tout ce genre d'énergie, suit la Loi divine, laquelle dicte que chaque développement est amorcé par l'esprit.

Dans votre royaume, les physiciens du quantum confirment que chaque chose et chaque être dans l'Univers, incluant vous et même nous, sont faits de conscient ou de pensée. Finalement, tous les aspects de l'existence, y compris votre monde personnel, sont essentiellement vos songeries, vos croyances et vos idées rendues manifestes.

Créer est un processus relativement simple. Si vous choisissez de bonnes pensées, croyances et idées, vous générez des résultats positifs. Votre leçon est d'être délibéré dans votre pensée afin que vous produisiez des résultats désirables. Examinez de quelle façon vous avez exercé votre créativité jusqu'à maintenant en réfléchissant sur votre vie telle qu'elle est maintenant. Tout ce que vous observez s'est élevé à partir de la façon dont vous avez utilisé votre esprit.

Vos pensées créent en une ou deux façons, c'est-à-dire consciemment, en alignement avec la Loi divine ; ou inconsciemment, transportées et manipulées par les chaos du monde. Comme vous pouvez l'imaginer, les conséquences de ces deux méthodes sont extrêmement différentes. Vous agissez inconsciemment lorsque votre attention est contrôlée par votre ego et hypnotisée par un phénomène superficiel. À ce niveau, vous vous concentrez sur les images négatives de vous, les insécurités, les doutes, les désastres imaginés, les influences extérieures, les modèles destructeurs passés et les peurs globales – vous amenant à côtoyer la maladie, le stress, le chaos, la déception et la douleur.

J'ai une cliente prénommée Lynn qui concentre toute son attention sur la solitude. Enfant unique et orpheline, elle fut ensuite abandonnée par son mari et par son copain. Elle est si envoûtée par sa solitude qu'elle sabote chaque effort fait par les autres pour se rapprocher d'elle d'une manière plus intime. Bien qu'elle veuille désespérément créer la proximité et l'amitié, elle pense sans cesse à la solitude. Je l'ai connue il y a dix ans, et, depuis ce temps, rien n'a changé dans sa vie. Si sa façon de penser ne change pas, rien ne changera.

Observer où votre attention s'attarde peut s'avérer une tâche vous mettant à l'épreuve. En réfléchissant sur ma vie, par exemple, je peux facilement constater que je suis concentrée sur ma relation avec mes filles ; que je travaille plus étroitement et intimement avec mes clients ; que je crée des relations positives avec des amis ; que j'écris, j'enseigne et partage mon message avec le monde. Sans étonnement, ces épisodes coulent en douceur et je suis plutôt heureuse de mes réalisations.

Toutefois, à mon étonnement, j'ai aussi remarqué que je ne porte pas assez d'attention à Patrick, mon mari, et à notre relation ; à la récréation et aux loisirs – du moins, dernièrement ; et à la relaxation – presque jamais. Pas besoin de vous dire que Patrick et moi nous sentons plus distants que jamais. Je suis aussi plus grognonne qu'à l'habitude parce que je ne me permets pas beaucoup de distractions ; j'éprouve une fatigue chronique parce que je me repose rarement.

Non satisfaite de cela, j'ai décidé d'y regarder de plus près. Ce faisant, je suis devenue consciente de pensées enfouies qui gardaient mon attention à un niveau plutôt bas depuis longtemps.

J'ai agi à partir de croyances acquises à l'école catholique, à l'effet que je devais constamment me pousser et me conduire à servir Dieu, et que mes besoins personnels étaient beaucoup moins nobles. C'est une attitude que j'ai apprise il y a trente-sept ans – si ce n'est pas plus tôt, dans des vies antérieures –, et elle s'est accrochée, créant une expérience trop longue, étant demeurée insensible à mes besoins durant tout ce temps-là.

Je croyais être au-dessus de cela, et j'ai en fait été surprise de constater que ces habitudes mentales subsistent encore aujourd'hui. Cela me montre à quel point les modèles inconscients peuvent être obstinés. En fait, une énorme partie de la leçon de notre âme est de nous faire prendre conscience de ce qui retient notre attention, et d'en examiner les découvertes pour savoir si elles servent notre esprit – et sinon, détournez votre intérêt. Si votre attention reste fixée sur le positif et les créations désirables, nous devrions alors la laisser tranquille. Mais si elle est tenue en otage par une vieille misère héritée, nous avons alors besoin de nous concentrer à nouveau dans le but de nous en libérer.

Vous créez consciemment à travers l'intention, laquelle sélectionne vos pensées soigneusement et se concentre sur celles qui servent une conséquence spécifique. Avoir un objectif clair dirige votre esprit sur une ligne de conduite à toute épreuve et commence à diriger et à modeler le monde physique afin qu'il corresponde à votre désir. Ce qui apparaît résistant donne place à la coopération, et ce qui était une lutte fait maintenant place à la facilité.

L'intention dicte la ligne de conduite de la créativité pendant qu'elle se révèle. L'Univers se soumet à l'intention inébranlable parce que c'est la nature de la Loi divine. Pensez aux moyens variés par lesquels vous avez dirigé vos pensées, et notez les résultats qu'ils ont produits.

Récemment, l'aînée de mes filles, Sonia, a acheté sa première voiture et a invité Sabrina, sa plus jeune sœur,pour une promenade d'inauguration. À trois pâtés de maisons de notre demeure, elle a roulé sur un nid-de-poule, ce qui a tordu un pneu et lui a valu une crevaison. Elle s'est fait remorquer jusque chez le concessionnaire, où elle a raconté ce qui s'est passé. À son insulte, on lui a dit que c'était de la malchance et que ce n'était pas leur problème ; on lui a mentionné qu'il lui en coûterait trois cent cinquante dollars pour la réparer.

Demandant justice, elle a refusé le verdict. Indéfectible, elle a écrit au gérant de la concession, le manufacturier automobile, et à la compagnie de pneus, insistant pour que les pièces endommagées soient remplacées sans frais. Elle était tellement concentrée sur le résultat souhaitée qu'elle ne réfléchissait même pas sur la possibilité contraire.

Son désir a prévalu. Non seulement elle a reçu une réponse moins de quarante-huit heures après la réception de ses lettres, mais elle s'est également vu offrir une nouvelle jante et un nouveau pneu, ainsi qu'une année de nettoyage complet et une lettre d'excuses venant du manufacturier.

Était-elle surprise ? Non, elle était résolue. C'est un exemple rapide du pouvoir de l'intention. Je n'ai jamais douté qu'elle réussisse parce que je pouvais dire à quel point elle était concentrée sur son but.

Aucune pensée n'est neutre ou bénigne. Toutes les croyances ont du pouvoir ; et quand vous concentrez cette force et la dirigez, soit consciemment ou inconsciemment, elle est destinée à manifester quelque chose — sans exception.

Vous n'avez pas à surveiller toutes vos pensées pour créer des résultats positifs — juste celles qui travaillent contre vous. Certaines amènent de beaux résultats, donc laissez-les tranquilles. À la place, portez attention à ces idées qui sont nuisibles et minent votre vie, et triez celles qui sont productives de celles qui sont improductives. Concentrez-vous sur les conditions et les expériences que vous désirez dans votre vie. En vertu de la Loi divine et grâce au pouvoir inhérent que vous possédez en tant qu'être immortel créateur, ces rêves seront réalisés.

Maintenant, vous pouvez appliquer cette leçon.

— Si vous êtes totalement confus, n'avez aucune idée sur laquelle vous concentrer, êtes trop inquiet pour vous concentrer sur quoi que ce soit, ou si vous placez votre attention sur tout ce qui est mauvais dans le monde... alors, vous êtes un **étudiant** relativement à cette leçon.

— Si vous êtes d'accord que la façon dont vous dirigez votre esprit fait une différence dans certains secteurs de votre vie, mais pas dans tous ; si vous pratiquez la pensée positive à l'occasion, mais oubliez de le faire la plupart du temps ; que vous avez de la difficulté à vous concentrer sur quoi que ce soit pour une longue période de temps ; ou vous croyez, et même craignez ce que vous voyez aux nouvelles et à la télévision... vous êtes alors un **apprenti**.

— Si vous admettez que vos pensées sont créatives, que vous êtes attentifs à elles, que vous remarquez où elles vous servent et où elles ne vous servent pas, ou que vous êtes attentifs à penser de manière productive... alors, vous êtes un **compagnon**.

— Si vous pensez de façon créative ; que vous révisez vos croyances régulièrement ; que vous focalisez la plupart du temps sur les pensées positives et heureuses ; ou si vous êtes prêt à retourner chaque pierre pour révéler des modèles d'esprit négatifs, inconscients ou contre-productifs... vous êtes donc sur la voie de devenir un **maître** de cet enseignement.

Si vous êtes un **étudiant**...

- Remarquez les résultats satisfaisants ou positifs dans votre vie et soyez reconnaissant de les avoir créés.

- Observez où vous placez votre attention, incluant ce à quoi vous pensez, ce dont vous parlez et ce que vous entendez des discussions autour de vous.

- Fermez la télévision ou la radio, et affinez vos pensées pour un changement.

- Créez de petits succès, tels que de trouver une idée d'espace de stationnement ou de recevoir un compliment au travail.

- Travaillez à vous familiariser avec le pouvoir créatif.

- Remarquez si vous avez des buts ou si vous dérivez sans trop savoir quoi faire de jour en jour.

- Si vous n'avez aucun objectif, fixez-en quelques petits et exercez-vous à vous concentrer sur eux pour les atteindre.

Si vous êtes un **apprenti**…

- Dressez la liste de toutes vos créations fructueuses aussi loin que vous puissiez vous rappeler et réfléchissez sur la façon dont vous pensiez à elles.

- Déplacez votre attention de ce que vous n'aimez ou ne voulez pas vers ce que vous préférez et désirez expérimenter.

- Parlez, écrivez, chantez, pensez et rêvez à ce que vous aimez, spécialement à propos de vous.

Si vous êtes un **compagnon**...

- Donnez votre pleine attention à une chose que vous aimez pour une semaine entière.
- Écrivez ce qui ne fonctionne pas dans votre vie.
- Gardez un journal de tous vos succès quotidiens et sur la façon dont vos pensées, votre attention et vos intentions ont joué un rôle.
- Écrivez une intention pour la semaine et concentrez-vous sur elle pendant quinze minutes chaque jour.

Si vous êtes sur la voie de **maîtriser** cette leçon...

- Lorsque vous focalisez sur un désir, prévoyez un résultat positif.
- Commencez chaque matin avec l'intention de créer une journée encore meilleure qu'hier.
- Reconnaissez immédiatement les croyances errantes et dites tout haut : « Ne pas créer. »
- Pensez souvent à de belles pensées.

La leçon de votre âme
La pensée crée.

Le but de votre âme
Créer intentionnellement.

Leçon de l'âme # 4

Impliquez vos sentiments

Pour créer, vous devez aussi impliquer vos sentiments. Simplement vouloir quelque chose à un niveau intellectuel n'est pas assez pour le mener à bien. Les pensées aident à organiser ce pouvoir, mais à moins qu'elles soient propulsées par l'émotion, elles n'ont aucun dynamisme ou aucune efficacité. Le désir le plus créatif de tous les sentiments est l'énergie ardente de l'esprit qui conduit les idées à la réalité.

Un rêve est un don de Dieu. Lorsque vous avez un grand désir pour quelque chose, votre esprit se joint à votre cœur et insiste sur son accomplissement. Connecter l'esprit au cœur est essentiel pour que la force créative soit relâchée. Réfléchissez à ces choses qui vous apportent de la satisfaction dans votre vie. Pouvez-vous identifier le profond désir à l'intérieur de vous qui a provoqué la réalisation de ces bénédictions ?

J'ai une cliente prénommée Jessica qui a développé deux scripts de film qui ont été vendus et produits de manière fructueuse. Dans les deux cas, non seulement s'est-elle résolue à écrire et à vendre un excellent scénario, mais son désir de profiter du processus et du résultat était dévorant. Quand je lui en parlais, je pouvais sentir la sincérité de son intention. Elle était pétillante de créativité. En aucun cas, elle n'a été distraite par l'incertitude au sujet du futur. Elle savait absolument que ses souhaits seraient accomplis. Sa conviction était si grande que chaque fois que je lui parlais, je le savais aussi. La clé de sa réussite était que le projet était mené par son cœur, et non par son esprit. Elle était passionnée par son effort – tellement qu'elle travaillait chaque jour, et devenait de plus en plus enthousiaste..

Son énergie était intense, excitante et contagieuse. Le projet continuait d'aller de l'avant, méthodiquement, augmentant son élan et son soutien le long du chemin. Ses efforts n'ont pas donné un, mais deux longs métrages qui étaient tous deux imaginatifs et des succès au box-office. En d'autres mots, elle a réussi avec ses intentions parce qu'elle aimait ses créations et que son ardeur attirait un enthousiasme sans fin chez les autres.

Susan, une autre cliente, était également talentueuse, sinon possiblement plus, et elle avait aussi envie de produire un travail créatif – dans son cas, une pièce de théâtre. L'auteure de six livres de poésie acclamés a déplacé son attention pour la fixer sur l'écriture d'une pièce. Complexe et douée avec les mots, elle a écrit une pièce sur Chicago et s'est ensuite organisée pour qu'elle soit produite.

Observer ses progrès en spectateurs était un processus douloureux. Clairement désireuse de réussir, mais, en quelque sorte, seulement concentrée sur son ambition, elle boitait tout le long, acquérant du soutien ici et là, en fonction de la façon dont elle utilisait son énergie émotionnelle. Les jours où elle se sentait certaine et forte dans son but et se préparait à profiter pleinement des étapes le long du chemin, les portes s'ouvraient. Elle s'est inscrite dans un concours d'écriture de pièce de théâtre et a gagné; de façon évidente, à ce niveau-là, sa tête et son cœur étaient en parfait unisson. Marquée par ce triomphe, elle s'est sentie poussée à se procurer un théâtre pour produire la pièce. C'est à cette étape-là qu'elle a perdu sa détermination et que son ambition s'est mise à vaciller.

Elle détestait les auditions et les lectures. Les gens disaient aimer la pièce, mais pas suffisamment pour la produire. Le projet était mort dans l'œuf. Après dix ou quinze rejets, elle était dévastée et elle portait carrément son attention sur l'échec. Elle a perdu sa passion et s'est sans cesse attardée sur la misère du rejet pendant cinq ans. Finalement, en ayant assez de sa pauvre création, elle s'est, d'une certaine manière, ralliée à son enthousiasme, s'est détachée de sa dépression et s'est inscrite à un concours national d'écriture de pièce de théâtre juste pour le plaisir. Utilisant son cœur pendant le processus plutôt que son fragile ego, elle a gagné. Le prix était la production de sa pièce et elle s'est retrouvée à Chicago pour la présenter, puis envoyée à New York après avoir gagné l'acclamation critique.

Après cela, ses premiers mots à mon égard ont été.

– Je ne sais pas si mon esprit peut assumer tout cela.

C'était une bonne affirmation. Je lui ai suggéré de le demander plutôt à son cœur, et elle m'a fait un grand sourire.

– En dépit du drame, ceci est très excitant, c'est certain, je vais continuer, a-t-elle dit.

Et elle l'a fait.

La nature de votre sentiment – et non pas votre ego ou votre intellect – fait fonctionner le processus créatif. Si vous essayez de manifester quelque chose à travers le pur pouvoir de la volonté, plutôt qu'en permettant et en faisant confiance à vos désirs, votre esprit tourne en rond tandis qu'il essaie de « comprendre » les choses; ce qui réussit seulement à causer de l'anxiété et de l'inquiétude. Le feu de l'imagination dont vous avez besoin pour amener une idée vers la réalité vient du cœur.

J'ai un client, Tom, que je connais depuis des années, et pour qui l'ego a continuellement miné son succès. Il a longtemps voulu abandonner son emploi d'enseignant, quitter Chicago et prendre le risque d'aller dans l'ouest pour vivre dans les montagnes, mais, quand il est question de suivre réellement son désir, il est bloqué. Il est si inconfortable et réticent à l'idée de laisser son cœur initier le changement, figé par ses peurs d'être le moindrement hors de contrôle, qu'il devient paralysé créativement et qu'il implose. Son esprit refuse absolument d'impliquer l'énergie déchaînée de son cœur, se posant à la place toutes les questions possibles pour s'arrêter :

– Que m'arrivera-t-il si c'est une erreur ? Si je ne peux pas me trouver de clients ou d'emploi ? Et si j'abandonne tout ce que j'ai et que je le regrette plus tard ? » Que se passera-t-il si c'est isolé, difficile, inconfortable ou si je suis déçu ?

Son attention est prise en otage, son intention déraille et son cœur est complètement ignoré. Le résultat est un cercle vicieux de frustration continuelle, d'inquiétude, de dépression et d'anxiété.

Si vous souffrez d'une pareille angoisse, c'est que la connexion essentielle de la tête avec le cœur, et de l'esprit avec l'âme, n'est pas établie. Votre ego vagabonde, hors de contrôle, pendant que le cœur demeure dormant. Votre esprit s'acharne de façon infructueuse à fournir le combustible dont vous avez besoin pour réussir, quand, en fait, l'énergie requise et le désir peuvent seulement venir de la nature de votre sentiment. Essayer de créer seul, à un niveau intellectuel, est comme d'essayer d'allumer un feu sans avoir recours à une allumette.

C'était le cas d'une autre cliente, Sylvia, pour qui je faisais des lectures. Elle et Derrick, son mari, cherchaient à créer des changements majeurs dans leurs expériences de travail, mais les deux résistaient à laisser leur cœur participer. Sylvia croyait qu'elle devait être une mère au foyer pour sa fille de neuf ans, son esprit lui disant que c'était la bonne chose à faire. Elle ne pensait pas au fait qu'elle s'ennuyait à la maison et qu'il lui manquait de faire quelque chose de créatif, comme des aménagements paysagers ou des arrangements floraux – même seulement à temps partiel. Elle refusait de suivre son cœur, d'explorer ses options ou de croire qu'elle pourrait arriver à concilier les deux.

Son mari, un avocat, avait également très envie de faire quelque chose de différent. Il voulait travailler à partir de la maison, mais ne voulait pas considérer de simplifier son dispendieux style de vie. À la place, il laissait son ego et sa fierté contrôler ses choix, éprouvant du ressentiment à l'égard de son emploi, de sa femme et même de sa fille. Derrick et Sylvia fermaient tous deux leur cœur, se battant sans cesse pour savoir qui devrait prendre soin de qui, ignoraient leur petite fille parce qu'ils étaient tous deux trop en colère et dépensaient excessivement pour se sentir mieux.

La dernière fois que j'ai entendu parler d'eux, ils vivaient aux crochets de leurs cartes de crédit – devant faire faillite – et leur mariage ne tenait qu'à un fil. Aucune partie de leur processus créatif n'impliquait leurs sentiments passionnés – ils utilisaient seulement leur esprit furieux et contrôlant.

Comme autre exemple, mon amie Érica, qui est une incroyable esthéticienne aimant faire des traitements faciaux, des soins de la peau et tous les autres genres de procédés anti-âge et à la fine pointe. Mais elle voulait aussi travailler de manière autonome, loin de tout ce qu'elle percevait comme les déserts toxiques des bureaux de chirurgie plastique. C'était une intention délicate parce que les traitements qu'elle prodiguait requéraient un équipement qui devait être acheté et supervisé par un médecin.

Bien que désillusionnée à l'idée que son rêve puisse être impossible, elle continua à pousser en direction de sa passion. Jour après jour, et année après année, elle persista à prendre des cours pour améliorer ses habiletés, parlant à tout le monde de ses désirs de travail et bâtissant sa réputation parmi ses clients. Un jour, un médecin, qui avait entendu parler de ses incroyables compétences et de son comportement, lui téléphona. Non seulement était-il d'accord pour endosser son équipement, mais il lui offrit une association et une licence qui lui ont permis d'exercer son travail en partie à partir de sa maison. Étonnamment et hors de toute attente, son succès a dépassé ses rêves les plus fous.

Imaginez que votre esprit est comme une voiture qui peut vous transporter jusqu'à vos désirs. Vos sentiments sont le combustible qui la fait fonctionner et lui permet de se déplacer. Si vous n'impliquez pas pleinement vos émotions comme force de conduite derrière vos intentions, votre créativité demeure inutile et dormante. Le désir est l'étincelle qui fixe l'impulsion inventive en action.

Maintenant, vous pouvez appliquer cette leçon.

— Si vous êtes accablé par la peur, l'anxiété et l'inquiétude; que vous avez tendance à être sédentaire; êtes incertain de ce que vous désirez; et que vous êtes rarement à l'écoute de votre cœur... alors, vous êtes un **étudiant** par rapport à cette leçon.

— Si vous êtes d'accord que le cœur a de l'importance, mais que vous voulez l'écouter seulement si c'est facile; que vous vous inquiétez un peu, mais fouillez tout de même vers l'avant tandis que vous essayez de suivre vos désirs; que vous souhaitez pouvoir porter plus attention à votre cœur, mais que votre cerveau continue à vous interrompre; ou si vous entendez vos sentiments, mais n'êtes pas certain qu'ils sont suffisamment responsables... vous êtes alors un **apprenti.**

— Si vous consultez votre cœur pour tous les sujets; que vous êtes excité à propos des choses qui parlent à vos émotions et à votre créativité, et que vous n'êtes pas effrayé de les montrer; si vous reconnaissez que l'inquiétude et l'anxiété signifient que vous êtes en train de trop penser, et que vous faites un exercice pour les arrêter; que vous croyez en ce que vous aimez et êtes impliqué dans des activités pour lesquelles vous êtes enthousiaste; que vous suivez votre cœur même si agir ainsi est effrayant, inconfortable, inquiétant ou terrifiant — en sachant que quelque chose de bon, vrai et important va ressortir de ce drame; ou si vous choisissez une vie passionnée plutôt qu'une vie qui soit contrôlée... alors, vous êtes un **compagnon**.

— Si vous reconnaissez que votre cœur est la voix de votre esprit et que vous l'impliquez pleinement à chaque question, que vous profitez de vos passions et ne faites aucun effort pour cacher ce que vous aimez, que vous vous inquiétez rarement ou que vous êtes excité à propos de votre vie actuelle... alors, vous êtes bien sur la bonne voie pour **maîtriser** cette leçon.

Si vous êtes un **étudiant**...

- Demandez-vous ce qui peut réjouir, surprendre et impliquer votre cœur.
- Assouplissez-vous et bougez plus dans le but de moins penser. Marchez, dansez, faites de la bicyclette ou de l'exercice.
- Lisez des histoires pour enfants, chantez tout haut, regardez des films amusants, allez au zoo ou procurez-vous un animal (ou jouez davantage avec les vôtres si vous en avez déjà).
- Reprenez contact avec un ami d'enfance et remémorez-vous le bon vieux temps.

Si vous êtes un **apprenti**...

- Accordez une poignée de main chaleureuse aux gens, un plein contact visuel, et donnez des accolades sincères lorsqu'il est approprié de le faire.
- Parlez de ce que vous aimiez lorsque vous étiez enfant, de ce que vous chérissez maintenant et de ce que vous désirez pour le futur, plutôt que de focaliser sur les problèmes.
- Lorsque vous vous inquiétez concernant des choses, frappez votre torse au-dessus de votre cœur, laissez sortir le son *ha !* Et dites ensuite : « Esprit divin, dégagez cette congestion. »
- Faites la liste de tous vos essais créatifs passés, qu'ils soient fructueux ou non, et souvenez-vous combien

vous vous sentiez vivant en les poursuivant. Conservez ce sentiment présent dans votre conscience.

Si vous êtes un **compagnon**...

- Recherchez des compagnons courageux et passionnés pour vous aider à raviver votre feu intérieur.
- Considérez toutes les passions ratées du passé comme de bonnes ébauches brutales, et moquez-vous d'elles pendant que vous admirez votre esprit.
- Faites quelque chose de courageux, comme suivre un cours de trapèze, escalader une montagne, ou portez-vour volontaire pour aider une personne malade ou mourante.
- Faites quelque chose de physique chaque jour.

Si vous êtes sur la voie de **maîtriser** cette leçon...

- Laissez savoir aux gens que vous aimez votre vie.
- Écoutez votre cœur et soyez très prudent de ne pas permettre au monde extérieur de l'outrepasser.
- Faites quelque chose une fois par semaine pour alimenter vos passions. Mangez un bon repas. Allez faire une grande randonnée à bicyclette. Regardez un film épique. Allez voir une comédie musicale. Organisez une fête.

La leçon de votre âme
Le sentiment est le combustible de la créativité.

Le but de votre âme
Suivre votre cœur.

Leçon de l'âme # 5

Vous créez en images

Une fois initié à travers le désir, le processus créatif se déplace de l'avant en images. Pour manifester quelque chose, vous devez impliquer l'esprit subconscient, lequel ne répond pas aux mots. Son langage est celui du symbole et des portraits visuels. Votre dicton : « une image vaut mille mots » révèle directement la façon d'engager la participation de cette partie de vous-même.

La Loi divine affirme que chaque image tenue constante se matérialisera. Pour saisir ce concept, regardez simplement le monde physique. La chaise sur laquelle vous êtes assis, le plancher sous vos pieds, le toit au-dessus de votre tête et même les vêtements sur votre dos ont été créés grâce à une visualisation soutenue qui s'est concrétisée.

Vous pouvez, par exemple, placer tous les meilleurs matériaux de construction au monde en face d'un terrain vide, mais, sans l'image de la façon dont la maison devrait être assemblée, le bois et les clous demeureront dormants, et il n'y aura aucune création. Ceci peut s'appliquer pour chaque chose que vous désirez, que ce soit une maison, un emploi, une relation, une aventure ou même un lien avec Dieu. À moins que vous ne possédiez une conception claire et consistante du résultat désiré dans votre esprit, cela ne se matérialisera pas.

Sans une vision précise, vous vous faites balayer dans des descriptions génériques et embrouillées, lesquelles reflètent le plus bas dénominateur commun de créativité, et produisent dans votre propre vie le drame, le désespoir et la déception de l'esprit de masse.

Non seulement devez-vous avoir une image claire de ce que vous avez l'intention d'exprimer, mais vous devez également être capable de maintenir cette vision d'une manière constante. Seulement alors, le subconscient obtiendra la représentation exprimée assez clairement pour commencer à diriger cette image vers vous. Par exemple, si vous deviez suivre un plan pour construire une maison, et que chaque fois que vous aviez besoin de vous y référer celui-ci avait changé, vous deviendriez confus et perdu, et vous ne réussiriez pas votre projet. Vous échoueriez à créer ce que vous vouliez parce que vous n'aviez pas une image spécifique dans votre esprit. Vous pouvez essayer de substituer des mots ou même des sentiments pour compenser le manque de clarté, mais cela ne fonctionnera pas. Que ce soit n'importe quoi, il s'ajoutera au désordre.

Si vous vous rappelez notre métaphore de la pensée comme étant le véhicule de la créativité, et l'émotion comme le combustible, vous pouvez aussi imaginer la vision comme étant la destination. Sans cette image mentale, vous pouvez démarrer votre moteur, mais il aura tendance à tourner au ralenti, votre véhicule n'allant nulle part ou tournant en rond. Ou, telle une voiture sans aucune destination particulière sur l'autoroute de la vie, vous serez balayé dans le flot quotidien de la circulation, laquelle vous poussera dans des directions où vous ne voulez pas aller, ou vous amènera à vous perdre.

Certaines personnes sont des visionnaires naturels et des créateurs d'images. Ma mère en était une. Chaque idée ou désir qu'elle avait était exprimé sur un croquis, que ce fût une robe, un studio de photographie, un voyage de famille ou même une fête. À la minute qu'elle voyait quelque chose dans son esprit, cela se produisait. Voilà comment le sous-sol et la chambre de lavage de notre maison sont devenus un beau studio et une chambre noire ; les tissus restants ont été transformés en magnifiques tenues pour les sept enfants ; et sa perte d'audition est devenue une invitation à s'harmoniser avec son intérieur et à écouter son Moi Supérieur, ses guides et ses anges. Lorsqu'elle imaginait quelque chose, nous le voyions aussi – ainsi que le monde, parce que sa vision intérieure poussait littéralement ses idées hors des nues et les plaçait carrément en face d'elle.

Il n'est pas exceptionnel d'avoir un fort désir pendant que, au même moment, nous tenons une image du contraire dans notre esprit. Même si nous voulons créer quelque chose de nouveau, nous sommes souvent accaparés par l'image de ce que nous avons déjà développé dans notre vie, et ne pouvons aller au-delà.

Une cliente, une charmante modéliste, dit, après son troisième traitement de liposuccion :

– J'abandonne. Qui est-ce que je trompe ? Je suis juste une grosse femme, peu importe à quel point je peux temporairement devenir mince, et c'est la vérité.

Eh bien ! ce n'était pas « la vérité ». C'était uniquement <u>sa</u> vérité, telle que créée par sa propre vision. Tant qu'elle ne changera pas ses images mentales, son corps demeurera gros.

Voir clairement et en détail façonne le monde physique.

Peut-être que l'exemple le plus excitant du pouvoir de l'imagerie créative peut être trouvé dans deux petits livres intitulés <u>DreamHealer</u> et <u>DreamHealer 2</u> (en vente exclusivement sur Amazon.com). Ces volumes racontent l'histoire de la façon dont Adam, un adolescent, utilise son extraordinaire pouvoir pour guérir le corps. Sa vision est si lucide qu'il peut non seulement voir ce qu'il veut, mais il a la capacité de regarder dans le corps physique et de détecter les organes qui ne fonctionnent pas correctement. Utilisant son don, il imagine les organes et les tissus affligés *comme étant une fois de plus un tout, et il est si efficace que ses cures miraculeuses ont été documentées.*

Sa guérison la plus célèbre fut celle de l'astronaute de la NASA et fondateur de l'Institut des sciences noétiques, Edgar Mitchell, qui souffrait d'un cancer pancréatique. Travaillant étroitement avec Adam et faisant des visualisations conformément aux conseils d'Adam (avec l'utilisation de photographies actuelles de pancréas sains), Mitchell a renversé son cancer en quatre mois et il n'est jamais revenu.

Adam n'est pas un gourou spirituel ou même particulièrement métaphysique. Il est simplement magistral à créer de fortes images mentales et à imaginer conséquemment les gens de nouveau en santé.

Réfléchissez encore à votre vie présente. Quels secteurs sont satisfaisants et lesquels ne le sont pas ? Voyez-vous une corrélation entre la clarté de votre vision et votre niveau de succès ? Remarquez-vous des aspects dans lesquels votre imagination peut être vague ou contraire à votre intention ?

Assise ici à écrire ces faits, je ne peux pas faire autrement que d'examiner mes propres capacités de vision. L'un de mes désirs créatifs est d'avoir du succès dans mon domaine, bien que, peu importe où je suis rendue dans mon travail, je ne me sens pas suffisamment accomplie. Cela me vient maintenant à l'esprit que mon plan d'accomplissement est absolument blanc. C'est une pensée, une idée, même un sentiment – et un désir vraiment sincère –, mais je n'ai pas une image claire de ce que le succès ressemble pour moi. Donc, je suis consciente que j'ai un peu de travail à faire sur cette leçon.

Si votre vision est vague, il n'y a pas de création. Voilà pourquoi tant de gens échouent à exprimer leurs désirs, tels que la prospérité, l'abondance et même la santé. Pendant que le désir est là, l'image n'est pas claire. Quelle est votre image mentale de la richesse ? De la chance ? Vous pouvez avoir un désir débordant pour le bonheur, et pourtant tenir une image d'ennui prolifique. Voyez-vous ?

Si vous avez lutté pour satisfaire vos besoins financiers de base, il peut être difficile d'imaginer la prospérité. Si c'est votre cas, il serait plus efficace d'imaginer ce que vous voulez que la prospérité vous livre.

Quand Patrick et moi nous sommes mariés, nous vivions dans un appartement sans lave-vaisselle. Puisque Patrick était un cuisinier négligé, je passais des heures et des heures à laver ses pots et ses casseroles sales ; c'était comme le prix à payer pour manger ses bons repas, soir après soir. Plusieurs mois après cet arrangement, j'ai commencé à remettre en question mon rôle dans cette négociation. Il avait l'agrément et j'avais le gâchis. Je voulais un lave-vaisselle pour me soutenir. Puisque nous avions très peu de revenus disponibles, en acheter un était hors de question. Les modèles que nous regardions étaient à cinq cents dollars, ce qui était bien au-delà de nos moyens. Encore, j'entretenais la vision et gardais un œil sur le magasin.

Un jour, alors que nous visitions le département des appareils électroménagers chez Sears encore une fois, j'ai vu le démo de mon lave-vaisselle favori en vente. Au prix de cinq cent quatre-vingt-neuf dollars à l'origine, il était maintenant affiché à deux cent cinquante dollars. Bien qu'il fût encore hors de notre budget, je maintenais la vision de toute manière.

Une fois à la maison, j'ai couru de façon fortuite chez notre propriétaire, que je voyais pourtant rarement. Quand il m'a demandé comment j'allais, je me suis mise à décrire le lave-vaisselle, à savoir qu'il était de la taille parfaite pour mon appartement et qu'il était en vente à soixante pour cent de rabais. Puis, je lui ai demandé s'il voulait bien payer pour cela. À ma surprise, et, à la sienne, j'en suis certaine, il a dit oui. Deux heures plus tard, le lave-vaisselle était dans mon appartement. Si j'avais perdu mon temps à visualiser l'argent, je suis certaine que je n'aurais jamais créé la vision du lave-vaisselle pour moi-même.

Plus votre vision est définie, plus rapidement vous obtenez le résultat. Cette vérité est aussi vraie pour les désirs matériels que pour les désirs émotionnels. La loi travaille à tous les niveaux de l'expérience humaine : mental, physique et émotionnel – incluant l'amour. C'est peut-être l'une des créations les plus difficiles à imaginer parce que votre expérience humaine de l'amour est très confuse, et, dans plusieurs cas, cette qualité a été pauvrement modelée pour vous. Par conséquent, vous ne détenez pas une image claire de ce qu'est l'amour. Si vous avez du mal à l'évoquer, imaginez plutôt ce que vous recherchez à expérimenter. Par exemple, si vous êtes seul, voyez par l'œil de votre esprit un compagnon solide et généreux avec qui vous passez du temps de qualité et engagé, plutôt que d'essayer de vous concentrer sur le concept abstrait de « l'amour ». Si vous voulez quelqu'un avec qui partager votre vie, imaginez seulement cela, incluant magasiner pour l'épicerie ; manger ; être sexuellement intime ; et marcher, parler et rire ensemble – peu importe ce qu'est votre image du bonheur commun. Une vision simple, mais claire, est plus puissante qu'une vision compliquée, mais vague, et elle se manifestera beaucoup plus rapidement.

J'avais une cliente qui était très aimée de ses parents, mais ceux-ci étaient en même temps manipulateurs et colériques ; quand elle était jeune enfant, ils l'intimidaient avec des menaces et des cris. Ce ne fut pas une surprise pour moi qu'elle ait rencontré et marié un homme hostile et autoritaire ressemblant à ses parents. Elle a imaginé ce qu'elle avait auparavant expérimenté. Rapidement divorcée, elle m'a demandé comment avoir du succès dans ses futures relations. Je lui ai suggéré de visualiser une image plus claire de l'amour de soi, qui incluait la patience, un comportement calme, l'affection et le dialogue paisible et positif avec son esprit.

Elle semblait confuse :

– Je n'ai aucune idée de ce que cela peut avoir l'air, m' a-t-elle dit.

– C'est ton défi et ta leçon, lui ai-je répondu. Commence par former une idée, une image ou une vision claire de l'amour et l'expérience suivra.

Je l'ai suivie pendant cinq années, à travers beaucoup d'essais et d'erreurs, mais elle a finalement réussi.

– J'ai imaginé un adulte qui n'était pas rempli de peurs et qui m'aimait vraiment pour qui j'étais, a-t-elle dit. Je suis demeurée claire dans ma vision, utilisant mon professeur préféré de l'école secondaire comme modèle. J'ai finalement attiré exactement ce que j'avais imaginé. Et, le croyez-vous, c'est un enseignant !

Il n'y a pas de limites à ce que vous pouvez créer, aussi longtemps que vous pouvez le visualiser. Ne vous inquiétez pas de la façon dont la création désirée se produira. L'Univers s'organisera pour produire l'idée dans l'œil de votre esprit. C'est sa part de l'accord de la cocréation. Votre travail est de maintenir la vision.

C'est difficile pour l'ego de croire et d'accepter parce qu'il veut être au milieu du processus, contrôlant chaque chose. Même si cette partie obstinée de vous-même n'est pas impliquée, elle soulève de la résistance pour vous distraire. Souvenez-vous, l'ego ne fait rien. Votre esprit, votre moi immortel divin, est le Créateur. Moquez-vous de votre ego, mais ne lui permettez pas d'interférer. Affinez vos capacités à imaginer en étudiant de clairs exemples de ce que vous voulez réaliser. Observez les autres ; regardez les films, les revues et même la télévision ; et lisez des livres qui vous aident à affiner votre imagerie mentale. Remarquez où votre conceptualisation est faible et travaillez à l'améliorer.

Maintenant, vous pouvez appliquer ces enseignements.

– Si vous êtes incapable de maintenir une vision claire de ce que vous voulez ; que vous passez beaucoup de temps à regarder la télévision – spécialement les émissions de téléréalité –, à lire les journaux et à vous tracasser à propos de ce que vous avez vu dans ce média ; que vous êtes cynique ; que vous voyez seulement le côté sombre, la frustration et les obstacles à surmonter ; que vous maintenez des images négatives, spécialement celles du passé ; ou si vous vous hantez avec des images effrayantes ou décevantes du présent ou du futur... alors, vous êtes un **étudiant** par rapport à cette leçon.

— Si vous essayez occasionnellement la visualisation créative et tenez parfois une vision positive, convoitez les expériences de vie heureuses des autres personnes, lisez au sujet des célébrités, regardez *Entertainment Tonight*, flânez à travers les plus belles sections des magasins, regardez avec intérêt les belles revues et imaginez qu'un jour les vies dépeintes dans ces pages pourraient être la vôtre, ou que vous remplissez votre esprit avec des visions de désastre, mais que vous comprenez que vous ne faites que vous effrayer... vous êtes alors un **apprenti**.

— Si vous maintenez une vision claire et joyeuse de ce que vous voulez créer et expérimenter ; que vous recherchez des modèles qui sont des exemples de vie de ce à quoi vous rêvez ; que vous utilisez votre temps libre pour imaginer exactement ce que vous voulez dans les termes les plus précis que vous puissiez déterminer ; ou si vous êtes soigneux de nourrir votre œil intérieur avec des images spécifiques, positives et puissantes... alors, vous êtes un **compagnon**.

— Si vous maintenez des images définies pour soutenir vos buts, que vous vous nourrissez avec un courant régulier d'images mentales magnifiques, éclatantes et satisfaisantes ; que vous savez qu'au moment où vous voyez clairement une expérience dans l'œil de votre esprit et que vous la maintenez, vous l'attirez vers vous ; ou si vous imaginez toujours le mieux... c'est que vous êtes sur la voie pour **maîtriser** cette leçon.

Si vous êtes un **étudiant**...

- Remarquez quelles images vous maintenez dans votre esprit, parlez-en et transmettez-les aux autres. Correspondent-elles à ce que vous voulez ou à ce que vous ne désirez pas ?

- Devenez plus proactif en définissant le genre d'expériences que vous préférez et essayez de les dépeindre visuellement. Faites un collage, prenez des photographies, dessinez ce que vous voulez créer et regardez pour trouver des exemples dans les revues.

- Cessez d'agir comme une poubelle inconsciente pour les images, idées, visions et rêves négatifs.

- Concentrez-vous sur la beauté plutôt que sur la douleur, la destruction et la déception.

- Décrivez votre vision à quelqu'un d'autre. Continuez à le faire jusqu'à ce qu'il la voie clairement.

Si vous êtes un **apprenti**...

- Faites la liste des zones de frustration ou de déception dans votre vie et remarquez l'image mentale que vous maintenez autour d'elles.

- Si vous maintenez une image négative ou contre-productive, changez-la en une autre qui s'aligne avec ce que vous voulez actuellement.

- Reconnaissez comment votre ego essaie de faire dérailler votre vision à travers le cynisme, la distraction et le drame — et ignorez ces trucs de sabotage.

- Remplissez votre esprit avec de belles images en profitant de la nature et en visitant des musées, des galeries, des expositions et des magasins remplis de choses inspirantes. Étudiez la beauté de votre objectif, de votre expérience ou du résultat désiré jusqu'à ce que tout soit clair à propos de ce que vous projetez.

Si vous êtes un **compagnon**…

- Passez de dix à vingt minutes par jour à imaginer votre désir créatif dans l'œil de votre esprit.

- Scrutez, discernez et débarrassez-vous des images négatives qui gênent votre progrès en les faisant sortir de votre conscience. Reconnaissez que ces visions sont contraires à votre intention.

- Faites un collage des choses que vous ne voulez pas dans votre vie et affichez-le. En retour, laissez ce que vous maintenez dans votre esprit vous refléter cette image jusqu'à ce que vous ne souhaitiez plus la garder.

- Soyez attentif aux images que vous transmettez aux autres. Le contrôle de ces images se compare au déroulement d'un film à partir d'un projecteur – arrêtez le film, corrigez-le, ou changez la bobine quand les images que vous partagez ne sont pas celles que vous voulez expérimenter.

Si vous êtes en voie de **maîtriser** cette leçon…

- Prenez des photos de vos succès créés et affichez-les bien en vue dans votre maison.

- Commencez votre matinée avant même d'ouvrir les yeux, en faisant un film mental de ce que vous projetez pour la journée. Embellissez, dirigez et dessinez votre expérience.

- Pratiquez-vous à imaginer des choses spécifiques — telles que des appels téléphoniques, des invitations, des accolades et des baisers — comme exercices créatifs, voyant combien vous pouvez en réaliser dans une journée.

- Ayez du plaisir chaque jour en imaginant de nouvelles créations qui surpassent celles de la journée précédente.

La leçon de votre âme
Votre vision crée votre réalité.

Le but de votre âme
Imaginez votre vie de façon magnifique.

Leçon de l'âme # 6

Vivez dans le présent

Le pouvoir de créer repose seulement dans le présent. Vous ne pouvez agir sur le passé ni sur le futur, mais uniquement dans le « maintenant ». Quand votre attention est centrée sur ce moment, vous libérez l'énergie dont vous avez besoin pour développer ce que vous voulez. Votre ego ne vit pas de cette façon. À la place, il saute de l'arrière à l'avant, aux jours qui sont passés depuis longtemps, et ensuite à ceux qui sont encore à venir, perdant ainsi tout son pouvoir de créer dans l'instant présent. Penser sans cesse à ces autres moments vous vole votre capacité de créer. L'ego veut vous faire croire que d'agir ainsi vous protège de la négativité et de la déception, mais c'est un mensonge. Cette façon d'intervenir ne vous protège pas parce que votre capacité de créer se situe seulement dans le « maintenant ». Votre ego doit être entraîné à vivre dans le moment présent.

Cela me rappelle à quel point il est difficile – et met à l'épreuve – de vivre dans l'« ici » et le « maintenant » chaque fois que je fais une lecture intuitive pour un client. Non seulement j'observe les habitudes des gens prises dans le passé de leur vie, mais je les vois également revivant les modèles de vies passées, tandis que l'âme transporte les mêmes données de conscience d'une incarnation à l'autre.

Juste aujourd'hui, j'ai eu un rappel dramatique de ceci en faisant une lecture psychique pour une femme par téléphone. J'ai réalisé que depuis plusieurs cycles de l'âme, elle avait été une fille esclave, une prostituée ou une femme gardée dans un harem ; et en grande partie, elle avait habituellement rendu ses vies plus confortables en utilisant ses aptitudes persuasives pour flatter l'ego des mâles dominants.

Je pouvais dire que son âme voulait être libérée de cette dépendance négative afin de vivre dans le maintenant, et de se tenir debout avec confiance avec son propre pouvoir, comme une femme libre et indépendante. Mais en dépit de son désir, elle se retrouvait dans la même situation dans sa vie présente que dans celles du passé, essayant d'obtenir un homme influent pour prendre soin d'elle encore une fois. Sauf que, cette fois-ci, l'énergie de son âme se rebellait et hésitait.

Parfois, elle était consciente de la force du « maintenant », comme lorsqu'elle se concentrait sur ses habiletés de vendeuse et de conseillère et qu'elle se sentait bien dans son autonomie. Toutefois, la plupart du temps, elle était tentée de recréer les vieilles dépendances et d'ignorer son pouvoir présent. Elle était obsédée par le fait d'être « prise en charge » et redoutait l'avenir croyant de ne pas rencontrer le « vieux riche protecteur » qu'elle attendait impatiemment.

– Tout ce que vous voulez, lui ai-je dit en souriant, c'est d'être complètement supportée par un homme encore une fois, et rien ne vous arrêtera dans votre désir de retourner à cet état familier.

Elle a ri si fort à cette affirmation que j'en ai fus surprise. Certaines gens rient quand leurs modèles fous sont exposés parce que c'est très libérateur pour eux ; mais la réaction de cette dame dépassait tout cela. Quand elle s'est ressaisie, elle m'a dit :

– Vous ne savez pas à quel point cette affirmation est vraie. Depuis que je suis toute petite, j'ai toujours voulu être une « femme soumise », prise en charge par un homme riche – sauf que je ne suis pas née en femme. Je suis née en homme – pas un homosexuel, mais simplement une fille à l'intérieur d'un corps de garçon. En fait, je viens tout juste de passer au travers d'un processus de quatre ans pour avoir le corps d'une femme ; mais maintenant que je l'ai, je suis seulement à moitié plus heureuse. Il semble que je sois encore

incapable de trouver le bon partenaire pour prendre soin de moi, même si je suis très belle !

Évidemment, c'est un exemple extrême d'une personne restée prisonnière de son passé. Sans se soucier dans quel corps son âme habitait, elle voulait vivre dans le présent ; pendant que son esprit, ses émotions et ses empreintes précédentes la retenaient en arrière.

Vivre dans le moment présent demande de la détermination et de la discipline ; comme l'ego aime vous le répéter — encore et encore — à l'aide de toutes les insultes et les injustices, de toutes les routines (bonnes ou mauvaises) et de toute chose qui vous est familière, dans le but de vous distraire du présent.

Une cliente, du nom de Joan, était non seulement préoccupée par le passé, mais également par le futur ; et ceci jetait sa vie dans une confusion et une destruction absolues. Miteuse après avoir été plaquée brusquement par un copain coureur de jupon, elle était soudainement poursuivie par un homme qui l'aimait vraiment beaucoup.

Bien qu'elle pansait encore ses blessures, Joan ne se permettait néanmoins pas d'être courtisée, et, finalement, bien qu'à contrecœur, elle a marié le nouvel homme qui était de loin plus bienveillant. Réticente à abandonner ses défenses, elle pensait sans cesse avoir besoin de conserver sa garde levée, de se retenir et de se protéger « juste au cas », afin de ne pas avoir à repasser à travers une telle humiliation. Cela n'était pas important que son partenaire actuel soit gentil, honnête, ouvert et dévoué. Elle était trop prise dans le passé et par la manière dont elle avait été trompée — et elle s'inquiétait tellement à propos du futur et du fait de ne pas se laisser blesser à nouveau — qu'elle ignorait et rejetait entièrement l'amour de son mari. Il a essayé pendant dix ans de l'entraîner à vivre dans le présent, à s'ouvrir, à accepter son amour et à grandir, mais sa hantise n'a pas changé. Son obsession du passé et son refus à créer une nouvelle vie avec lui sont devenus trop difficiles pour lui à supporter.

Pas étonnant, qu'il ait rencontré au travail une autre femme qui était prête à vivre dans le présent avec lui. À la surprise de Joan, son mari l'a quittée. Non seulement ses préoccupations avec les autres moments l'avaient empêchée de profiter du moment présent, mais cela avait en fait recréé son expérience d'être abandonnée encore une fois.

Il y a plusieurs années, un homme prénommé John s'est présenté à mon bureau ; il était frustré et se sentait pris dans son travail. Peu importe l'emploi qu'il occupait, il allait invariablement trouver son patron et ses paires insupportables au bout de six mois et devait partir. Né avec plusieurs grosses taches de naissance disgracieuses dans la figure, il avait sans cesse été la proie de sarcasmes de la part des autres jeunes à son école, spécialement par les plus âgés. Souffrant de leurs cruelles moqueries, il est presque devenu suicidaire.

Quand il a eu trente ans, grâce à une chirurgie plastique, ses excroissances furent enlevées avec succès, et il est devenu un très bel homme. Mais John demeurait pris, se voyant encore comme une personne « affreuse ». Comme résultat, il est resté retiré, défensif et suspicieux, spécialement avec les autres hommes. Sans surprise, il s'est isolé et a aliéné ses collègues dans ses emplois de construction dominés par des hommes. Quand il ne pouvait plus le supporter, il devait partir. Il a agi ainsi durant seize ans. Attrapé dans le cercle vicieux de son passé, il était habituellement fauché et en colère.

John devait entreprendre une révision sérieuse de ses manières de penser et de ses comportements répétés pour comprendre et réaliser que, même s'il avait changé son apparence, il était empêtré dans le passé à partir de l'intérieur. Avec l'aide d'un thérapeute, un travail majeur de pardon et la prière, il est finalement arrivé dans le présent. Il a décidé de démarrer sa propre compagnie de construction simplement pour briser son modèle. Les dernières nouvelles que j'en ai eu était que son entreprise allait plutôt bien, et qu'après trois ans, elle était toujours sur pied.

Lorsque vous investissez votre attention entièrement dans le présent, vous pouvez aussi guérir le passé.

J'ai observé le pouvoir de cette attention dans la vie de ma propre mère. Étant une enfant durant la Seconde Guerre mondiale, elle s'est perdue durant une évacuation dans son pays natal de la Roumanie, et s'est retrouvée, avec des milliers d'autres, dans un camp de concentration nazi en Allemagne. Libérée à l'âge de quinze ans et rapidement mariée à mon père, un soldat américain, elle est venue aux États-Unis pour commencer une nouvelle vie. Comme d'autres jeunes mariées de la guerre, elle s'est impliquée ici dans de nombreuses activités, a eu plusieurs enfants, et rarement – pour ne pas dire jamais – elle ne parlait ou ne passait de réflexion sur le passé. Agir ainsi était trop douloureux et ne produisait aucun bien tangible selon elle.

Je voulais quand même en savoir plus au sujet de son histoire dans le but de mieux la comprendre. J'ai donc suggéré à mes parents de les accompagner en Allemagne pour leur cinquantième anniversaire. À notre arrivée, je pouvais voir l'anxiété, la peur et l'immense tourment du passé apparaître sur son visage. C'est devenu de plus en plus évident au cours des trois premiers jours de notre visite. Au quatrième jour, nous avons visité un endroit particulièrement pénible. Alors que nous nous en approchions, je pouvais presque sentir son cœur frapper pour sortir de sa poitrine, tandis que je marchais à ses côtés. Mais aussitôt arrivée à la barrière, elle a soudainement remarqué qu'en dépit de l'hiver hâtif, plusieurs petites fleurs poussaient à l'entrée.

Elle a regardé ces fleurs intensément, a attrapé la main de mon père et a dit :

– Regarde, Paul, il y a des fleurs ici !

Puis, des larmes coulant de ses yeux, elle s'est tournée vers moi et s'est exclamée :

– Rien ne peut arrêter la vie, Sonia, rien !

Serrant ma main, elle fit un signe de la tête et ajouta :

– C'est un rêve que je ne tiens pas à revisiter. Il n'y avait alors aucune vie pour moi ; il n'est donc pas nécessaire de retourner en arrière et de la recréer maintenant.

En souriant, elle a continué :

– Allons voir ce qu'il y a de nouveau en ville.

Et nous sommes partis.

Qui étais-je pour argumenter ? Je savais qu'elle avait raison. Le présent nous offrait beaucoup plus que le passé. Nous avons fermé cette porte ensemble, sommes allés courir les magasins et avons passé la meilleure journée de notre vie.

Vivre dans le moment présent ne signifie pas seulement sortir du passé. C'est aussi de ne pas se perdre dans les pensées du futur, croyant qu'il détient un certain pouvoir magique qui facilitera votre vie. Ce n'est pas que vous ne devriez pas envisager ou vous attendre à d'heureuses perspectives. Toutefois, améliorer la qualité des choses à venir est seulement possible lorsque vous vivez glorieusement dans l'ici et le maintenant.

Le présent, même avec toute sa frustration et sa peine, est un cadeau du Seigneur de l'Univers. Chaque expérience – qu'elle soit agréable ou douloureuse – approfondit ou élève votre âme et lui apporte plus de savoir.

Être bien orientée vers le but, vivre dans le moment présent plutôt que dans le futur, est peut-être l'un de mes plus grands défis. J'aime planifier, projeter ma conscience dans des possibilités, faire du remue-méninges, rêvasser et croire que chaque chose continuera de s'améliorer et grandira plus intelligemment.

Mais alors que j'écris ceci, je suis intensément consciente – et légèrement embarrassée – du fait que je suis très investie dans le futur. Cela me donne même envie de rire de moi-même. Les pensées concernant ce qui est à venir me tiennent occupée 24 heures par jour – même quand je dors. Elles me rendent aussi préoccupée, intense et impatiente, et me tiennent éloignée des choses que j'aime, principalement de ma famille.

Je deviens beaucoup trop prise à essayer d'attraper le futur. Certains jours, je sens presque que c'est correct, et je me pousse à aller plus vite et plus fort vers lui. Pas surprenant que je devienne si épuisée jour après jour. Je ne peux simplement jamais atteindre ce grand demain auquel je suis tant occupée à créer.

C'est intéressant de voir comment mon âme s'est récemment réveillée de ce jeu d'esprit trop familier, et m'a ramenée au « maintenant ». L'aînée de mes filles, Sonia, m'a dernièrement appelée sur son téléphone cellulaire juste au moment où j'allais ouvrir la porte pour aller travailler sur « mon futur ». Me débattant, à savoir si j'allais même prendre l'appel ou non, alors que je me rendais à une rencontre importante, mon esprit a crié : « Réponds ! »

En disant allô, j'ai su que quelque chose n'allait pas, de façon dramatique. Avant que Sonia ne dise un mot, la terreur a circulé à travers la ligne téléphonique. Haletant, elle a crié que sa meilleure amie venait tout juste d'être frappée par une voiture devant ses yeux. La jeune femme avait été projetée par-dessus le véhicule qui l'avait frappée et était étendue sur la route. Ma fille attendait que l'ambulance arrive pendant que nous parlions. Elle était hystérique et traumatisée au-delà de l'imaginable. Tourmentée par l'impact et accablée par le choc, elle continuait de répéter :

– Il m'a manquée par un centimètre. Oh, comment cela a-t-il pu se produire si rapidement !

Cet événement m'a brusquement fait revenir au présent. La vie a cessé d'être une rivière déchaînée que je pouvais à peine diriger, et tout s'est figé instantanément. Mon ego s'est tu. C'était trop intense pour le combattre ou même le commenter.

Heureusement, cette histoire a eu une fin heureuse. L'amie de Sonia, une gymnaste, a miraculeusement bien pris l'impact et n'a souffert que de mineures égratignures. Elle était de retour à sa vie habituelle en moins d'une semaine… et j'étais de retour à la mienne en moins d'une minute. Le choc était un cadeau livré à mon âme. La possibilité de perdre ma fille ou son amie a réorienté mon attention en quelques secondes.

J'étais vivante et les deux jeunes femmes aussi. C'était soudainement devenu clair comme du cristal en voyant à quel point cela importait, et comment mes préoccupations m'avaient si efficacement projetée dans une zone morte, où rien ne vivait.

J'étais si reconnaissante d'être de retour dans le moment présent, et je l'ai fait avec tellement de grâce que j'ai complètement changé ma conscience. J'ai toujours des buts et je crée parce que j'aime cela, mais je me suis définitivement résolue (pour maintenant) à ne pas remettre quelque bonheur à plus tard, mais à vivre plutôt dans le moment présent. Mon attention est dans le présent – pour rire avec « le futur ». Maintenant, voyons voir si je peux réellement apprendre la leçon cette fois-ci !

Ce qui est amusant, c'est que depuis que j'ai fait ce changement, les choses que j'ai continué d'essayer de créer viennent maintenant vers moi ; comme si plus je vivais dans le moment présent, plus il y avait de place dans ma vie pour répandre la bonté que je désire répandre.

Ne demeurez pas coincé dans des drames d'enfance non résolus. Vous êtes affectés par votre famille d'origine parce que c'est là où vous avez tout d'abord appris votre valeur, que vous avez été introduit aux relations et qu'on vous a donné vos premiers outils pour naviguer dans le monde. Mais finalement, vous devez reconnaître les limites de votre famille et comment elle vous a blessé; vous devez lui pardonner et continuer à avancer.

Rappelez-vous que vos proches font partie de votre école de l'âme et que vous les avez choisis. Ils créent un incubateur ou une serre – façon de parler – pour faire grandir votre âme aussi rapidement que possible, et ils vous servent plutôt bien en fait. Toutefois, vos vrais parents ne sont pas ici sur cette planète ; ils sont le Divin Saint-Père et la Sainte Mère qui vous ont créé. Votre mère et votre père sont les vaisseaux sacrés qui vous ont ouvert le passage vers l'école de la Terre, et ils doivent être respectés et honorés pour avoir accepté de le faire, mais ils ne sont pas votre véritable origine.

Voyez votre famille comme une partie de votre curriculum de l'âme. Cette philosophie de vie vous donnera de la perspective et de la compassion, et, je l'espère, de la motivation pour laisser aller toute colère ou rancune que vous avez contre eux. Aimez ces gens et réalisez qu'ils fouillent gauchement à travers l'école de la Terre, comme vous le faites. Aussi longtemps que vous êtes ici, vous êtes tous des étudiants, apprenant ensemble, et les uns des autres. Si vous avez des attentes réalistes de votre famille et des autres, cela vous aidera à vous libérer du passé et du futur, et vous commencerez à vivre dans le présent.

Remarquez ce qui est réel et vrai dans votre vie présentement, même si c'est pénible. Si vous vous sentez blessé, soyez conscient à quel point ce sentiment est intensément vivant. Si vous portez attention, vous constaterez que la plus grande partie de votre souffrance ne vient pas du présent, mais découle d'une peur d'un futur tourment qui pourrait être trop grand à supporter.

Ce fut le cas de Michael, un adjoint publicitaire de jour, dont l'âme créative avait terriblement envie de s'exprimer à travers la musique, l'écriture et la poésie, et cela le hantait. Bien que ces arts l'interpellaient, ils l'effrayaient aussi. Que se passerait-il s'il laissait son emploi pour suivre son esprit ? Qu'arriverait s'il agissait dans ce sens et qu'il perdait tout ? Et si sa femme devenait en colère et décidait de lui demander le divorce ? Si elle prenait les enfants – ce qui lui causerait la souffrance la plus inimaginable –, il serait trop anéanti pour créer et il pourrait, par conséquent, se retrouver sans abri et seul dans la rue. Quelle douleur ! Quelle agonie !

Effrayé par ses propres songeries, il devint accablé et découragé, blâma sa femme pour sa misère et s'isola de ses enfants. Il ferma son cœur musical et se mit à bouder autour de la maison, ayant permis à son ego d'écraser son âme créative.

Heureusement, je l'ai rencontré à temps. Sa famille était sur le point de partir parce qu'ils étaient tellement exclus de sa vie. Je l'ai convaincu de cesser de penser sans arrêt au futur et de vivre dans le présent pour une période d'un mois.

Voulant désespérément grandir, il a accepté. Pour soutenir son projet, il porta un sifflet autour de son cou et en donna également un à chaque membre de sa famille, avec comme consigne de siffler chaque fois qu'on le surprendrait à vivre dans le futur; il entendrait donc un cri aigu lui laissant savoir son manque de vigilance.

Cela a fonctionné. Cela a pris trois semaines pour entraîner à nouveau son esprit; il devint si fatigué des coups de sifflet qu'il décida de centrer son attention sur le présent... plutôt que de seulement « essayer » de le faire. Aussitôt que ce choix fut fait, les portes aux opportunités de la vie se sont grandes ouvertes pour lui. Il a recommencé à écrire, à composer et à jouer. Il a aussi lancé deux groupes de musique, un avec ses amis et un autre avec ses enfants. Le groupe d'adultes a commencé à performer dans les boîtes de nuit, et son groupe d'enfants jouait aux fêtes d'enfants. Posez-lui maintenant des questions à propos du futur, et il vous répondra : « Je n'ai pas le temps de penser au futur. Mais si j'arrive à trouver une minute pour y penser, il s'avère très prometteur. »

Demeurer centré dans le temps présent exige de l'entraînement. Remarquez ce qu'il y a devant vous maintenant. Devenez conscient des couleurs, senteurs, lumières, textures, paysages, goûts, sons et énergies. Portez attention au fait que, plus vous restez longtemps dans le moment présent, plus vos sens enregistrent intensément le monde. Sentez le pouvoir et la liberté qui reposent dans l'instant. Lorsque vous vous concentrez dans le « maintenant », vous avez l'opportunité et la capacité de choisir et de focaliser sur ce que vous désirez.

Maintenant, vous pouvez appliquer cette leçon.

— Si vous êtes obsédé par le passé, vous inquiétant continuellement à propos du futur, êtes facilement distrait et ne pouvez donc pas vous concentrer sur le moment présent ou êtes simplement rarement conscient de ce qui est devant vous... alors, vous êtes un **étudiant** par rapport à cette leçon.

— Si vous voulez vivre dans le présent, mais avez des affaires non terminées, des problèmes de famille ou des déceptions et des trahisons provenant du passé qui ne vous laissent pas en paix ; que vous êtres prêts à vivre dans le « maintenant » uniquement si vous avez la certitude que le futur sera assuré ; que vous avez décidé que chaque moment est trop pénible pour vous attarder à y penser, et que vous voulez simplement vous étourdir en méditant ou en utilisant un médicament altérant l'esprit, peut-être dans le but de ne faire qu'un avec Dieu ; ou si vous êtes convaincu que vous avez un trouble déficitaire de l'attention et ne pouvez pas vous concentrer sur quoi que ce soit dans le moment présent parce que vous avez la bougeotte et que c'est simplement trop difficile… vous êtes alors un **apprenti.**

— Si vous croyez absolument que rester concentré dans le présent est ce qu'il y a de mieux à faire — si vous pouviez seulement vous souvenir de le faire ; que vous vivez habituellement simplement et laissez vivre, laissant hier et demain prendre soin d'eux-mêmes ; que vous vous inquiétez occasionnellement, mais pensez que les choses vont bien aller ; ou bien que vous prenez la vie facilement et lentement et profitez pleinement d'aujourd'hui… vous êtes dans la phase du **compagnon**.

— Si vous vivez par la devise « Que será, será. Ce qui arrivera, arrivera » ; que vous donnez aux gens et aux choses votre entière attention dans le moment présent ; que vous ne surchargez pas votre horaire, ne vous lamentez pas ou ne pensez pas sans cesse au passé ; ou que vous contemplez chaque journée comme une toute nouvelle opportunité pour vous de créer librement ce que vous voulez… vous êtes alors sur la voie de **maîtriser** cette leçon et de profiter d'une vie relativement moins stressante.

Si vous êtes un **étudiant**…

- Cessez de parler du passé.

- Gardez vos conversations centrées sur ce qui se passe en ce moment.

- Évitez les discussions à propos du « futur » — spécialement celles qui sont remplies de malheur et de tristesse.

- Une fois par heure, arrêtez-vous et nommez tout haut quelque chose qui est juste en face de vous dans « l'ici et le maintenant » — tel qu'un calendrier, une horloge, la température ou les gens avec qui vous êtes — puis dites : « Je suis ici et tout est bien. »

- Exercez-vous à respirer lentement.

- Concentrez-vous sur une chose pendant quelques minutes chaque heure : une bonne tasse de thé, la température, la chaise sur laquelle vous êtes assis ou la conversation que vous êtes en train d'entretenir.

Si vous êtes un **apprenti**…

- Descendez du transport en commun ou garez votre voiture à quelques pâtés de maisons de votre emploi, et marchez durant le reste du chemin, remarquant ce qui se passe dans les rues.

- Gardez les conversations téléphoniques centrées sur le présent et interrompez-les si elles sont entraînées dans la déception passée ou dans un futur effrayant.

- Parlez seulement de ce qui existe aujourd'hui — peu importe à quel point cela peut paraître insignifiant face au futur intimidant ou au passé oppressif.
- Demandez à votre Créateur de vous aider à demeurer centré sur cette journée-ci.

Si vous êtes un **compagnon**...

- Chaque fois que vous retournez dans le passé ou avancez dans le futur, riez et demandez à Dieu de prendre la relève.
- Soyez totalement présent. Que faites-vous ? Comment vous sentez-vous ? Faites-en plus.
- Enregistrez une salutation sur votre répondeur ou votre téléphone cellulaire et dites : « Laissez-moi un cadeau en me disant quelque chose de merveilleux à propos d'*aujourd'hui*. Le passé et le futur sont priés de ne pas laisser de message. »
- Recherchez du soutien et de la compagnie dans les organisations dont la philosophie est de vivre une journée à la fois, et travaillez étroitement avec elles.

Si vous êtes sur la voie de **maîtriser** cette leçon...

- Prenez votre temps pour déjeuner et savourez votre début de journée.
- Déplacez-vous à travers votre journée à une douce allure, profitant des gens que vous rencontrez.

- Respirez profondément, lentement et souvent.
- Profitez du temps, de l'espace et de la paix intérieure qui viennent avec le fait d'être dans le moment présent.

La leçon de votre âme
Vivez dans le présent.

Le but de votre âme
Démontrer le pouvoir qui découle du fait de vivre dans le moment présent.

Leçon de l'âme # 7

L'énergie divine circule à travers vous, non pas à partir de vous

Le pouvoir de créer circule à travers vous, non pas à partir de vous. Cette force vient d'un Moi divin supérieur, non pas de votre ego personnel. Cette partie de vous-même bloque la manifestation pendant que votre être essentiel les canalise.

Votre intelligence intérieure est votre source de pouvoir, et elle vous donne l'énergie et la capacité d'exprimer votre plein potentiel créatif. Laisser votre ego de côté et vous connecter à votre conscience sacrée vous relie à votre source d'idées, de possibilités et d'abondance.

Cela peut représenter un concept difficile à saisir, et c'en est un avec lequel j'ai eu de la difficulté quand il m'a été présenté il y a plusieurs années. Premièrement, j'avais une notion très saine de moi-même et de mon ego, et je n'aimais pas l'idée d'avoir à arrêter d'être qui j'étais dans le but d'accomplir ma plus haute promesse créative. Mon professeur, un merveilleux physicien et un intuitif nommé Charlie Goodman, s'est moqué de moi quand j'ai exprimé ma résistance. Irritée, je lui ai demandé pourquoi il trouvait cela amusant. Il s'est dirigé vers son garde-robe et en a ressorti une magnifique vieille lampe qui était rangée là et il l'a placée sur le plancher en face de moi.

– Que pensez-vous de ceci ? m'a-t-il demandé, encore en train de rire.

Ne comprenant pas complètement ce qu'il faisait et pourquoi c'était pertinent à ma question, j'ai répondu à contrecœur :

– Je crois que c'est joli, admirant les ornements fleuris en laiton autour de la base et les cristaux se balançant à partir du dessus.

– Je le pense aussi, a-t-il consenti.

– Alors, pourquoi est-ce dans votre garde-robe plutôt que dans le salon où elle peut être vue et utilisée ? ai-je demandé.

– C'est une bonne question, a-t-il répliqué. Pourquoi ne la branchez-vous pas et ne la placez-vous pas là sur la table ?

La soulevant du plancher et me demandant ce que tout cela signifiait, j'ai délicatement placé la lampe en face de moi sur la table du bout et j'ai ensuite tendu la main vers le cordon d'alimentation, ceci uniquement pour m'apercevoir que la prise de courant était manquante.

– Attendez une minute Charlie, ai-je dit, pas certaine qu'il était au courant de cela. Il n'y a pas de prise au bout de la corde, donc je ne peux pas l'allumer. Sans cela, la lampe ne fonctionne pas.

– Exactement, a-t-il déclaré. Peu importe à quel point l'objet est beau, à moins qu'il ne soit connecté à une source d'énergie, il ne peut pas exprimer ce pour quoi il a été fait, n'est-ce pas ?

– Bien sûr que non. C'est inutile, ai-je dit, pensant qu'une telle magnifique antiquité ne pouvant fonctionner était ridicule.

– Aussi belle qu'elle soit, cette lampe a été désignée pour que l'énergie circule à travers elle afin qu'elle puisse être allumée et illuminer la pièce de façon adéquate, a-t-il expliqué. D'une certaine façon, nous ne sommes pas différents de cette lampe : nous sommes de belles créations conçues également pour permettre à une source d'énergie supérieure de se déplacer à travers nous.

Vous avez la capacité d'exprimer les choses parce que vous canalisez le Pouvoir divin. En tant que cocréateur avec l'Univers, le pouvoir vous a été donné d'établir les conditions parfaites afin que la créativité circule, mais celle-ci vient à travers vous à partir du Moi Supérieur – non pas de votre ego ou de votre volonté personnelle.

Pensez aux forces dans la nature. Par exemple, quand vous choisissez de cultiver un jardin, vous sélectionnez les fleurs et les plantes, choisissez l'emplacement, labourez le sol, plantez les graines dans la terre et vous les protégez pendant qu'elles germent. Mais vous ne faites pas personnellement pousser quoi que ce soit. L'Esprit divin se déplaçant *à travers* la nature provoque l'épanouissement du jardin. Vous fournissez les conditions idéales pour que les plantes se développent, mais, pour que le processus réussisse, vous devez ensuite vous retirer et laisser l'Intelligence sacrée faire son travail.

Appliquez ces mêmes règles à toutes vos créations. Vous pouvez utiliser votre intelligence, vos émotions et votre imagination pour modeler et former quelque chose que vous désirez, mais vous devez ensuite vous tourner vers votre Sagesse intérieure dans le but de l'extérioriser. Votre ego peut observer et apprendre, mais il ne peut pas diriger le processus.

Peut-être que vous avez spontanément fait l'expérience du pouvoir créatif de votre Moi Supérieur s'exprimant à travers vous. Quand vous vous retirez, que ce soit consciemment ou inconsciemment, et que vous permettez à cette plus grande conscience de prendre la relève, une incroyable force, plus grande que vous, s'éveille et prend le contrôle.

Je fais l'expérience du pouvoir de mon Moi Supérieur chaque fois que je parle publiquement. Étant normalement une personne discrète, calme et introvertie, aussitôt que je suis en face d'une classe ou sur une scène, mon ego disparaît complètement et mon essence divine me fait entrer en action avec une incroyable force. Je me sens comme si je mesurais quinze mètres et que j'étais sans peurs. Je perds toute anxiété; et je trouve plutôt mon cœur rempli d'amour, d'enthousiasme, d'intention et de joie. Les mots me viennent d'ailleurs que de mon cerveau et me surprennent souvent. C'est une chose incroyable et merveilleuse à expérimenter.

Quand mon moi sacré prend le relais, mes perceptions intuitives deviennent aussi tranchantes qu'un rasoir. Je ne parle pas seulement aux gens – je sens leur esprit et je me branche sur eux directement. Ce type de communication ne peut être préparé ou répété d'aucune façon. Je me présente plutôt simplement, deviens réceptive à mon savoir intérieur, ouvre ma bouche et vois ce qu'il en sort. Parfois, je me sens un peu nerveuse à l'avance, mais, parce que je fais confiance à la sagesse de mon âme pour être l'interlocuteur, je ne donne pas trop d'attention aux anxiétés de mon ego. J'ai appris que je ne devais pas m'inquiéter parce que ma plus haute conscience ne me déçoit jamais.

J'ai rencontré d'autres auditeurs qui disent avoir déjà expérimenté la même connexion que moi. Wayne Dyer, par exemple, est un homme qui parle à partir du courant de son Moi Supérieur. Je le sais parce que lorsque qu'il donne des conférences, je le ressens. L'anthropologue et auteur Jean Houston, et le comédien Robin Williams – l'une de mes personnes préférées dans le monde –, permettent également à leur Esprit divin de se déplacer à travers eux. Ma chère amie, l'artiste Julia Cameron, s'est une fois retrouvée à écrire soudainement un opéra basé sur l'explorateur Magellan. Plongée dans cet élan pendant des jours, quand elle s'est arrêtée pour prendre une pause, son ego, sous le choc, s'est fortement opposé, disant :

– Qui penses-tu être, Julia, pour écrire un opéra ! ? Tu ne peux pas faire cela !

Son Moi Supérieur a calmement répondu :

– Tu es une musicienne, et je te montre comment écrire un opéra.

Plusieurs grands inventeurs et artistes ont dit que leurs meilleures idées sont simplement tombées dans leur esprit, comme si elles leur avaient été envoyées à eux spécialement. L'ampoule électrique d'Edison a premièrement été allumée dans sa tête. La théorie de la relativité d'Einstein et le dessin pour un avion de Leonardo Da Vinci étaient aussi des dons de la Conscience sacrée.

Toutes les innovations importantes dans l'art, la musique et même la science ont été exprimées à travers le Moi Supérieur. C'est votre lien entre le potentiel divin illimité et vos capacités latentes personnelles. Quand vous reconnaissez et permettez le pouvoir de cette Lumière de circuler à travers vous, vos possibilités créatives deviennent sans limites.

Ma fille Sonia est récemment sortie pour manger avec la vedette de rock internationale Billy Corgan, qui s'avère être un ami de la famille. Normalement, il est un homme discret, extrêmement gêné et réservé, donc elle ne pouvait pas s'imaginer comment il se transformerait en une telle formidable présence sur scène. Sonia lui a demandé comment il y arrivait et comment il se sentait lorsqu'il performait.

Il s'est assis tranquillement pour un instant et a ensuite dit :

– J'entre en scène avec ma conscience et ma personnalité normales, et, à la minute que je vois l'auditoire et frappe cette première corde sur ma guitare, une autre force descend sur moi et s'empare de moi. C'est moi, mais non pas mon « petit moi ». À la place, je sens que c'est moi dans mon plus grand potentiel déchaîné. Dans cet espace, je crois que je peux faire n'importe quoi. Quand le spectacle est fini, cette énergie se retire et je suis de retour pour retrouver mon moi tranquille.

Je comprends ce qu'il dit parce que je fais l'expérience du même changement chaque fois que je m'assois pour faire une lecture psychique pour quelqu'un. Même après trente ans, j'entre dans mon bureau en me demandant si je serai capable d'offrir un aperçu à cette personne. Je m'inquiète de savoir si j'aurai quelque chose à dire, et j'espère et prie pour que je puisse trouver une connexion qui aura du sens. Je ne suis pas certaine – ou du moins le petit moi ne l'est pas. Puis, du moment que je vois mes clients ou que j'entends leur voix au téléphone, un profond changement se produit. Mon ego disparaît complètement, et seul mon Moi Supérieur est présent et fait la lecture. C'est un changement si complet que lorsque j'ai terminé, il arrive souvent que je ne me souvienne même pas de ce que j'ai dit. Mon ego n'était pas là, donc je n'ai pas entendu le message.

Sans le divin Être intérieur, très peu ou rien du tout n'est accompli — du moins, rien de vraiment créatif, habilitant ou rempli de lumière et d'intelligence. Sans le Pouvoir central responsable, vous demeurez pris dans les créations d'hier plutôt que de réaliser les rêves d'aujourd'hui.

Mon client, Jerry, est venu me rencontrer pour la troisième fois cette année, luttant à chaque question avec la même issue et la même frustration. Misérable employé, il voulait quitter son emploi et lancer sa propre entreprise, peut-être un petit café. Il pensait continuellement à cela, mais ne pouvait pas passer au-delà de la peur de s'engager. Bien que je lui aie confirmé que l'idée était excellente, et que, s'il allait de l'avant, cela fonctionnerait, il ne voulait pas se laisser convaincre. Ou plus exactement, son petit moi — son ego — ne voulait pas le laisser avoir foi en son rêve. Il argumenta contre l'idée pendant tout le temps que nous étions ensemble :

— Comment puis-je être certain que c'est la chose à faire ? Les cafés apparaissent et disparaissent chaque jour ! Si j'en ouvre un, cela nécessitera tout mon argent et je n'aurai plus rien pour me relever si je tombe. Je ne cuisine même pas. À quoi servirais-je ? Pourquoi les gens viendraient-ils à mon restaurant ? C'est juste une folle idée, et je ne peux pas croire que je vous en parle.

Toutes ses hésitations révélaient clairement que son Moi Supérieur n'avait pas la permission de participer à son idée.

— Jerry, ai-je protesté, pour la énième fois, je vous dis que vous pouvez le faire ! Sortez simplement de votre propre voie et laissez votre sagesse intérieure prendre la relève.

Chaque fois que je lui disais cela, une lueur, si faible soit-elle, traversait son visage. Puis, bam ! Son ego le remettait au tapis une fois de plus.

— C'est bien beau à dire, argumentait-il, quand l'argent n'est pas impliqué, mais dans les faits, vous devez être réaliste.

C'était une perte de temps d'essayer de convaincre Jerry de la possibilité du succès. Dans son cas, il n'y en avait aucune — pas aussi longtemps qu'il croirait que son ego pouvait le créer. La seule chose que son « petit moi » produisait était la misère et le mécon-

tentement, et il ne pouvait pas le constater. Il fauchait chaque idée qu'il avait et il écartait de façon flagrante son Essence divine, comme une notion fabriquée qui était plaisante à penser, mais n'était pas réelle.

Finalement, je lui ai dit :

– Jerry, je ne peux pas vous mentir, vous avez absolument raison. Avec cette approche, vous ne réussirez pas à ouvrir un café ou quoi que ce soit d'autre. Jusqu'à ce que vous réalisiez que vous êtes un esprit, un être créatif, et que vous invitiez votre Moi Supérieur à guider le chemin, rien ne se produira. Rien du tout.

Quand il a entendu cela, c'est comme si je lui avais lancé de l'eau froide au visage.

– Vous voulez dire que c'est tout ? Je pensais que vous aviez dit que je réaliserais mon rêve.

– Non, lui ai-je dit, vous ne pouvez pas créer un café prospère, du moins, pas aussi longtemps que vous laisserez votre ego vous dominer et vous fermer de votre plus grande conscience. Donc, vous pouvez tout aussi bien abandonner et vous habituer à votre souffrance, parce que ce n'est pas prêt de changer – et vous le savez.

Jerry était assommé dans le silence. J'ai simplement souri et lui ai envoyé de l'amour. Nous sommes restés assis tous les deux pour cinq minutes entières. Puis, il s'est levé et s'est dirigé vers la porte.

– Rien ne va changer ? m'a-t-il demandé une fois de plus.

– Non, à moins que vous dirigiez les choses vers votre Moi Supérieur. Bonne chance !

Il a incliné la tête de façon pensive, puis est parti.

Je ne sais pas ce que Jerry fera par la suite. Nous apprenons les leçons de l'âme à notre propre vitesse, et celle-ci était spécialement difficile pour lui. J'avais de la compassion, mais je savais qu'il n'y avait rien de plus que je pouvais faire. Nous pouvons partager la connaissance que nous avons acquise avec un autre, parler de nos succès, offrir de l'encouragement et nous soutenir l'un et l'autre, mais nous devons maîtriser ces leçons par notre propre initiative. Je savais que j'avais été capable d'aider Jerry en lui disant un peu ce qu'il devait faire – abandonnera son ego et permettre à son Moi

Supérieur de créer. Au-delà de cela, il devait décider pour lui-même quand il serait prêt à entreprendre la prochaine étape.

Plutôt que de manifester quoi que ce soit de nouveau, votre ego répète des modèles. Ce n'est pas créatif. Vous continuez à faire l'expérience des mêmes relations décevantes, problèmes d'argent, problèmes de santé, d'emplois sans issue, d'ennui, de mécontentement et de misère que vous connaissez déjà. L'ego est passé maître dans l'art de recréer ces routines sans amour et sans vie. La seule façon de s'en débarrasser et d'écouter votre Pouvoir divin est de tourner toute intention et toute vision sur votre source spirituelle immédiatement, et de les garder là.

Répétez quotidiennement : « Mon Moi Supérieur, je m'en remets à toi. Je suis ton fidèle serviteur et je m'ouvre à toi. » Puis, permettez-le. Relaxez, laissez aller, soyez ouvert et faites confiance à cette partie sacrée de vous pour faire le travail. Aussitôt que vous apprendrez ceci, vous ne serez plus jamais importuné par votre esprit. Vous ne serez pas non plus déconcerté ou arrêté dans la poursuite de vos désirs. Votre Sagesse intérieure trouvera la voie et les moyens d'accomplir votre intention créative. Vous avez simplement à suivre sa gouverne.

Maintenant, vous pouvez appliquer cette leçon.

– Si vous n'avez jamais entendu parler de votre Moi Supérieur et trouvez étrange l'idée de remplacer votre ego par un plus grand pouvoir ; que vous contrôlez tellement que vous ne pouvez pas imaginer abandonner quoi que ce soit ; ou vous êtes étendu et éveillé la nuit avec votre esprit tournant en rond, essayant de tout comprendre, de toutes les manières possibles, mais en vain... alors, vous êtes un **étudiant** par rapport à cette leçon.

– Si vous avez entendu parler du concept d'un Être intérieur divin et trouvez que c'est une pensée réconfortante, mais êtes réticent à mettre une sérieuse foi en cela ; que vous appréciez l'idée d'avoir un pouvoir sacré, mais que vous êtes bien trop inquiet pour le laisser s'emparer de vous ; que vous acceptez le fait d'avoir une plus grande conscience, mais que vous avez besoin d'être certain que les choses fonctionneront avant de lui faire confiance… vous êtes alors un **apprenti**.

— Si vous savez que votre Moi Supérieur est un véritable pouvoir et en avez fait l'expérience au fil du temps ; que vous vous inquiétez et pensez de moins en moins et que vous avez de plus en plus confiance que votre sagesse intérieure s'occupera de votre vie ; que vous avez des éclats d'inspiration ; que vous découvrez le désir et le courage de suivre votre intuition et que vous vous surprenez ensuite encore et encore de voir à quel point vous êtes créatif ; que vous sentez la présence de votre source sacrée et demandez son aide… vous êtes donc un **compagnon**.

— Si vous êtes sans peur dans votre vision et trouvez le pouvoir, le courage, la volonté et la joie en étant certain que votre Moi Supérieur va tenir parole ; que vous savez dans votre cœur que ce sur quoi vous focalisez va arriver si vous vous vous abandonnez à votre Âme divine ; que vous vous sentez illimité dans vos possibilités créatives et faites confiance à votre Intelligence essentielle ; ou vous dormez paisiblement la nuit et vous vous réveillez avec des idées inspirantes et édifiantes… vous êtes donc sur la voie de **maîtriser** cette leçon et de vivre en une liberté sans retenue.

Si vous êtes un **étudiant**…

- Souvenez-vous que vous avez un Moi Supérieur.

- Commencez à demander à votre Sagesse intérieure de prendre la relève.

- Donnez à votre ego dirigeant un nom d'animal et demandez-lui gentiment de rester tranquille.

Si vous êtes un **apprenti**…

- Visitez les musées, étudiez des bâtiments architecturalement significatifs, marchez à travers un arboretum et écoutez de la musique passionnante, et voyez si vous remarquez les forces divines présentes dans ces travaux.

- Demandez à votre plus grande conscience de maintenir un contact direct avec vous en vous donnant des sentiments paisibles.

- Remarquez à quel point votre ego est fort et pratiquez-vous à rire de vous-même (gentiment, bien sûr) pour aider à calmer son emprise.

- Répétez l'affirmation quotidienne : « Moi Supérieur, utilise mon esprit, mon cœur et mon corps pour servir l'humanité et créer mon potentiel le plus complet », ou écrivez-en une similaire de votre propre cru.

Si vous êtes un **compagnon**…

- Laissez intentionnellement votre Moi Supérieur prendre la relève en faisant du remue-méninges, en détendant votre contrôle, en jouant et en priant.

- Remarquez la vibration de votre Âme sacrée, pas seulement en vous-même, mais aussi dans les autres.

- Faites le calcul de vos moments forts et éclairés pendant vingt-quatre heures et demandez à votre Moi Supérieur de les doubler chaque jour.

- Courbez-vous, fléchissez-vous et suivez un cours de yoga ou dansez sur la musique de votre groupe favori — n'importe quoi vous amenant à bouger et à relâcher un peu plus l'emprise serrée que votre ego a sur vous.

Si vous êtes sur la voie de **maîtriser** cette leçon…

- Remerciez votre Sagesse intérieure pour son courant de soutien continuel et ses bénédictions, et remarquez comment cela les multiplie.

- Demandez à votre Essence divine de vous nourrir d'idées nouvelles et créatives chaque heure, et exprimez-les tout haut quand elles s'élèvent.

- Abandonnez-vous à fond à votre Moi Supérieur ; et donnez des vacances permanentes à votre esprit rationnel, dirigeant et inquiet.

La leçon de votre âme

Faites tout graviter autour de votre Moi Supérieur.

Le but de votre âme

Permettre à votre Moi Supérieur de diriger votre vie.

Leçon de l'âme # 8

Affinez votre raison

Développez votre faculté de raison, votre capacité à penser de manière logique et à être objectif. Regardez la vie au-delà de vos filtres émotionnels et subjectifs pour voir ce qui est vrai en face de vous actuellement. Utilisé correctement, l'intellect est un outil puissant de conscience qui encourage l'évolution de votre âme. C'est le canal à travers lequel vous voyez le monde et l'interprétez. Rien ne soutient votre conscience intuitive et votre développement spirituel plus minutieusement qu'un esprit rationnel aiguisé et analytique — un esprit qui observe soigneusement, enregistre avec précision et distille l'information de façon appropriée.

Les problèmes arrivent lorsque vous embrouillez la raison objective avec des conclusions logiques ou automatiques, des préjugés et des assertions — ou avec les opinions d'autres gens. C'est une erreur commune.

Un autre client, Joe, avait des problème continuels à trouver et à garder de solides employés pour son entreprise de peinture. Les choisissant à partir d'un groupe d'immigrants, pour la plupart Dominicains et Équatoriens, il était convaincu qu'ils travailleraient tous bien pendant plusieurs mois ; puis après, ils fichaient tout en l'air, perdaient de l'intérêt, quittaient ou devaient être congédiés.

— Cela se produit chaque fois, disait-il. En six mois, la fête est finie. Je peux y compter. Pas eu une seule personne n'a travaillé

pour moi plus de six mois. En tant qu'homme d'affaires raisonnable, j'utilise ce stratagème, c'est-à-dire que je suis toujours en train de rechercher de nouveaux ouvriers pour remplacer les anciens. De cette façon, je ne suis pas pris au dépourvu. C'est fatigant, mais intelligent.

De la façon dont Joe l'expliquait, cela paraissait être un plan rationnel, du moins en surface. Les gens peuvent être désespérés de trouver un emploi, spécialement de nouveaux immigrants. Évidemment, ils sont pressés d'être employés le plus tôt possible. Mais après, ils s'installent et leur vie devient un peu plus stable; il semblerait inévitable qu'ils commencent à se questionner à savoir s'ils aiment leur travail et s'ils perdront éventuellement de l'intérêt pour ce dernier.

Et encore, quand je regardais un peu plus en profondeur, je pouvais m'apercevoir que le soi-disant raisonnement de Joe n'était rien de plus que ses propres projections manipulant ses employés de façon à ce qu'ils soient découragés et qu'ils partent. Bien qu'inconscient de ses manœuvres, il était la raison de leur départ. Au commencement, il était très gentil, mais strict parce qu'il voulait qu'ils réussissent. Il savait que cette approche était la meilleure façon de gagner leur confiance et de calmer leurs craintes.

Cependant, après quatre ou cinq mois à son emploi – juste avant qu'il soit temps de leur donner une augmentation – Joe commençait à être plus exigeant, hypercritique, vague au sujet de l'horaire, et tardif à leur remettre leur chèque de paye. Il était moins prévenant et respectueux; leur parlait d'un ton plus sévère qu'au début, criant souvent après eux quand il n'aurait pas dû; et devenait moins soigneux à propos de garder une trace précise de leur temps de travail. Ce n'était pas surprenant qu'ils quittent leur emploi à ce moment précis.

Je lui ai dit d'arrêter ce comportement qui provoquait un tel changement drastique, et de plutôt s'acharner à développer un sens de la fierté et de la sécurité parmi ses employés, ce qui stabiliserait leur environnement de travail. Je lui ai suggéré de cesser d'être condescendant avec son personnel, ou de faire une croix sur eux juste parce que son horloge interne lui dit qu'il est temps de se débarrasser d'eux.

Mes idées étaient révélatrices pour lui.

– Vous avez peut-être un point, là, a-t-il dit. Je n'ai jamais considéré que j'étais le problème. Je vais y penser.

Il est retourné à la maison, a étudié son comportement envers ses employés, a essayé de nouvelles techniques, et, sans étonnement, a réduit le nombre de personnes quittant l'entreprise de cinquante pour cent.

– Quand j'ai démarré cette entreprise, m'a-t-il fait remarquer, plusieurs entrepreneurs m'ont dit de m'attendre à un grand va-et-vient de la part du personnel. J'ai donc figuré qu'ils savaient quelque chose que je ne savais pas. J'en ai déduit qu'ils avaient raison, et, par conséquent, je ne les ai pas questionnés. Ce que je ne savais pas, c'était que leurs opinions influenceraient mon comportement comme si je voulais leur donner raison.

La raison fige quand vous réagissez émotionnellement à une situation. Détachez-vous de vos sentiments et étudiez les faits avant de répondre. Muni d'une information valable et juste, vous pouvez modifier chaque circonstance et l'envoyer dans une nouvelle direction. Sans de telles données, vous êtes impuissant.

Pour développer des habiletés de pensée objectives et valables, observez soigneusement votre monde, sans préjugés. Soyez conscient de votre tendance à assombrir votre intellect en approchant les situations ou les autres personnes pendant que vous tenez de fortes projections (quoique souvent inconscientes) qui déforment la vérité.

J'ai une cliente qui travaille pour le fisc. Elle est gentille, fondée et compréhensive envers une erreur chez les autres. Mais quand quelqu'un découvre où elle travaille, elle est immédiatement cataloguée comme « l'ennemie » et est mal traitée. Autant elle aime son emploi – et elle a aidé plusieurs personnes ayant des problèmes de taxes –, il est aussi sa plus grande tristesse parce qu'elle se sent tellement rejetée et détestée.

Une raison valable peut être cultivée seulement avec un esprit ouvert. Souvent, quand les autres, votre Moi Supérieur ou vos guides vous présentent une idée ou une solution à un problème, vous la mettez de côté sans même la considérer parce qu'elle est peu familière ou différente.

L'année dernière, j'ai parlé avec une cliente qui ouvrait un spa de jour dans la banlieue nord de Chicago. Elle voulait développer un concept original afin d'attirer les clients et de faire fonctionner l'entreprise. J'ai été guidée à lui suggérer d'offrir des lectures intuitives, de la thérapie par la couleur, et une stabilisation de l'aura comme faisant partie de ses services.

Elle a immédiatement levé la main en signe de protestation et a dit :

– Donnez-moi quelque chose de sensé.

En dépit de mes assurances que de telles sessions et thérapies sont en forte demande dans les stations de santé ces jours-ci, et même si j'ai cité plusieurs installations bien connues autour du pays qui offrent ces avantages, elle a carrément ri et a cessé d'écouter. Son esprit était solidement fermé à cette proposition, et elle resterait inébranlable. Les lectures intuitives et les praticiens alternatifs étaient trop bizarres et risqués pour les considérer dans son établissement.

– En réponse à votre question, je suggère seulement quelque chose qui pourrait attirer les clients, ai-je répété en essayant de lui donner une dernière chance.

Elle a encore rejeté l'idée. Elle n'était pas ouverte ; j'ai donc cessé de lui recommander de tels services et j'ai ajouté :

– Bien, alors, le bouche-à-oreille devra faire l'affaire puisque vous n'avez pas de budget pour la publicité.

Secouant la tête en passant la porte et se moquant de ce qu'elle considérait comme « ma folle idée, spécialement pour le voisinage de la classe nord de la rive », elle m'a invitée à sa grande ouverture, mais je n'étais pas capable d'y aller.

Huit mois plus tard, j'ai reçu un appel téléphonique d'urgence de sa part me demandant si je pouvais la recevoir immédiatement. Quand elle est arrivée, elle avait l'air affligée. Elle a dit qu'un autre spa de jour s'était établi à moins d'un kilomètre du sien et prenait toute sa clientèle. C'était si grave qu'elle pensait devoir fermer. Lorsque je lui ai demandé si elle avait étudié ce qui se passait là-bas pour créer un tel attrait, elle a répliqué qu'en plus du spa standard, le spa offrait toutes sortes de traitements Nouvel-Âge, tels que le rinçage de l'aura, les lectures intuitives et les thérapies par l'énergie Reiki.

– Apparemment, ils sont très tendance. Si seulement j'avais su ! s'est-elle lamentée.

Je l'ai regardée de manière incrédule. Non seulement avait-elle rejeté ma suggestion d'offrir ces services dans son entreprise, mais elle l'avait fait si intensément qu'elle ne se souvenait même pas de sa première séance avec moi.

Un esprit fermé est la mort de votre pouvoir créatif. L'ego peut devenir si rigide et fixé dans ses perceptions qu'il filtre de façon déraisonnable la vérité de sa situation actuelle et de l'information émergente.

La pire démonstration de cette version de la réalité dont j'ai déjà été témoin fut lorsqu'un client homosexuel s'est présenté pour une lecture avec son amoureux, un homme manifestement malade et à l'article de la mort. En entrant dans mon bureau, il m'a dit :

– En aucun cas, nous ne voulons entendre quoi que ce soit de mauvais. Nous sommes seulement intéressés à recevoir de bonnes nouvelles aujourd'hui. Évidement, je suis certain que c'est tout ce que vous avez à offrir de toute façon.

Respectant ses souhaits, et réalisant la futilité d'aller contre son déraisonnable esprit fermé, j'ai évité le sujet de la santé vacillante de son partenaire et le besoin conséquent de se préparer à sa mort, et je me suis plutôt concentrée sur les autres thèmes.

C'était un peu comme ignorer la présence d'un énorme éléphant dans la pièce, mais je devais travailler à l'intérieur des paramètres qui m'avaient été donnés. Cela semblait presque ridicule de me concentrer sur l'insignifiant, mais, de façon évidente, c'était ce qu'ils voulaient que je fasse.

Six semaines plus tard, quand son amoureux s'est soudainement effondré et a été hospitalisé, mon client m'a rappelée, en état de choc et dans une incrédulité totale.

– N'auriez-vous pas pu prévoir cela et m'en avertir ? m'a-t-il lancé en colère. Si vous aviez fait votre travail correctement, mon partenaire aurait pu éviter ce désastre.

C'est difficile de croire que des gens puissent être aussi illogiques, mais ils le peuvent. Je sais que j'ai agi de cette manière à certains moments, et vous aussi. Nous sommes tous coupables de laisser nos émotions l'emporter sur notre raison.

Votre Moi Supérieur vous dirige, mais si vous embrouillez le canal avec des inexactitudes chargées émotionnellement, des mauvaises perceptions et des notions préconçues, vous ne serez pas capable d'y accéder. À la place, vous finirez par vous perdre dans le drame et la confusion. Vous pouvez recevoir une orientation claire, directe et intuitive provenant de votre Sagesse intérieure seulement quand vous devenez calmement un observateur.

L'une de mes meilleures et plus chères amies, Joan Smith, a récemment fait l'expérience d'un besoin sérieux et stimulant de recevoir une communication claire de sa plus haute raison. Inopinément frappée de sévères malaises l'automne passé, elle a été emmenée d'urgence à l'hôpital, où, après une batterie de tests, une tumeur au cerveau fut diagnostiquée. Peu de temps après, elle subit une chirurgie, pour apprendre qu'elle était au stade IV du cancer. Après ce sombre pronostic, elle fut laissée à elle-même pour affronter ce terrifiant scénario.

La première chose que Joan fit fut de commencer immédiatement à en apprendre davantage sur sa condition, ainsi que sur tout trai-

tement connu, incluant à la fois les modalités médicales traditionnelles et alternatives, ainsi que les thérapies complémentaires. La poursuite l'a gardée les deux pieds sur terre et lui a évité de sombrer dans la terreur. Étape par étape, munie d'une information précise, elle a créé un plan de guérison personnel. Plus elle en savait au sujet de son cancer, plus son intuition se précisait sur la meilleure façon de négocier avec lui.

La clé, disait-elle, était de discerner le fait de l'opinion. Certains de ses docteurs ne pensaient pas qu'elle pouvait survivre, tandis que d'autres le voyaient très différemment. Joan s'est immédiatement éloignée de ceux qui étaient pessimistes, alors qu'elle trouvait évident qu'un pourvoyeur de soins de santé négatif fût nuisible quant aux chances de survie d'un patient.

Après s'être informée à propos des avantages et des désavantages de la chimiothérapie, elle a choisi d'y renoncer et de poursuivre plutôt un traitement alternatif, son instinct lui disant de suivre cette voie. Plusieurs personnes ont rejeté ses décisions intuitives proactives comme étant folles et imprudentes, mais d'autres la supportaient. Comment vont ses choix ? Alors que j'écris ceci, son dernier scan du cerveau a démontré qu'elle n'avait plus de trace de cancer.

Reconnaissez chaque chose, incluant vos sentiments, mais ne les laissez pas vous submerger. Ils sont intenses, et, en proie avec une vive réaction, rien n'est évident. Toutefois, ils meurent éventuellement. Il est trop difficile de demeurer dans un tel état intensifié tout le temps. Le corps physique se fatigue des fortes émotions et de l'adrénaline qu'elles envoient courir à travers lui, et vous les coupez lorsque vous atteignez le point de saturation. N'évaluez jamais une situation ou ne prenez pas une décision sur une conduite à suivre quand vous êtes pris dans le feu du moment. Vos perceptions seront inexactes, et votre accès à votre Moi Supérieur sera bloqué. Laissez les vents de l'émotion passer, et alors seulement vous serez capable de voir clairement et d'agir sagement, et de façon créative.

Vous avez des choses que vous n'arrivez pas à comprendre, des situations où vous êtes incapable de voir l'ensemble des chose en raison de votre conditionnement social et de votre éducation, et même de vos vies passées. C'est avec la leçon de votre âme que vous réussirez à enlever ces barrières. Soyez prêt à confronter ce qui vous a été caché. Où est votre raison ? Est-elle coincée à cause de l'inhabileté ou de la résistance à regarder au plus grand ordre des choses aussi objectivement et précisément que possible ? Quelles réponses émotionnelles habituelles ferment l'accès à votre Sagesse intérieure ? Réfléchissez à ces questions et votre plus grande conscience vous donnera les réponses.

Ignorez la perspective de votre ego. Elle est défensive, étroite, subjective, suffisante, critique, inquiète, colérique et craintive. Regardez plutôt la vie du point de vue de votre Moi Supérieur — un point de vue calme, objectif, créatif, à la solution motivée, non critique, et aimant.

C'est délicat. Je me lève la tête et vois une pile de papiers, une tasse de café vide, des livres éparpillés sur la table et les restes d'un emballage de cadeau de fête venant d'un présent que j'ai reçu de mon amie Lilly. Ma première réaction émotive fut : « Je vois un désordre et je dois le nettoyer. » Mon deuxième réflexe fut celui-ci : « Je vois un environnement de travail confortable et j'aime cela. » Quelle réaction est réaliste ? Probablement les deux.

Une raison mal développée est souvent une conséquence d'une vision inadéquate — pas seulement la vue des yeux, bien qu'elle puisse jouer un rôle, mais aussi la vision et l'observation. Avez-vous déjà entendu le dicton : « On voit seulement ce que l'on veut voir » ? Si vous mettez des lunettes teintées de rose, filtrant tous les côtés désagréables, ou si vous percevez le monde comme un verre à moitié vide, voyant seulement les aspects sombres et négatifs des situations, aucune des deux approches ne vous donne une image précise de la réalité, et, par conséquent, vous restez incapable de la changer.

Vérifiez l'état de vos yeux afin de voir clairement. Si votre vision n'est pas précise, votre raison ne le sera pas non plus. Concentrez vos observations afin que votre vision soit limpide à tous les niveaux. Plus vous discernerez les conditions présentes de façon objective et moins votre perception sera préconçue, plus vous aurez un accès prompt à votre Moi Supérieur, lequel vous guidera ensuite vers des solutions positives et des créations efficaces.

L'un de mes clients accusait injustement sa femme d'avoir une aventure ; il a demandé le divorce parce qu'il l'avait aperçue dans un restaurant en train d'embrasser un autre homme. Il se moquait du fait qu'elle affirmait être à la maison avec les enfants à ce moment précis. Il refusait d'accepter son déni et son aveu qu'elle ne le trichait pas, et il choisit de croire ses yeux à la place. Le problème est qu'il était extrêmement myope, et, pensant avoir vu sa femme, il avait plutôt aperçu la sœur cadette de celle-ci. Il a simplement admis son erreur et présenté ses excuses lorsque la sœur en question est venue leur rendre visite trois semaines plus tard pour leur présenter son nouveau fiancé, qui s'est avéré être l'homme dans le restaurant. Cela semble ridicule, mais ne vous faites pas d'illusions – ce genre de choses arrive souvent.

Des réactions particulièrement émotionnelles compromettent votre efficacité créative. Ne devenez pas intoxiqué par vos sentiments ; refusez de leur permettre de manipuler vos perceptions. Évacuez, ressentez, exprimez et écoutez vos impulsions, puis calmez-les. Quand tout est calme, étudiez de nouveau la situation avec un esprit clair avant de décider quelle ligne de conduite vous adopterez.

Les préjugés, les angles morts et les opinions à l'esprit fermé paralysent votre habileté à manifester adroitement ce que vous voulez. L'Esprit divin ne se cache de rien et ne juge rien. La raison, lorsqu'elle est finement harmonisée et fidèlement engagée, est le pont entre ce qui existe maintenant et ce que vous désirez pour le futur.

Maintenant, vous pouvez appliquer cette leçon.

– Si vous êtes une tête brûlée émotionnelle ou un robinet de larmes qui fuit ; que vous vous souvenez rarement des détails exacts à propos des gens, des lieux ou des événements ; que vous prenez tout personnellement et vous demandez pourquoi le monde peut être si cruel ; que vous vous trouvez coincé, un drame après l'autre, chacun avec un thème effrayant et similaire ; que vous réagissez sans penser ; que vous vous précipitez de l'avant trop rapidement ; et que vous portez des jugements prématurés la plupart du temps... alors, vous êtes un **étudiant** dans l'apprentissage de cette leçon.

– Si vous êtes hautement sensible aux personnes et aux choses et que vous vous arrêtez facilement ; que vos sentiments sont facilement heurtés ; que vous portez les perspectives des autres trop lourdement dans votre cœur ; que vous hésitez avant de parler et essayez de considérer les choses avant d'agir, mais échouez souvent à regarder le point de vue d'un autre ; ou si vous gardez un journal et considérez voir un thérapeute pour gagner une perspective plus profonde... vous êtes alors un **apprenti**.

– Si vous ne prenez jamais une décision à la hâte, mais prenez plutôt le temps d'apprendre tout ce que vous pouvez avant d'aller de l'avant ; que vous appelez des amis de confiance et des conseillers d'un grand soutien pour vous aider à trier les problèmes quand vous ne pensez pas clairement ; que vous portez une fine attention aux gens, aux endroits et aux objets, et que vous avez un œil aiguisé pour les détails ; que vous prenez une pause pour considérer avant de réagir, préférant parler des choses lorsque vous êtes calme ; ou si vous attendez que les réponses viennent à vous après avoir appris tout ce que vous étiez en mesure d'apprendre au sujet de quelque chose... vous êtes alors un **compagnon**.

— Si vous avez une mémoire presque photographique ; que vous observez au-delà de la surface et que vous vous sentez comme si vous aviez une vision à l'intérieur des choses ; que vous vous réfrénez à tirer des conclusions et à décider quoi faire avant d'avoir obtenu toute l'information nécessaire, la triez et dormez dessus ; que vous avez un esprit ouvert et êtes toujours prêt à en apprendre plus, spécialement dans les secteurs où vous vous considérez assez bien informé ; ou si vous priez, méditez et attendez une supervision de votre Moi Supérieur... alors, vous êtes sur la voie de **maîtriser** cette leçon de l'âme.

Si vous êtes un **étudiant**...

- Ralentissez et calmez-vous.
- Obtenez plus d'informations et soyez certain que vos sources sont objectives et sérieuses avant de tirer des conclusions.
- Remarquez autant de détails que vous le pouvez quand vous êtes impliqué avec des gens ou êtes dans de nouveaux endroits.
- Respirez, faites une marche ou prenez un bain et détendez-vous quand vous êtes particulièrement sensible.

Si vous êtes un **apprenti**...

- Joignez-vous à un groupe de soutien de quelque genre que ce soit pour obtenir des réactions et de nouvelles perspectives.

- Ouvrez votre esprit et soyez prêt à voir au-delà de votre propre point de vue.

- Recherchez vos angles morts en étudiant les problèmes récurrents avec l'aide de professeurs, de thérapeutes et d'amis impartiaux.

- Faites examiner votre vision, faites réparer vos lunettes et apprenez des exercices pour améliorer les muscles de vos yeux.

- Efforcez-vous d'observer chaque jour de nouvelles choses et plus de détails au sujet des personnes et des endroits familiers.

Si vous êtes un **compagnon**...

- Demandez à votre Moi Supérieur de vous révéler vos angles morts et d'élever votre conscience.

- Faites des exercices physiques et méditatifs quelques minutes par jour.

- Comptez jusqu'à dix et respirez à travers les drames et les défis de la vie plutôt que de capituler devant eux.

- Posez des questions, faites des recherches ou suivez un cours pour trouver toute l'information nécessaire à propos d'une situation, d'un problème récurrent ou d'un secteur d'intérêt créatif.

- Trouvez des conseillers de la vie de confiance qui vous écouteront et vous aideront à trier toutes les données que vous amasserez pour obtenir l'image la plus claire et la plus précise possible.

- Une fois que vous avez recherché et organisé vos renseignements, tournez-vous vers votre Sagesse intérieure pour la réponse définitive ou la solution.

Si vous êtes sur la voie de **maîtriser** cette leçon…

- Lisez de nouveaux livres à propos de vos vieux sujets favoris.
- Quand vous avez une conversation, prenez chaque détail à la fois avec votre tête et votre cœur, et demandez plus d'informations chaque fois que votre esprit vous le suggère.
- Prenez régulièrement des périodes de temps en solitaire pour réfléchir, digérer et trier à travers ce que vous avez appris.
- Finalement, tournez tout vers votre Moi Supérieur pour une décision finale.

La leçon de votre âme
Développez et affinez votre raison.

Le but de votre âme
Utilisez votre plus grande raison pour découvrir le véritable esprit dans chaque personne, même à différents stades.

Leçon de l'âme # 9

Suivez votre voix intérieure

Suivez votre voix intérieure — l'expression tranquille et directrice de votre Moi Supérieur. Elle se trouve dans le cœur, la maison de l'Intelligence divine de votre corps physique. L'intention intérieure diffère des directives de l'ego. Elle est directe, calme et claire, et elle ne sert pas uniquement vos propres intérêts, mais également le bien de tous. Elle ne flatte ni ne condamne, et elle ne vous dit jamais quoi faire. Elle adresse seulement de simples suggestions qui soutiennent l'authenticité de votre chemin. Elle est la boussole de votre âme dans cette vie, et elle vous évite de vous perdre dans la confusion du monde.

Votre voix intérieure n'est pas votre voix personnelle, mais plutôt votre lien privé avec l'Esprit divin que nous partageons tous. Elle est là pour vous guider en tout temps. Pour vous connecter à sa Sagesse, concentrez-vous simplement sur votre cœur et soyez à l'écoute.

Dans le but de vraiment entendre, vous devez tout d'abord vous libérer des autres voix. Pour commencer, cessez de solliciter l'opinion des autres. Il est parfaitement normal de rechercher une direction et un soutien à travers toute source disponible, mais, en fin de compte, laissez votre Moi Supérieur être votre dernière et ultime autorité.

Ne faites rien avant de consulter votre Sagesse intérieure. Pour ce faire, calmez votre esprit et fixez toute votre attention sur votre cœur. Soyez patient et permettez-lui de parler.

Demandez directement des conseils, puis écoutez. Le Moi Supérieur est subtil et ne gêne ni votre ego ni les voix du monde. Vous ne devez donc pas faire attention au bruit extérieur et à la parole insistante de votre ego afin de pouvoir entendre sa douce direction. Si vous faites cet effort, vous serez toujours connecté à votre Source.

Écoutez votre voix intérieure avec votre être entier — avec chaque cellule de votre corps. Vous est-il déjà arrivé d'être seul dans une maison et d'entendre un bruit inconnu ? Vous souvenez-vous comment toutes les pensées traversant votre esprit se sont immobilisées alors que vous étiez alerté par un potentiel intrus ? Ce genre de pleine attention vous donne accès à votre voix intérieure. La capacité de se concentrer dans ce domaine est développée à travers des périodes régulières de réflexion tranquille, de contemplation et de prière. Commencez par le faire durant cinq minutes et augmentez ensuite à trente minutes par jour. Cela devient plus facile — de plus en plus relaxant avec la pratique.

Pour savoir si la directive que vous recevez est effectivement celle de votre Conscience sacrée, examinez la façon dont elle vous affecte. Vous fait-elle vous sentir à l'aise avec vous-même ? Paisible ? Reposé ? Votre essence a une influence naturellement calmante et apaisante. Elle résonne comme la vérité dans chaque cellule de votre être.

Personne d'autre que vous ne peut déterminer si vous êtes à l'écoute de votre voix intérieure ou de votre ego. Une partie du travail de votre âme est de faire cette distinction par elle-même. Néanmoins, nous pouvons vous donner quelques indices pour vous aider.

Votre Sagesse divine :

- soutient votre esprit ;
- vous laisse vous sentir confiant ;
- soulage vos insécurités ;
- suscite votre compassion et votre adoration pour ceux qui vous entourent ;

- encourage l'amour de soi et l'acceptation de vous-même ;
- est honnête ;
- vous inspire à être plus généreux et courageux.

Si vous n'expérimentez pas ces choses, votre ego vous joue des tours. Changez de fréquence parce que vous êtes à l'écoute de quelque chose qui n'est pas utile à votre âme.

Lorsque vous accédez à la Lumière intérieure de votre âme, des situations se présenteront où vous devrez contester ou ignorer l'opinion des autres. N'ayez pas peur. Faites confiance à votre voix intérieure et suivez-la, quoi qu'il arrive. Agir ainsi est utile à tous en fin de compte.

Récemment, je revenais à la maison après avoir fait des courses et j'envisageais cette portion du livre, lorsque j'ai ouvert la radio et que je suis tombée par hasard sur la toute fin d'une entrevue à la radio publique nationale. Un journaliste discutait avec l'un des scientifiques qui avaient participé au Projet Génome Humain en l'an 2000. Le chercheur disait que lorsque le génome humain avait tout d'abord été décodé, les experts étaient capables de comprendre quatre-vingt-dix pour cent de toute l'information au sujet de notre constitution génétique. Le dix pour cent restant, toutefois, est demeuré un mystère et a été le secteur d'étude primaire pour la plupart des généticiens depuis.

L'une de leurs percées les plus significatives est survenue il y a peu de temps quand ils ont découvert qu'une immense partie de la structure génétique humaine, qui avait été laissée de côté et ignorée comme étant essentiellement du gaspillage, s'est avérée être un filon important de données, peut-être même le lien-clé pour parvenir à une pleine compréhension de notre ADN.

Le scientifique interviewé disait qu'il était incroyable que cette section du génome ait initialement été négligée, étant donné son importance colossale. Les généticiens de partout se sont demandé comment cela avait pu arriver ici-bas, particulièrement parce que cela équivalait à ne pas voir un énorme rhinocéros blanc au milieu d'une pièce. Curieux, le journaliste a demandé :

– Eh bien ! comment est-ce arrivé ?

– Facile, a répliqué le connaisseur, les scientifiques ne sont pas différents des autres. Nous voyons ce que nous sommes entraînés à observer, et nous entendons ce que nous avons appris à écouter. D'une génération à une autre, personne n'a mis en doute l'information qui avait été véhiculée. Ils l'ont simplement acceptée comme un fait – du moins, c'était ainsi, jusqu'à ce que l'un de nos chercheurs commence à en douter. Il a déclaré : « Ma voix intérieure m'a dit d'examiner cette donnée, et je l'ai fait. »

En écoutant sa Sagesse de l'âme, cet homme a trouvé le filon scientifique. Son éclairage a aidé à approfondir notre compréhension de la génétique humaine. Parce qu'une personne a porté attention à son Moi Supérieur plutôt qu'aux experts antérieurs, nous avons acquis un savoir extrêmement précieux au sujet des gènes humains.

Vous avez été éduqué à ignorer votre Intelligence divine à un degré tel, que, pour plusieurs d'entre vous, il est automatique et même inconcevable de remettre en question l'information que les autres vous donnent. Soyez attentif à ce faux endoctrinement, et portez une grande attention à ce que vous écoutez et de qui ça vous parvient – et au pouvoir que vous donnez à ces supposées autorités plutôt qu'à votre Moi Supérieur. Vous n'êtes peut-être même pas conscient de la manière dont l'opinion des autres réduit votre voix intérieure au silence.

J'ai fait la connaissance d'un brillant jeune homme qui travaillait pour obtenir son doctorat en art et en histoire de la musique à l'Université de Chicago. Bien qu'il fût vif, intense et extrêmement éloquent, j'ai eu l'impression, pendant les premières minutes de notre conversation, de parler à un robot. Ses mots étaient courts, froids et préenregistrés, et semblaient répétés. Je pouvais entendre des milliers d'années de professorat, vie après vie, parlant à travers lui. Je sentais qu'il ne faisait que transmettre des idées et des valeurs. Ce n'étaient pas ses mots, pensées, sentiments personnels ou convictions qui sortaient de sa bouche, mais les opinions d'autres personnes. Il avait un moi acquis qui manquait de naturel.

J'ai partagé mes observations intuitives, et je lui ai demandé s'il ressentait ou s'il s'identifiait avec quoi que ce soit qu'il disait à un niveau spirituel. Surpris de se faire demander cela, il a bégayé, puis a haleté, a ri, s'est tortillé, et a secoué la tête, comme pour déloger ces voix, et il est finalement devenu absolument tranquille.

Puis, il a dit :

– Oui. C'est vrai. Je répète ce que j'ai appris. Ce ne sont pas du tout mes mots, pensées ou une quelconque partie de moi. Je les répète parce que c'est ce à quoi j'ai été entraîné. Mais je déteste faire cela. Je ne sais même plus ce que je pense parce que je suis trop investi à impressionner mes enseignants. Voilà pourquoi je vous rencontre – je ne sais pas si j'ai ma propre voix.

Je me suis tranquillement assis avec lui pendant les minutes qui ont suivi, contemplant sa situation et priant pour qu'une lumière l'aide à accéder à son Moi Supérieur. Tout d'abord, je n'ai reçu que du silence comme réponse. Puis, soudainement, les conseils sont venus – pas en phrases, mais en musique. Son Être intérieur a parlé à mon cœur avec la chanson de son âme, et c'était magnifique.

– Votre voix intérieure par le biais de la musique et non pas à travers les mots, ai-je déclaré.

Il parut surpris, puis fut ensuite saisi par l'émotion. Embarrassé, il a demandé :

– Pourquoi est-ce que je pleure ? en essuyant ses larmes aussitôt qu'elles venaient. C'est tellement bizarre. Et je ne peux pas croire que vous avez mentionné la musique. C'est mon premier amour – le seul endroit où je ne suis pas bombardé par l'expertise de tout un chacun. J'adore composer et jouer du piano, mais il est maintenant rare que je le fasse.

J'ai été guidée à rester silencieuse. Je suis demeurée persuadée qu'il entendrait sa Source divine si je ne disais rien. Après un moment, il s'est détendu.

– Merci ! J'ai reçu la réponse pour laquelle j'étais venu, m'a-t-il dit.

Et il est parti.

Apprenez à distinguer la voix de votre Moi Intérieur des conseils d'autres entités incorporelles, telles que les guides de l'esprit et la nature élémentaire. Même s'ils peuvent être utiles, certains sont malicieux et peuvent vous induire en erreur. Soyez particulièrement vigilant à la flatterie, puisque c'est leur manière typique d'obtenir votre attention et votre confiance. Il s'agit toujours d'un avertissement révélateur que vous négociez avec un être de faible niveau qui devrait être ignoré.

Une cliente, Fran, m'a téléphoné et m'a dit à quel point elle était excitée d'avoir accédé à sa Divine Essence.

– Vous savez, a-t-elle dit d'un air plutôt suffisant, mon Moi Supérieur m'a dit que tout le monde n'était pas aussi élevé que je le suis, et que je suis une âme particulière.

– Comment cela vous fait-il vous sentir ? lui ai-je demandé.

– Merveilleuse, a-t-elle hurlé. Comme si j'avais gagné un prix !

– Et si vous êtes si exceptionnelle, qu'est-ce que cela va vous donner ? ai-je continué.

– Je ne sais pas, a-t-elle répondu, perplexe et légèrement agacée que je ne sois pas tout à fait transportée par son entrée dans le club des élitistes psychiques.

– Que voulez-vous dire par là ?

– Voulez-vous être meilleure ou différente des autres ? Cela ne risque-t-il pas de vous isoler ?

– Je suppose que ça pourrait arriver, a-t-elle concédé.

– Vous êtes-vous plainte de vous sentir aliénée et seule ? Comment le fait d'être si extraordinaire peut-il vous servir ?

– Je ne sais pas. Maintenant, je suis confuse.

— Tout ce que je sais, ai-je dit, c'est que la véritable voix intérieure clarifie — elle ne complique pas. Elle invite à la paix et à l'union avec le monde, pas à l'isolement. Si j'étais vous, j'examinerais les messages que je reçois un peu plus soigneusement avant d'être convaincue qu'ils viennent de votre Moi Supérieur. Jusqu'à maintenant, ils ne semblent pas produire les bons résultats.

Fran a dit que j'étais simplement jalouse et a raccroché. Je ne sais pas où ses voix l'ont amenée depuis notre conversation, mais j'ai entendu dire que sa déclaration d'être un être spécial avait éloigné plusieurs personnes qui faisaient partie de sa vie.

Les guides sont assignés à vous aider à vous connecter et à suivre votre Moi Supérieur, non à vous séparer de lui ou à le contredire de quelque façon que ce soit. N'écoutez rien d'autre que votre voix intérieure. C'est le meilleur et le plus fiable des conseils que vous puissiez suivre le long du chemin menant à votre âme.

Consultez-la au sujet de toute chose dans votre vie parce qu'elle est votre plus chère amie. Débarrassez-vous des bruits indésirables et des influences externes afin de pouvoir communiquer sans distraction. Quand vous serez prêt à vous connecter, vous y arriverez. Votre Moi Supérieur a toujours été présent — vous avez seulement détourné votre attention de lui.

Maintenant, vous pouvez appliquer la leçon.

— Si vous ne pouvez pas discerner votre voix intérieure ; que vous avez constamment besoin du bombardement de la télévision, de la radio, du iPod ou de l'Internet pour remplir le vide ; que vous lisez quantité de journaux, de revues et de périodiques, et ne remettez jamais en question l'information qui y est contenue ; ou vous vous en remettez constamment aux autres pour vous dire quoi faire… alors, vous êtes un **étudiant** par rapport à cette leçon.

— Si vous demandez l'opinion des autres et recherchez l'avis « d'experts », mais que vous ne les suivez pas nécessairement; que vous faites ce que votre famille et vos amis vous disent, mais souhaitez secrètement pouvoir être libre et vous enfuir; que vous commencez à porter attention à vos sentiments intérieurs et à parler d'eux, mais uniquement avec des personnes « fiables » et jamais avec ceux pouvant s'opposer à vous; ou vous avez envie de plus de solitude, mais ne considérez pas que ce soit une priorité... alors, vous êtes un **apprenti**.

— Si vous êtes fatigué d'écouter les autres; que vous vous affirmez lorsque vous n'êtes pas d'accord; que vous trouvez du temps pour vous-même même si vous devez vous battre pour le faire; que vous vous sentez interpellé à apprendre à méditer, à pratiquer le yoga, à participer à une retraite spirituelle ou à suivre un cours de profonde réflexion de l'âme; ou vous aimez soudainement écouter le silence... vous êtes alors un **compagnon**.

— Si vous planifiez des périodes de tranquillité, sans exception; que vous consultez votre voix intérieure avant de prendre une décision ou un engagement; que vous écoutez et vous en tenez à votre gouverne supérieure — même si cela fâche, déçoit ou contrarie quelqu'un d'autre; que vous êtes à l'aise avec votre esprit, sûr que vous serez bien conduit et que vous pourrez discerner toute idée intuitive qui assurera le bien de chaque personne concernée... alors, vous êtes bien sur la voie pour **maîtriser** cette leçon de l'âme et pour être paisiblement guidé dans votre vie.

Si vous êtes un **étudiant**...

- Abstenez-vous de demander à tout le monde de commenter votre vie — spécialement à propos de ce que vous devriez faire.

- Augmentez votre sensibilité quant à votre Moi Supérieur en écoutant de belles pièces de musique, et voyez combien de voix et d'instruments vous pouvez discerner.

- Évitez de bêtement trop parler, particulièrement avec des gens de qui vous recherchez l'approbation.

Si vous êtes un **apprenti**...

- Apprenez à vous passer des journaux, de la radio et de la télévision – au moins le matin –, et profitez plutôt de la tranquillité.
- Soyez observateur lorsque vous entretenez des conversations, et prudent à ne pas être automatiquement d'accord, juste pour avoir un sentiment d'appartenance.
- Portez attention à vos mots. Est-ce que vous exprimez ce que vous ressentez sincèrement et ce en quoi vous croyez, ou si vous répétez les idées, les pensées et les sentiments que vous avez acquis des autres ?
- Demandez à votre voix intérieure de s'affirmer, et soyez ensuite assez polie, patiente et attentive pour l'écouter.

Si vous êtes un **compagnon**...

- Priez calmement chaque jour.
- Créez le plus possible de moments de silence dans votre routine, avec l'intention de vous y plonger.

- Au cours d'une conversation, de temps à autre, écoutez sans exprimer votre opinion. Retenez vos propres conseils.

- Consultez votre voix intérieure avant d'offrir votre point de vue, votre engagement ou votre décision.

- Ne recherchez pas chez les autres l'approbation de votre Sagesse de l'âme. À la place, tenez un journal, priez et contemplez votre direction pour atteindre davantage de clarté.

Si vous êtes sur la voie de **maîtriser** cette leçon…

- Commencez chaque journée en écoutant votre Moi Supérieur, et demandez-lui de refuser toute idée qui ne s'aligne pas avec le chemin de votre âme.

- Détendez-vous et détachez-vous des opinions et des manifestations de l'ego du monde extérieur.

- Créez un sanctuaire tranquille dans votre maison où vous pourrez parler directement à votre Être divin intérieur.

- Efforcez-vous de devenir encore plus perspicace.

- Parlez moins et écoutez davantage.

La leçon de votre âme
Écouter uniquement le Moi Supérieur.

Le but de votre âme

Modeler la grâce personnelle, le pouvoir et l'autorité qui viennent du fait de vivre en lien avec votre véritable Esprit.

Leçon de l'âme # 10

Ouvrez votre cœur

Vivez en ayant un cœur ouvert. Vous ne pouvez pas grandir du point de vue spirituel si votre cœur est fermé. Le fait de rester réceptif vous branche à votre esprit, aux autres et à notre Créateur, le Seigneur de la vie. Le cœur canalise la force de la vie dans chacun, et honore Dieu. Permettre le courant des émotions positives est votre chemin naturel en tant qu'Être divin immortel.

Si votre cœur est ouvert, vous recevez et donnez de l'amour librement. Vous êtes gentil et ne portez pas de jugement, et vous ressentez de la compassion pour toutes les personnes dans le monde. Vous chérissez la vie et expérimentez l'adoration que le Ciel a pour vous. Vous êtes également confiant, tolérant et patient. Pour la plupart d'entre vous, vous devenez de plus en plus courageux parce que l'amour est l'antidote de la peur.

Pour ouvrir votre cœur, commencez par vous aimer. Vous êtes un précieux enfant de Dieu, fait à l'image et à la ressemblance du Divin, qui est uniquement amour ; par conséquent, vous êtes aussi amour. Connaître et accepter cette volonté vous rend naturellement et extrêmement réceptif. Le mensonge que vous raconte votre ego — et qui est la source de toute votre douleur — est que vous n'êtes pas fait de cette Sainte étincelle et que vous n'en êtes, par conséquent, pas digne.

Lorsque vous réalisez que l'opposé est vrai et que vous êtes ici pour être et pour expérimenter l'amour, vous commencez à démanteler les protections, obstructions et barrières qui vous empêchent de vivre ce but. Vous commencez à vous développer au-delà des notions limitées d'attachement romantique ou personnel, et vous évoluez vers une activation de l'amour universel plus élargi et plus complet.

Un cœur ouvert ne requiert pas que vous cessiez d'avoir des relations passionnées ou affectueuses avec les autres. Cela vous demande plutôt de cesser d'aimer *sélectivement*, c'est-à-dire de donner votre affection à certains tandis que vous la refusez à d'autres. Reconnaissez la bonté ou la dévotion chez tous les êtres humains, et honorez et acceptez cette Divinité dans chacun. C'est une partie fondamentale de votre but sur la Terre.

Si vous abaissez votre garde, vous envoyez naturellement une vibration positive, harmonieuse, paisible et bienveillante au monde, ce qui aide à stabiliser la planète. Cette énergie soulage aussi la souffrance des autres, qui, à sa racine, est toujours due à un manque d'amour.

Votre cœur a un bouclier énergétique que vous pouvez utiliser pour vous protéger lorsque vous êtes exposé à une extrême douleur, à une anxiété ou à une peur. Il est utile quand vous faites face à un traumatisme, mais il n'est pas prévu pour être gardé en place de façon permanente. Si vous érigez une telle armure — même si c'est nécessaire —, vous isolez votre âme de tout, incluant votre Créateur, votre Source. Nous vous avisons de fermer votre cœur uniquement dans de graves circonstances, et même là, pour les plus courtes périodes de temps possible. Pour demeurer réceptif sous la contrainte, priez afin de recevoir le soutien de Dieu, des anges et des guides ; et pardonnez à ceux qui vous blessent. Laisser le blâme de côté protège mieux que tout votre nature émotive et guérit toutes les blessures.

Andrew et sa femme ont eu seulement une enfant, Natalie, qui a été brutalement violée et assassinée, alors qu'elle n'avait que sept ans. Pratiquement aliéné par la peine et la rage, non seulement Andrew a-il dû endurer l'inconcevable perte de sa fille, mais il a aussi dû se rendre en cour à de multiples reprises.

Son mariage s'est écroulé sous le poids de son désespoir. Finalement, l'homme accusé du meurtre — qu'il avait détesté intensément tout ce temps — s'est avéré non coupable et a été innocenté par la preuve de l'ADN. Plusieurs années après, un autre homme a confessé sa culpabilité et a été reconnu coupable. La désolation, la douleur et la confusion de tout ceci sont presque venues à bout d'Andrew.

À travers l'aide et l'amour des siens, il a trouvé le courage de pardonner et a ouvert son cœur à nouveau. Plutôt que de continuer à s'empoisonner avec la haine et le mépris, il a choisi de se tourner vers Dieu et de retourner à la vie. Lui et sa femme, avec qui il était resté en contact, se sont remariés et ont recommencé leur vie ensemble. Il parle maintenant aux gens au sujet du pouvoir du pardon et de l'ouverture du cœur. Cela les a tous deux guéris, lui et sa femme, et ensemble, ils aident les autres.

Une effusion de pure adoration est la vibration guérisseuse la plus puissante sur Terre. Avec un cœur ouvert, chaque obstacle dans votre vie s'effondre parce que rien au monde ne peut résister à cette énergie indéfiniment. L'amour recrute le soutien et l'enthousiasme de tous les coins de la planète et de l'Univers. C'est également le secret du pouvoir charismatique. Plus vous aimez, plus vous devenez intéressant. Ainsi, vous commencez à attirer directement à vous tout ce dont avez besoin.

Vous avez peut-être expérimenté plusieurs moments où vous aimiez les autres sans réserve. Votre cœur s'ouvre aisément à ceux qui sont les plus proches de vous — votre famille, vos enfants et vos amis intimes. Votre cœur est également réceptif aux personnes vers qui vous êtes naturellement attiré — ceux qui font appel à vos sens externes, incluant vos yeux —

et qui flattent votre ego. Ces expériences commencent à vous encourager à aimer plus profondément et largement. Chaque rencontre positive vous ouvre un peu plus, jusqu'à ce que vous appreniez finalement à adopter toute l'humanité comme votre famille.

Vous devenez de plus en plus réceptif quand l'ego n'est plus la voix directrice primaire dans votre vie, mais plutôt lorsque vous êtes guidé par votre Moi Supérieur.

Réfléchissez au sentiment d'amour pur et réceptif. Par exemple, imaginez la naissance d'un bébé. Dès que vous fixez vos yeux sur un nouveau-né, votre cœur est transporté et s'ouvre immédiatement.

Un animal bien-aimé a le même effet. Les animaux sont extrêmement efficaces pour abaisser vos défenses et vous entraîner à ouvrir pleinement vos émotions, parce qu'ils vous donnent une affection et une adoration inconditionnelles. Même les gens les plus endurcis et les plus méfiants s'adoucissent et sympathisent devant de telles puissantes émotions.

J'ai fait l'expérience du pouvoir émotif des animaux il y a plusieurs années. En effet, mon propre caniche miniature bien-aimé, Mademoiselle T, a mangé une boîte entière de menthes au chocolat Frango, offerte par Patrick, mon mari, à l'occasion de la fête des Mères. Elle a dû être conduite d'urgence chez le vétérinaire afin de subir un lavage d'estomac puisque le chocolat est mortel pour les chiens.

Lorsque Patrick et moi sommes arrivés, la salle d'attente était remplie de gens angoissés, accompagnés de leur animal malade. Pour moi, la partie la plus impressionnante de cette expérience, a été de surveiller la réaction de ces gens malgré leurs différences sociales évidentes.

Nous nous sommes présentés au seul hôpital vétérinaire ouvert à ce moment-là, qui était situé du côté ouest de Chicago, non loin d'un secteur reconnu pour être envahi par les gangs de rue. En entrant avec mon caniche malade et à l'haleine de chocolat, la première personne que j'ai rencontrée fut un jeune homme barbu, tatoué et à l'air renfrogné avec une cicatrice traversant son œil gauche, et tenant un pit-bull qui saignait. Juste à côté de lui était assise une femme plus âgée et échevelée qui dégageait une forte odeur d'urine et d'alcool ; et sur ses genoux était assis un gros chat persan miteux et sans énergie. Les deux sièges suivants étaient occupés par un vieux couple avec un petit chien pékinois presque sans poils, qui respirait bruyamment et qui semblait exténué.

Puisqu'il n'y avait qu'un seul vétérinaire de garde ce soir-là, la réceptionniste nous a dit de nous préparer à une longue attente. Nous nous sommes assis en silence pendant un moment, remplis de tensions et de peurs quant à notre animal.

Finalement, Patrick, trouvant le temps long, s'est mis à parler avec les autres. Il a demandé à l'homme débraillé ce qui était arrivé à son chien. Il a répondu que son pit-bull s'était battu plus tôt dans la soirée et en avait presque perdu son œil et son oreille gauches. Ensuite, la femme avec le chat a décrit comment celui-ci avait avalé une aiguille ; une chirurgie serait probablement nécessaire pour l'extirper, ou elle risquait de perforer les intestins du félin et de le tuer. Puis, le couple âgé a parlé de son pékinois, qui était simplement vieux et asthmatique ; il allait probablement être euthanasié cette nuit-là. Nous avons alors confessé que notre Mademoiselle T avait mangé une boîte complète de chocolats à la menthe… et tout le monde a ri.

Alors que chacun exprimait son inquiétude au sujet de son animal, la façade et les défenses de chaque personne sont tombées, et nous avons instantanément créé des liens. Pendant les trois heures suivantes, nous avons partagé des histoires personnelles, des anecdotes concernant notre animal ; nous avons échangé nos noms et en sommes venus à nous intéresser aux expériences des autres. Nous avons cessé de nous voir comme différents parce qu'il était évident qu'au-delà de nos apparences, nous étions pareils. Nous étions seulement les propriétaires inquiets d'un animal, aimant notre petit ami poilu et désirant qu'il soit bien. Avant que la soirée ne soit terminée, nous ressentions aussi de l'amour les uns pour les autres.

Finalement, nous sommes tous retournés à la maison avec notre animal, rassurés et soulagés – excepté, bien sûr, le couple âgé avec le pékinois. Nous avons pleuré et remercié notre bonne étoile que ce ne soit pas notre compagnon bien-aimé qui se fasse euthanasier. Avec notre cœur grand ouvert, la véritable guérison pendant ces heures a été la nôtre, et non pas seulement celle de notre propre animal.

La capacité de permettre le flot d'émotions devient plus difficile lorsque vous expérimentez une immense perte, une douleur ou des cruautés dans cette incarnation ou dans celles du passé. Quand une personne traverse un traumatisme soudain, l'âme peut se fragmenter et finalement quitter le corps en morceaux – d'où l'expression « j'étais anéanti ». Ceci est effectivement une description juste de ce qui se passe lorsque votre Essence divine est sérieusement blessée. Quand elle se fragmente et sort de votre moi physique, votre cœur se ferme.

Ma cliente Ellen a souffert de plusieurs corrections brutales venant d'une belle-mère violente et colérique lorsqu'elle était enfant. Ce supplice a fragmenté son âme et a complètement refermé son cœur. Quand je l'ai rencontrée pour la première fois, j'ai eu l'impression de parler à un mur de glace. Mes mots rebondissaient sur sa carapace défensive tandis qu'elle s'assoyait, stoïque et inconsciente par rapport au monde. Elle était si distante qu'il était même difficile de lui parler.

Ellen s'était complètement isolée, et ne comprenait toujours pas pourquoi elle n'avait pas de chance en amour. Elle se demandait pourquoi les gens – les hommes tout autant que les femmes – s'éloignaient aussi rapidement d'elle. Cela la blessait, et tout ce temps, elle était inconsciente de la façon dont son cœur fermé affectait ceux qui l'entouraient.

Bien qu'elle fût extrêmement belle, personne ne voulait être près d'elle parce que sa vibration était sans vie et sans amour. Cela a nécessité beaucoup de soin, incluant thérapie, massage, entraîne-

ment, aide spirituelle et prière pour rappeler son âme divisée à l'intérieur de son corps et pour qu'elle devienne à nouveau réceptive aux autres. Ellen a même suivi des séances spécifiques pour retrouver sa Source intérieure et la restaurer dans sa totalité avant de commencer à être consciente de son cœur. Avec le temps, l'effort et la grâce de Dieu, son noyau énergétique a amorcé sa guérison et s'est ouvert à nouveau.

Ce qui l'a réellement aidée à tourner la page fut de se joindre à un réseau de soutien pour les adolescentes ayant été abusées. En guidant ces filles à travers leur traumatisme, elle s'est guérie elle-même et, petit à petit, son cœur s'est ouvert. À l'intérieur de quelques semaines, elle est tombée amoureuse du processus d'encourager ces jeunes femmes. Elle a retiré son bouclier défensif et a développé une sagesse de l'âme. Elle a utilisé son expérience pour leur montrer comment regagner leur propre nature émotive.

Lorsque le cœur des gens est fermé et qu'il n'est pas dans leur corps, leurs yeux sont ternes et leur énergie est rigide, froide, dense ou vide. Ils n'ont aucune chaleur. Si l'ego est aux commandes, la mâchoire est habituellement serrée, les lèvres sont pincées, les bras sont croisés ou rigides et les yeux n'établissent pas le contact.

Vous pouvez rappeler votre âme dans votre corps à travers le pouvoir de la pensée. Instaurez de saines limites autour de vous pour créer un endroit sûr dans lequel votre esprit peut résider. Vous pouvez également retrouver votre Essence à travers le mouvement, l'exercice et l'activité physique. Ceci élève la vibration de votre corps, nettoie les énergies négatives qui y sont rattachées et dégage un espace libre pour que l'âme y retourne. Néanmoins, le plus grand et le plus puissant moyen pour recouvrer cette partie perdue de vous-même, est l'amour de soi.

L'esprit en vous est plus grand que n'importe quelle blessure que vous pouvez avoir expérimentée. Une fois que vous vous connectez et que vous vous identifiez avec cet aspect essentiel comme étant votre véritable moi, l'esprit retrouve ses morceaux perdus et commence à pleinement réapparaître.

Pour rappeler votre âme à la maison, faites appel à votre Lumière divine, aimez-vous et revendiquez votre droit de vivre paisiblement dans votre corps, libre de l'invasion faite par les autres.

Parce que vos cellules sont porteuses de la mémoire des blessures passées, les thérapies du corps, telles que le massage, le Reiki, la guérison par le toucher et la réflexologie, sont extrêmement efficaces pour dégager ces vieilles empreintes et pour paver le chemin pour le retour de votre Essence sacrée.

Un autre puissant outil pour ouvrir le cœur est de pardonner à ceux qui vous ont blessé. Cela semble être une mission impossible pour le faux moi, l'ego qui retient ces blessures. Ce n'est pas une activité pour l'ego, mais un don de l'esprit. Avez-vous déjà entendu le dicton « l'erreur est humaine, le pardon est divin » ? C'est vrai : quand vous absolvez quelqu'un, vous accédez à votre Moi immortel divin. Vous vous libérez des chaînes de votre ego — et de celles des autres. Plus vous vous liez avec votre Sagesse intérieure, plus votre âme devient forte ; donc, laisser le blâme de côté devient non seulement une possibilité, mais également un désir.

Vous devez aussi vous pardonner d'avoir oublié que vous étiez un Être de Lumière et d'avoir accepté d'être manipulé et influencé par les projections de l'ego que vous avez rencontrées ou produites alors que vous appreniez à aimer. Nous remarquons qu'il est plus facile pour vous de pardonner aux autres qu'à vous-même. Le jugement de soi est le dernier vestige de l'ego, alors qu'il essaie d'exercer le contrôle et de vous empêcher d'élever votre âme. Vous libérer de cette critique est un signe que vous progressez vers des niveaux de conscience supérieurs.

Vous pardonner vient plus facilement avec la prière et une connexion avec votre Moi Supérieur. L'habileté à facilement se laisser aller et à rarement s'offusquer est l'une des plus grandes preuves que vous maîtrisez vos leçons de l'âme.

La dernière étape pour ouvrir son cœur est de voir chaque chose et chaque personne du point de vue de votre Conscience Supérieure et de réaliser que vous êtes tous des étudiants qui luttent pour se libérer de leur ego fragile et anxieux. Vous êtes à divers niveaux et degrés de conscience quant à cet enseignement, ne prenez donc rien personnellement. Reconnaissez la lutte partagée et la douleur commune que les humains subissent alors qu'ils élèvent leur âme. Voyez dorénavant les autres avec les yeux de l'esprit, et plus jamais à travers les lentilles de l'ego.

Envisagez chaque chose et chaque personne avec compassion et amour, en commençant par vous-même. Séparez le comportement des gens, les aimant et leur pardonnant leurs actions. Ne fustigez, ne condamnez ni ne blessez plus les autres à cause de la peur. Si vous avez un écart de jugement, reculez de cette situation gênante et reconnectez-vous avec votre Essence Divine.

La personne la plus inspirante et sincère que je connaisse est ma mère. Elle n'a pas toujours été ainsi, mais elle s'est résolue à vivre avec un cœur ouvert il y a plusieurs années. Depuis, elle ne juge personne, incluant elle-même, et elle voit seulement l'esprit à l'intérieur de chacun de nous. Son engagement est si fort que vous pourriez lui dire que vous êtes un assassin, et je suis certaine qu'elle vous aimerait toujours et vous accepterait sans réserve et sans hésitation.

Je lui ai récemment demandé comment elle arrivait à vivre ainsi. Elle a répondu que c'était la chose la plus égoïste qu'elle n'avait jamais faite. Dès qu'elle a choisi d'ouvrir son cœur à toutes les créations de Dieu – incluant elle-même – et qu'elle a seulement vu le Divin dans chacun, sa douleur est partie. Toutes les indignations et la souffrance qu'elle avait endurées et fait subir, et qui l'avaient empêchée de dormir paisiblement la nuit se sont calmées et ont disparu. Elle a dit :

– Je suis en paix, et pour cela, la décision de vivre de cette manière – avec tous les défis qu'elle comporte – en vaut la peine.

Un cœur ouvert est la porte d'entrée vers la paix, et réaliser cette réceptivité est un signe important que votre âme grandit considérablement. Chaque pas que vous faites sur ce chemin est considérable et profondément curatif, à la fois pour vous-même et la planète.

Vous pouvez maintenant appliquer cette leçon.

– Si vous êtes beaucoup trop blessé et en colère pour même courir la chance d'être ouvert à quiconque ; que vous vous sentez froid, renfermé, incompétent, détaché et déconnecté de votre cœur ; que vous êtes suspicieux, jaloux ou compétitif ; que vous gardez des rancunes ; que vous parlez négativement des autres ; que vous prenez plaisir à voir les autres se démener ; que vous cachez vos sentiments et que vous vous critiquez... alors, vous êtes un **étudiant** dans l'apprentissage de cette leçon.

– Si vous voulez vous guérir du passé et pardonner et oublier, mais ne savez pas trop par où commencer ; que vous aimeriez vous comporter aimablement envers les autres, mais devenez facilement intimidé et manquez d'assurance ; que vous commencez à être moins critique à l'égard des autres et à avoir une autoévaluation plus positive ; que vous commencez à être fatigué d'avoir une sombre vision de la vie et que vous voulez profiter davantage de celle-ci, de vous-même et des autres ; ou que vous examinez sérieusement vos comportements défensifs... vous êtes alors un **apprenti**.

– Si vous êtes activement engagé à accepter le passé et à vous libérer des vieilles blessures ; que vous êtes attentif à apprendre à être gentil et plus compatissant envers vous-même et les autres ; que vous êtes intéressé et dévoué à reconnaître le meilleur dans les gens et à être honnête à propos de vos propres fautes ; ou que vous êtes lent à être offusqué, vite à pardonner, et encore plus rapide à *oublier* les affronts, les douleurs et les blessures… alors, vous êtes un **compagnon**.

– Si vous trouvez que la vie est trop courte pour être critiquée, pour porter des jugements ou pour blâmer ; que vous profitez vraiment des gens et recherchez ce qu'il y a de positif et de bon dans chacun – et le dites ; que vous ne vous offusquez jamais personnellement lorsqu'une personne se conduit mal ou vous porte préjudice ; que vous priez pour ceux qui sont réellement déviants ; que vous êtes toujours le premier à dire « je suis désolé » ; que vous aimez l'esprit humain ; que vous défendez les gens ; ou que vous voyez ce qui est fabuleux et avez de la compassion et de l'humour pour ce qui n'en a pas… alors, vous êtes bien sur la voie de **maîtriser** cette leçon.

Si vous êtes un **étudiant**…

- Faites appel à un thérapeute spirituel pour vous aider à trier les hauts et les bas de la vie, ainsi que ses épreuves.

- Recherchez les services d'un massothérapeute holistique ou d'un praticien Reiki sur une base hebdomadaire.

- Prenez l'habitude de méditer quotidiennement et, si possible, travaillez avec un professeur tandis que vous apprenez.

- Recherchez le soutien d'un groupe, tel qu'un programme en douze étapes pour assumer les problèmes de votre passé et pour devenir libre de vous aimer aujourd'hui.

Si vous êtes un **apprenti**…

- Priez pour obtenir de l'aide pour adoucir votre cœur et pour vous connecter avec votre Essence divine.

- Joignez-vous à une communauté spirituelle qui se centre sur l'amour, le pardon et le non-jugement.

- Faites des choses attentionnées pour vous-même, telles que de vous permettre du temps pour un thé, des fleurs, des bains moussants, de la musique classique et des divertissements.

- Passez rapidement par-dessus une critique.

- Cherchez à avoir une humeur joyeuse pour éclairer votre regard.

Si vous êtes un **compagnon**…

- Reconnaissez le Divin à l'intérieur de vous comme étant une pure adoration, et remplissez votre aura de celle-ci chaque matin.

- Exercez-vous à envoyer consciemment de l'amour et de la lumière — la vibration de l'amour — à chaque personne que vous rencontrez, spécialement à celles qui sont difficiles ou nuisibles à votre esprit.

- Détachez-vous tendrement et prenez congé des situations et des gens qui sont provocateurs, agités, agressifs ou violents.

- Ne condamnez pas les autres ou vous-même. Riez aux éclats et permettez-vous de profiter chaque jour de ce que vous adorez dans la vie.

Si vous êtes sur la voie pour **maîtriser** cette leçon…

- Continuez à être gentil.

- Soyez patient, humoristique, affectueux et généreux dans votre appréciation des autres.

- Aimez l'étonnant et brillant Esprit en vous ; et faites en sorte de voir, de rencontrer et de profiter de la lumineuse Essence divine dans chaque personne.

La leçon de votre âme
Ouvrez votre cœur.

Le but de votre âme
Canaliser plus d'amour dans le monde.

Leçon de l'âme # 11

Détachez-vous

Détachez-vous du monde physique. Faites partie de l'activité quotidienne de la vie, mais n'en soyez pas esclave. Ne permettez pas à votre bonheur ou à votre paix intérieure de dépendre de quoi que ce soit à l'extérieur de votre esprit — incluant l'acquisition de choses matérielles, la conquête de relations épanouissantes ou l'approbation ou l'accord des autres. Vous devriez uniquement avoir confiance en suivant votre cœur et en étant vrai avec votre Être intérieur divin. Vous ne pouvez pas faire en sorte que l'Univers ou les gens autour de vous fassent, ressentent ou pensent ce que vous voulez ; et cela, peu importe à quel point vous croyez pouvoir les persuader ou à quel point vous pouvez essayer de le faire.

Si vous vous efforcez de contrôler ce que vous ne pouvez pas faire, dans l'attente d'en récolter de la joie et une sensation de bien-être, vous serez condamné à jamais. Abandonnez le besoin d'une telle manipulation, et ne perdez pas de temps à vous lamenter ou à souffrir de ce qui ne vient pas dans votre direction — ne vous accrochez pas non plus à la notion que les circonstances devraient être autres que ce qu'elles sont. La vie est ce qu'elle est.

Vous pouvez avoir vos préférences et choisir de créer quelque chose d'autre si vous n'aimez pas ce que vous expérimentez, mais ne gaspillez pas des heures à vous faire souffrir pour ce qui ne vient pas dans votre direction. Le détachement est une attitude qui choisit la paix de l'esprit plutôt que la lutte contre le monde. Cela signifie d'accepter ce qui arrive sans gaspiller votre énergie par la résistance, ou de vouloir que les choses soient différentes de ce qu'elles sont. Ce n'est pas de la résignation, mais la tranquille acceptation de la présente réalité, telle que vous l'avez créée. Lorsque vous êtes calme et maître de vous-même, vous préservez vos émotions et les amenez à créer ce que vous voulez plutôt que ce que vous ne voulez pas.

Être détaché du monde est une leçon de l'âme déroutante, même pour l'étudiant spirituel le plus ambitieux, parce que l'une des grandes raisons pour lesquelles vous êtes attiré vers un chemin sacré est que vous désirez vous créer une existence terrestre plus confortable. Vous demander d'abandonner ce fort attrait de vos désirs peut ressembler à l'idée de vous amener dans un magasin de bonbons, puis de vous dire que vous ne pouvez pas manger de sucreries.

Toutefois, vous libérer de vos aspirations intenses ne signifie pas que vous ne puissiez pas avoir de plaisir, ou quoi que ce soit d'autre que vous désirez sur le plan physique. Cela signifie simplement que vous ne permettez pas que la fixation sur la sucrerie — ou sur des idées ou des souhaits — détruise votre paix intérieure.

Se détacher veut dire de choisir d'avoir un esprit tranquille et heureux, peu importent vos conditions extérieures. Il ne vous est pas demandé de vous retirer, de vous couper, de vous fermer ou de vous éloigner des expériences, ou de nier la joie de quoi que ce soit. À la place, vous êtes invité à répondre de façon créative plutôt que de réagir émotionnellement à la vie qui se déploie devant vous.

Une raison pour laquelle il est si important de faire ainsi est qu'en tant qu'être spirituel, vous quitterez éventuellement le royaume physique, donc vous ne posséderez jamais vraiment quelque chose de toute manière. Peu importe ce que vous accumulerez dans cette vie, lorsqu'il sera temps de passer dans une autre dimension, à travers la mort, vous devrez tout laisser derrière vous.

La seule chose qui vaille la peine d'être poursuivie dans cette incarnation est l'expérience de donner et de recevoir de l'amour. C'est le seul aspect du voyage terrestre qui transcende avec vous, alors que vous faites la transition d'un plan à un autre. Plus vous aimez, plus vous développez votre âme. La racine du non-attachement se résume à la pure adoration et à l'acceptation.

Aussi longtemps que l'ego définit vos désirs, le détachement est impossible. Cette partie de vous se cramponne à toute chose et veut tout contrôler. Seul votre esprit — votre âme immortelle — vous permet de vous libérer. Quand vous vous rappelez que vous êtes divin, c'est plus facile, puisque vous savez qu'en tant qu'être créatif, vous n'êtes privé de rien.

Commencez par vous départir de tout objet matériel inutile. Il est important d'être confortable et sans inquiétude; il est parfaitement correct de manifester et de profiter de tout ce qui est beau et des expériences enrichissantes sur le plan terrestre. Souvenez-vous simplement que le fait de créer est vital, mais pas le fait de posséder. Ne tombez pas dans le piège d'avoir *besoin* ou de trop vous attacher à ce que vous avez acquis dans votre vie — ou de retenir péniblement la peur de ne pas obtenir ce que vous voulez — parce que le prix à payer est votre paix de l'esprit. L'ego aime maintenir la barre élevée quant à ce qu'il croit avoir besoin pour se sentir content et sans inquiétude, et il n'est jamais satisfait. En fait, les attachements de l'ego ne permettent jamais la tranquillité. Plus vous serez capable de les laisser aller, de les changer en choix plutôt qu'en besoins, plus vous resterez serein et imperturbable.

Mon professeur Charlie, qui m'a transmis tant de connaissances au sujet des arts psychiques lorsque j'étais une jeune femme, était un homme très simple avec peu de besoins fondamentaux. Il m'a dit une fois qu'il ne possédait qu'un seul complet, trois chemises, deux paires de pantalons et une paire de souliers. Il gardait la demeure d'une femme âgée qui vivait dans une maison de repos, et il marchait ou prenait l'autobus pour ses déplacements, car il ne possédait pas de voiture. Il utilisait seulement deux pièces dans la maison – la chambre où il dormait, et le petit salon où il faisait ses lectures et donnait ses cours. Il paraissait misérable et pauvre, ayant presque l'air d'un clochard, bien qu'il fût extrêmement à l'aise avec sa vie simple, et il le disait fréquemment.

De plus, il était l'une des personnes les plus généreuses que j'aie rencontrées. Rien en lui ne laissait présager un manque ou un besoin quelconque. C'était parce qu'il n'était pas investi outre mesure dans les acquisitions matérielles et était tout à fait détaché de toute chose. Il était reconnaissant pour ce qu'il avait, et agissait comme s'il possédait le monde et qu'il avait tout à lui offrir. Il était riche de sa liberté à ne pas s'accrocher aux biens matériels.

Inversement, quelques années plus tard, j'ai rencontré une femme prénommée Clare, qui est venue pour une lecture. Elle était tellement riche qu'il était difficile pour mon esprit d'arriver à se faire une idée de la quantité d'argent qu'elle possédait. Elle et son mari étaient des développeurs immobiliers, et ils possédaient plusieurs tours d'habitation et édifices à bureaux sur les rives de lacs à Chicago, ainsi que six hôtels au bord de la mer à Hawaï. La valeur nette de ces propriétés était de près de six cent millions de dollars, et il s'agissait uniquement de la somme de leurs investissements.

Ils possédaient également des millions en propriétés personnelles. Inutile de dire qu'ils disposaient de tous les produits inimaginables, dans toutes les couleurs, formes et styles – sans mentionner les nombreux employés et domestiques desquels ils attendaient tout.

Il serait facile de penser qu'avec autant d'abondances matérielles, Clare était folle de joie concernant sa fortune et ses bénédictions. Pas vraiment. Au contraire, elle était presque psychotique à cause de la peur et de l'inquiétude reliées à son royaume matériel. Pouvait-elle l'accroître ? Est-ce qu'elle le perdrait ? Est-ce que les autres essaieraient de le lui enlever ? Pouvait-elle faire confiance à son mari ? Ou devait-elle engager un détective pour l'espionner afin d'être sûre qu'il ne la volait pas ?

Elle m'a posé toutes ces questions. Son appréhension était si intense et écrasante qu'elle prenait deux médicaments : un pour l'anxiété et la dépression, et un autre pour l'insomnie. Elle n'avait pas réussi à dormir convenablement ou à se détendre depuis des années, puisqu'il lui était trop pénible de protéger et contrôler sa fortune, et sa santé était sens dessus dessous.

Elle a pleuré tout le long de la séance et m'a répété à plusieurs reprises de la rassurer – et même de lui promettre – que sa santé demeurerait solide, ce que je ne pouvais évidemment pas faire, du moins pas assez pour atténuer ses peurs.

Clare était si attachée à son monde matériel et au besoin de le contrôler que cela la consumait. Elle n'avait aucune joie, paix ou satisfaction. Il n'y avait rien que je pouvais faire pour soulager sa douleur, et elle est partie plus misérable que lorsqu'elle est arrivée parce que je ne pouvais pas lui garantir un sentiment de sécurité financière.

Tout comme vous devriez éviter de vous cramponner aux choses, il est aussi ridicule de trop s'attacher aux idées ou aux croyances. Ce qui fonctionne dans une situation ou circonstance peut ne pas servir dans une autre. Présentement, quelques-unes des plus grandes souffrances sur la planète Terre sont centrées sur l'adhérence des gens à s'opposer aux croyances des autres et à leurs tentatives de leur imposer les leurs. Cela se produit autant au niveau personnel qu'au niveau mondial. Néanmoins, ce qui est vrai pour vous ne l'est pas nécessairement pour la personne juste à côté de vous, donc, le fait d'argumenter à propos de ces opinions trop soutenues est futile.

Ceci ne met personne dans le tort. À tout moment, vous êtes individuellement et collectivement à divers stades d'apprentissage créatif. Ce qui semble correct pour vous en ce moment peut ne pas paraître ainsi pour un autre, et d'ailleurs, la Loi universelle n'est pas absolue non plus. Une partie de la leçon de votre âme sur Terre est de trouver votre vérité personnelle, et sachez qu'elle évolue et change, elle n'est pas fixe, rigide, partagée ou incontestable. Il n'y a pas de bien ou de mal cosmique ; il y a seulement l'amour. Si vous devez vous attacher à quoi que ce soit, faites en sorte que ce soit à cette Qualité divine – pour vous-même et les autres, sans condition. Libérez votre emprise malsaine pour toute autre chose.

Conservez une croyance aussi longtemps qu'elle produit les résultats que vous voulez. Si ceux-ci ne sont plus plaisants, abandonnez et choisissez-en une autre. Vous pouvez discerner si elle a cessé de vous servir par vos expériences de vie.

Une bonne amie à moi vient d'un milieu catholique polonais, et sa famille a lutté contre un manque d'argent pendant plusieurs générations ; une situation qu'elle a vivement ressentie, spécialement lorsqu'elle était très jeune. Ils ont survécu avec très peu, trouvant les ressources dont ils avaient besoin dans les magasins de fournitures usagées, et en partageant les vêtements et les lits – et tout le reste. Ceci a conditionné mon amie à croire que vouloir des choses, spécialement des objets matériels, n'était pas spirituellement et moralement correct. C'était certainement un moyen logique pour réussir à administrer une grande famille avec peu de ressources, et pour garder la frustration à un plus bas niveau.

La notion de vouloir posséder et d'utiliser son esprit créatif pour le combler était découragée dans sa jeunesse, et elle était récompensée pour contenir ses ambitions. Mais en tant qu'adulte, son attachement à cette notion du manque ne l'a pas aidée à grandir. Par exemple, lorsqu'elle était confrontée à une insuffisance monétaire, elle se résignait chroniquement à dépenser moins plutôt qu'à se permettre la joie de gagner davantage d'argent.

Sa fixation au sacrifice de soi l'a fermée à ses impulsions visionnaires, telles que son idée de lancer sa propre compagnie. Elle a rêvé pendant des années de devenir une dessinatrice de vêtements, et elle était une merveilleuse couturière. Toutefois, plutôt que de prendre le risque de démarrer sa propre entreprise, elle se disait qu'elle était trop exigeante pour soutenir et mettre en place des pensées aussi grandioses. Elle percevait son attachement à la pauvreté comme une supériorité morale, ce qui rendait particulièrement difficile son changement d'attitude, mais elle a finalement réussi. Elle a commencé par coudre pour des particuliers, puis a ouvert son magasin pour vendre ses propres créations. Maintenant, elle est si occupée que trois autres couturières travaillent avec elle. À partir du moment où elle a laissé tomber ses vieilles croyances, l'argent a commencé à affluer.

Moi, par contre, j'ai été élevée dans un environnement où le fait d'utiliser nos pouvoirs imaginatifs était essentiel à l'identité de notre famille. Si nous avions besoin de quelque chose, on s'attendait à ce que nous le créions – et le plus tôt était le mieux. Cette idée s'est ancrée en moi et m'a absorbée, et j'ai appris tôt dans la vie à exprimer les choses comme par magie.

J'ai gagné des téléviseurs, des concours, des bourses d'études et des voyages – même des emplois en tant que mannequins, qui m'ont rapporté des vêtements gratuits. Je ne me repose jamais. Mon attachement à la réalisation constante est devenu une contrainte à continuer de rêver et de créer, m'arrêtant rarement pour me reposer ou pour examiner si ce que je poursuis en vaut l'effort.

Je reconnais seulement maintenant mon besoin de cesser de travailler aussi durement. Être un bourreau de travail est uniquement une allégeance malsaine provenant d'une vieille croyance qui me garde en déséquilibre et m'empêche de me connecter avec mon esprit authentique. À la différence de mon amie, qui croyait qu'il était noble de faire avec moins, j'étais profondément attachée à l'idée que le fait de faire plus était mieux. Je suis maintenant pleinement consciente que ni l'une ni l'autre des positions n'est vraie.

La tradition bouddhiste est centrée sur le non-attachement, mais j'ai souvent eu l'impression que Bouddha insistait vraiment sur le fait que de ne pas s'accrocher aux idées, était souvent plus important que de ne pas s'accrocher aux choses. Je me souviens clairement que mon professeur de métaphysique, le docteur Tully, avec qui j'ai étudié la loi spirituelle pendant plusieurs années, citait souvent Shakespeare en disant : « Rien n'est bon ou mauvais en soi, tout dépend de ce que l'on en pense. »

Il est spécifiquement crucial que vous vous détachiez du besoin de gagner le regard des autres. Personne ne possède le pouvoir de vous approuver ou de vous désapprouver. Le Seigneur de l'Univers vous a créé, et tout ce que Dieu fait est bon et sacré – incluant vous.

J'ai fait une lecture intuitive pour une talentueuse visionnaire, psychique et guérisseuse qui avait la capacité d'utiliser le toucher et la prière pour renverser la maladie dans le corps des gens, et de rétablir leur santé vers l'équilibre et le bien-être. C'était extraordinaire d'être en sa présence parce que sa vibration thérapeutique était très puissante, et je l'ai assurée que son travail était son but.

Bien qu'elle savait qu'elle avait un don ou « le toucher », comme elle l'appelait, elle ne pouvait pas accepter que c'était sa voie à cause du simple fait qu'elle n'avait pas de diplôme dans ce domaine – peu importe que la guérison spirituelle ne soit pas reconnue académiquement – pour l'instant.

Elle était obsédée par l'idée que seul un papier de références lui donnerait la permission de faire son travail de façon légitime, et elle refusait de croire le contraire. De plus, elle souffrait d'une sévère dyslexie et réussissait difficilement à l'école ; si elle avait effectivement un cours à suivre, elle aurait tellement de difficulté à lire qu'elle ne s'y inscrirait probablement pas.

Tristement, son adhérence têtue à cette conviction l'a empêchée d'utiliser ses talents ; elle a tout de même aidé quelques personnes, mais très peu. Elle a régulièrement refusé des gens, de peur que ses services n'aient pas de valeur, et ses croyances l'ont gardée figée et frustrée, faisant temporairement des emplois de nuit pour assurer sa sécurité financière. Tout cela semblait si ridicule pour moi ; mais, qui suis-je pour être attachée à ses choix ?

Pour vous détacher, lâchez simplement prise. Imaginez que vous tenez quelque chose dans votre main, puis ouvrez-la et laissez tomber l'objet. Pour vous pratiquer, faites cet exercice au-delà de l'imagination. Mettez vraiment quelque chose dans votre paume, comme une cuillère, une gomme à effacer ou un soulier, et tenez-le aussi fermement que possible. Puis, lâchez-le. Se libérer du fait de s'accrocher à quelque chose de malsain n'est pas plus compliqué que cela, et c'est facile à faire une fois que vous l'avez décidé.

Se détacher ne signifie pas de cesser d'aimer ou de s'intéresser; il s'agit plutôt d'essayer de moins contrôler et de permettre à l'Univers de diriger. Paradoxalement, ne pas aigir ainsi peut vous priver de toute chose.

J'avais un client, Alex, qui souffrait de plusieurs blessures, ayant grandi dans un milieu alcoolique et désuni. Il avait fait la navette entre les membres d'une famille élargie, avait été placé en foyer d'accueil, et, finalement, à l'âge de seize ans, s'était retrouvé dans la rue. De plus, il avait pris de la drogue, avait bu à s'en rendre malade, s'était fait mettre à la porte de l'école, et était entraîné dans ses propres relations dysfonctionnelles.

Par miracle, et à travers la grâce de Dieu, il est finalement devenu sobre. Suivant régulièrement un programme de rétablissement en douze étapes, il a même créé un semblant de normalité et de routine, et a commencé à vivre une existence calme. Mais à cause du traumatisme de son enfance et de sa vie de jeune adulte, il demeurait inébranlablement attaché à deux croyances : 1) il venait d'une famille de perdants et était lui-même un échec; 2) il ne pourrait jamais faire confiance à qui que ce soit.

En vivant avec ces fausses idées, il s'est graduellement éloigné des gens et les a retirés de son existence. Il travaillait comme conducteur pour FedEx, vivait seul et est devenu de plus en plus isolé. À soixante ans, il est mort d'une crise cardiaque. Il a fallu trois jours avant que quelqu'un ne s'aperçoive de son absence. Ses paires du programme de rétablissement l'ont pleuré, et ils ont tous exprimé une profonde frustration quant à son refus de lâcher prise sur ses opinions négatives, et de les laisser, eux, partager sa vie.

Toute la souffrance vient de l'attachement : « Si seulement… il ou elle m'aimait… si j'avais plus d'argent… si j'étais différent… si ma famille agissait d'une autre manière… si j'étais allé à l'école… si je recevais plus d'approbation ou… si j'obtenais ce que je voulais. »

Le détachement vous libère des peurs et des exigences centrées sur l'ego, et il vous reconnecte à votre Moi Supérieur. C'est l'antidote à votre douleur ; et il vous permet de vivre avec la réalité, avec dignité et avec la paix d'esprit.

Maintenant, vous pouvez appliquer cette leçon.

— Si vous souhaitez constamment en posséder plus dans la vie ; si vous avez de fortes opinions à propos de ce qui est mauvais dans ce monde ; si vous jugez les autres et vous-même sévèrement ou si vous êtes souvent extrêmement déçu par les autres et la vie en soi… alors, vous êtes un **étudiant** par rapport à cette leçon.

— Si vous ne pouvez lâcher prise quant aux erreurs passées et que vous vous inquiétez excessivement au sujet de ce que vous avez et n'avez pas ; que vous essayez de ne pas critiquer, mais le faites quand même ; ou que vous vous offusquez des cartes que la vie a jouées pour vous ; et que vous pensez que les choses devraient être différentes, mais que vous pouvez tout de même en rire... vous êtes alors un **apprenti**.

— Si vous êtes insouciant et généreux avec tout ce que vous avez ; que vous croyez au dicton « L'argent, ça va et ça vient » ; que vous ne vous en faites pas pour un rien ; que vous avez votre éthique et vos idées, mais ne les imposez pas aux autres ou ne condamnez pas ceux qui ont des croyances différentes ; ou que vous ne prenez pas la vie trop sérieusement et êtes reconnaissant pour les petites choses... vous êtes alors un **compagnon**.

— Si vous jugez rarement les autres et laissez facilement les choses aller ; que vous avez expérimenté la perte, mais n'y pensez pas sans cesse, préférant être simplement heureux ; que vous êtes reconnaissant pour tout ce que vous avez et ne pouvez pas croire que Dieu a été si bon envers vous ; ou que vous vous sentez prospère et confiant que vos besoins seront comblés... alors, vous êtes sur la voie de **maîtriser** cette leçon.

Si vous êtes un **étudiant**...

- Commencez votre journée en comptant vos bénédictions.
- Donnez les choses dont vous n'avez plus besoin.
- Offrez des compliments, des sourires et votre appréciation si vous sentez que vous ne pouvez pas contribuer par quelque chose de matériel.
- Portez attention à vos attachements et remarquez à quel point ils vous procurent de la douleur.
- Assistez à des funérailles pour vous rappeler ce qui est important.

Si vous êtes un **apprenti**...

- Choisissez une énorme roche et transportez-la avec vous toute la journée.
- Voyez cet objet comme la représentation de vos attachements et remarquez combien c'est lourd et pénible.

- Dressez la liste des idées pour lesquelles vous êtes obsédé, et collez-les sur la pierre.
- Lorsque vous êtes prêt à alléger votre fardeau, lâchez prise et laissez-le tomber.

Si vous êtes un **compagnon**…

- Chaque fois que vous devenez agacé, exaspéré ou craintif, dites tout haut : « détacher », et imaginez que vous laissez tomber cette amertume.
- Chaque fois que vous entrez dans une dispute, faites une pause et demandez-vous ce que vous pouvez laisser tomber.
- Suivez un cours de voltige, inscrivez-vous dans un cours d'aqua-massage ou offrez-vous un massage en profondeur pour vous libérer des dépendances installés dans votre corps physique.
- Versez à l'Église ou donnez dix pour cent de ce que vous possédez.

Si vous êtes sur la voie de **maîtriser** cette leçon…

- Ayez des préférences, pas des besoins.
- Profitez de la paix de l'esprit et de la relaxation qui viennent du fait d'être insouciant et libre dans la vie.
- Remarquez la peine qui accablent les autres à cause de leurs dépendances, et soyez reconnaissant d'avoir dépassé cela.

- Ouvrez davantage votre cœur et lâchez prise quant aux blessures passées, en appréciant les dons que vous avez reçus.

La leçon de votre âme
Détachez-vous et lâchez prise.

Le but de votre âme
Voyager légèrement à travers la vie.

PARTIE II

Travailler avec la Loi divine

Leçon de l'âme # 12

Tout est dans l'Ordre divin

Tout ce qui se produit sur le plan humain est dans l'Ordre divin, en tout temps. Peu importe ce qui survient, votre âme a choisi de l'expérimenter à cause des opportunités qui lui permettent de grandir. Ce que vous rencontrez sur Terre vous renvoie, personnellement et collectivement, exactement ce que vous avez créé, à partir de votre attention et de vos choix. L'ordre ou le chaos que vous voyez à l'extérieur, dans le monde, reproduit simplement l'harmonie ou la discorde que vous avez choisie à l'intérieur. La Loi spirituelle décrète que, pour chaque pensée, décision et action que vous exprimez extérieurement, vous expérimentez en retour la même énergie.

Rien n'est aléatoire, désordonné ou irrégulier. Chaque événement est la conséquence d'une action individuelle antérieure ou d'un groupe d'actions de votre part – que ce soit dans cette vie ou dans celles passées, alors que la spirale de la créativité se poursuit d'une incarnation à une autre. Dieu n'essaie pas de vous enseigner quelque chose lorsque la vie est difficile. Le Créateur reconnaît seulement votre Divinité. À la place, vous apprenez vous-même à devenir conscient de votre Essence sacrée, et vous le faites par le biais de l'expérience humaine.

Cette leçon vous met à l'épreuve parce que ce que vous subissez ou observez ne semble parfois pas du tout avoir de logique ou de sens. Néanmoins, la Vérité divine prévaut. En tant qu'être immortel et spirituel, acceptez ceci – en dépit des apparences — : il y *a* un ordre implacable dans l'Univers auquel vous pouvez faire confiance.

En fin de compte, vous allez tous survivre, apprendre, grandir, guérir et retrouver votre Créateur. Comment tout cela se déroule est déterminé par vous. Le chemin pour retourner vers Dieu est celui de l'école de la vie, et vous y passez autant de fois que vous en avez besoin, dans le but d'apprendre. En tant qu'esprit, vous êtes éternel.

Récemment, j'ai parlé au téléphone avec une cliente, journaliste en Autriche. Faire le compte rendu des guerres dans les États balkaniques, en Afghanistan et en Iraq, l'a totalement démoralisée. Elle a été témoin de tant de souffrance au fil des ans qu'elle ne peut plus dormir la nuit. Se faire dire que l'Univers opère de manière parfaite quand elle a vu des familles déchirées; des enfants estropiés par des mines terrestres; et des hommes, des femmes et des enfants torturés par des fous l'a laissée pleine de rage.

Quand j'ai décrit la notion de l'Ordre divin, elle a compris la leçon — ou plutôt elle l'a comprise de travers — comme si les tragédies étaient dictées par Dieu, ou pire, que les êtres vivants avaient mérité de vivre de telles atrocités.

En fait, la Lumière éternelle n'excuse pas la barbarie ni n'admet la mort. En dépit des apparences, l'esprit humain ne peut pas être tué. Peu importe à quel point votre ego ou quiconque est malade ou dérangé, ou combien vos choix sont destructeurs. À un niveau spirituel, vous êtes ici pour apprendre à utiliser vos pouvoirs créatifs correctement, et vous le ferez éventuellement alors que vous passerez d'une vie à une autre. Indépendamment de ce qui arrive et des événements monstrueux qui peuvent se produire, le Moi Supérieur poursuit sa route et continue à grandir. L'unique manière de comprendre ceci est de directement vous opposer à la manifestation de vos décisions, incluant la brutalité.

L'Univers opère conformément à la Loi spirituelle impartiale. Il n'y a personne là-haut vous jugeant à savoir si vous êtes un bon garçon ou une bonne fille, prêt à vous punir pour vos erreurs à tout moment. Au contraire, Dieu est seulement amour, et vous avez été créé à l'image de cet Être sacré, comme des créateurs. Ce qui semble vous arriver de façon aléatoire est en fait ce que votre âme a choisi pour votre épanouissement, peu importe à quel point c'est douloureux, atroce ou effrayant. Vous apprenez à travers vos expériences, et votre progrès est finalement tout ce qui importe au cœur de vous-même. La plus importante de toutes les leçons est qu'il n'y a pas de mort.

L'âme apprend en spirale, et non pas par des chemins directs ou linéaires. Par conséquent, ce que vous rencontrez aujourd'hui peut avoir été initié il y a bien longtemps et se réaliser maintenant. De plus, avant d'être incarné, alors que vous êtes un esprit, vous choisissez la direction de votre apprentissage. Vous pouvez effectivement décider de subir la peur et la souffrance dans le but de comprendre quelque chose de nouveau. Le chemin que vous sélectionnez peut horrifier votre ego dans le moment présent, mais cela sert la cause de votre Moi Supérieur. Tout ceci fait partie de l'Ordre divin.

Ma cliente autrichienne a été impliquée dans la guerre pendant plusieurs vies et dans divers rôles – en tant que dirigeante militaire, sauveteur et soldat. Elle a expérimenté différents aspects de la bataille, tels que son pouvoir, les intentions nobles des combattants et la vertu de certains conflits dans le passé. À cette période-ci sur Terre, son âme voulait prendre du recul et être objectivement témoin de la destruction et de la douleur. Bien que c'était affligeant pour elle, observer de telles incessantes atrocités ouvrait à la source son cœur et renforçait sa détermination contre la guerre.

Elle n'avait pas perçu cette conscience de sa mission spirituelle au début de son emploi. Et depuis le commencement, ses reportages allaient bien au-delà des faits. Ses observations servaient à éduquer les gens à un point de vue émotionnel au sujet du caractère destructif de leurs choix. Elle exerçait une forte influence sur les autres en les aidant à devenir conscients de leurs mauvaises décisions. Elle était connectée au but de son âme en communiquant avec les natures émotives des gens, tout en ouvrant son propre cœur compatissant aux autres. Son chemin était dans l'Ordre divin, bien que son apprentissage – comme toute croissance pouvait parfois l'être – était extrêmement douloureux.

Prenez occasionnellement du recul par rapport à la vie, et envisagez-la dans son ensemble. Souvenez-vous que vous êtes esprit et que, peu importe à quel point vous souffrez dans votre forme humaine, vous êtes un créateur qui ne meurt pas et ne peut pas mourir. Le corps va et vient, et les émotions ont des hauts et des bas. L'esprit lutte pour garder le contrôle, mais toutes ces activités font partie de votre existence physique temporaire. Plus vous vous identifiez à votre ego limité, plus il vous est difficile d'accepter l'Ordre divin. Ce n'est que lorsque vous vous rappelez que vous êtes un être spirituel immortel, vivant dans un corps éphémère, et que vous êtes ici sur la planète pour expérimenter et apprendre à créer de façon responsable, que tout prend une signification.

Lorsque vous acceptez que vous organisez le cours de vos expériences pour faire grandir votre âme, la vie ne semble plus si décourageante, hasardeuse et angoissante. À la place, elle se transforme en d'intrigantes possibilités. Vous commencez à comprendre que la Terre est un immense laboratoire et que vous êtes ici à tremper dans vos créations. Certaines sont glorieuses, alors que d'autres sont affreuses. Les merveilleuses expériences sont vos victoires et découvertes, tandis que les mauvaises vous mènent à des catatrophes. Chaque progrès enseigne quelque chose et fournit une opportunité d'apprendre davantage.

Regardez au-delà du phénomène physique linéaire et du monde des apparences dans le but de trouver les leçons de votre vie. En utilisant votre imagination, essayez de voir avec les yeux de votre âme éternelle qui voyage d'une incarnation à l'autre, plutôt que par le biais de votre ego, lequel est coincé dans la peur.

Récemment, je parlais avec ma cliente Jacqueline. À quarante-cinq ans, elle était perdue, confuse et extrêmement en colère contre la vie et Dieu, parce que son mari, Phil, avait eu une crise cardiaque quatre ans auparavant et était devenu sévèrement handicapé. Elle m'a mise à l'épreuve en me questionnant : « Comment cela peut-il être dans l'Ordre divin ? Phil mangeait bien, faisait de l'exercice, courait chaque jour et était extrêmement engagé à se tenir physiquement en forme. Cela n'a simplement aucun sens. Et moi ? Qui va prendre soin de moi ? Il doit aller dans une maison de repos parce que je ne peux plus prendre soin de lui, alors que devrais-je faire ? Rester à ses côtés et le regarder jusqu'à ce qu'il meure, alors qu'il est presque inconscient de ma présence ? Pourquoi cela m'est-il arrivé ? Où est la justice dans tout ceci ? »

Je pouvais comprendre sa rage alors qu'elle regardait l'extérieur de son problème. Mais en prenant du recul et en ayant une vue plus large du voyage de son âme, j'ai pu voir immédiatement comment l'harmonie du Créateur était à l'œuvre.

Mon aperçu psychique m'a révélé que le mari de Jacqueline avait passé plusieurs années de sa vie dans des rôles de dirigeants militaires, focalisant à être invincible et invulnérable à tous les égards – physiquement, mentalement et émotionnellement. Bien qu'il était doté d'une grande force, d'un génie stratégique et de capacités de gestion, il n'avait pas touché du doigt l'intimité, le lien affectif ou l'amour durant l'évolution de son âme.

Son esprit a choisi d'expérimenter toutes ces choses en abandonnant tout contrôle dans sa vie et en se soumettant à la vulnérabilité et à la dépendance. À la lumière de ses nouveaux buts, avoir une crise cardiaque était un moyen hautement créatif pour accomplir les intentions de son âme. Conséquemment à ses problèmes de santé, il était devenu complètement impotent et totalement dépendant des autres. Malgré le fait que ce soit épouvantable pour l'ego et démoralisant pour son corps, c'était tout à fait en alignement avec son plan sacré.

En entendant cela, Jacqueline a même dit qu'il s'était étonnement résigné face à ces circonstances lorsqu'il était devenu handicapé. En fait, il l'avait pris beaucoup mieux qu'elle.

En ce qui la concerne, la revue de ses vies passées a révélé plusieurs incarnations en tant qu'infirmière, bonne d'enfants, concierge et épouse – tous des rôles de soutien traditionnels qui ont anéanti sa propre identité et son sens de l'indépendance. Elle avait été asservie aux autres durant tout son passé ; et, dans ce séjour sur la planète, son âme avait voulu en finir avec de tels asservissements et devenir une adulte autonome.

Son Essence divine rejoignait celle de son mari parce que son plan spirituel supportait le sien. Son attaque cardiaque lui a donné l'opportunité de progresser à son tour vers son but. Elle ne pouvait pas continuer son service de dévouement auprès de lui – lequel était familier, mais peu satisfaisant – parce qu'il était trop sévèrement handicapé pour qu'elle prenne soin de lui seule. Elle ne pouvait également plus compter sur lui pour la soutenir financièrement puisqu'il avait des factures médicales catastrophiques et aucun revenu. La situation l'a forcée à devenir autosuffisante et émotionnellement forte en dépit de ses peurs. Bien que, avec la perspective de l'ego, ce qui leur était arrivé était horrible, à un niveau spirituel, cela s'alignait parfaitement avec leur intention de grandir… et c'est ce qu'ils ont fait.

Il était impossible de reconnaître ou de comprendre ce raisonnement avec l'esprit analytique. L'Ordre divin dans leur vie est uniquement devenu clair en l'observant à travers les yeux de leur Moi Supérieur et en se référant aux modèles de leurs incarnations antérieures.

Jacqueline a admis que lorsque cela s'est produit, elle s'est immédiatement demandé si la crise cardiaque de son mari jouait un rôle dans sa croissance. Dans une certaine mesure, elle savait que ce que je lui disais était vrai. Ce n'est pas tant que chacun « mérite » ce chagrin parce qu'il a ouvert des portes, mais sinon qu'à un niveau spirituel, ils ont tous deux cherché à y entrer malgré le fait que c'était douloureux. Voilà comment la sphère spirituelle fonctionne.

Une fois que vous acceptez l'Ordre divin, votre plus grande Conscience commence à vous révéler directement les plans et les intentions de votre âme. Même si vous ne comprenez pas cela intellectuellement ou émotionnellement, tel que cela se déroule, la vie commencera à avoir plus de sens.

Ma cliente Millie m'a demandé comment elle pouvait faire pour voir l'ordre profond de l'existence comme je le faisais, spécialement dans ses moments d'égarements émotionnels. Elle voulait particulièrement savoir pourquoi son adolescent Brad était mort. Plusieurs années plus tôt, il avait été frappé par une voiture et abandonné sur le côté de la route à proximité de sa maison, sans aucun témoin de l'accident. « Quel est le but d'un tel gaspillage de vie ? » m'a-t-elle demandé.

Mon Moi Supérieur m'a révélé que Brad était mort dans de telles mystérieuses et tragiques conditions parce que, dans plusieurs autres vies passées, il était parti de la maison à la recherche de sensations fortes et d'aventures – et pour éviter les responsabilités. Il convoitait continuellement les situations remplies de frénésie. Dans cette incarnation, il voulait être plus responsable. C'était le désir de son âme de cesser de fuir, de s'en tenir aux choses et d'apprendre l'engagement et la responsabilité.

Mais ces leçons n'étaient pas faciles ; au cours de sa vie, il a lutté sérieusement avec ses intentions de façon quotidienne. En fait, la nuit de sa mort, il n'était pas simplement en train de faire une promenade – il était tombé dans de précédents modèles de l'ego et s'enfuyait secrètement de la maison. Son âme l'a arrêté par le biais de la mort parce qu'elle préférait quitter ce monde que de continuer à marcher une fois de plus sur le mauvais chemin.

Millie est demeurée silencieuse un long moment après que je lui ai donné ces explications. Elle a dit qu'elle s'était constamment disputée avec son fils parce qu'il fuyait les responsabilités et semblait toujours rechercher la voie la plus facile. En fait, il s'était inscrit pour s'enrôler dans le service militaire un mois avant sa mort et l'avait ensuite regretté. Elle suspectait qu'il essayait d'échapper à cet engagement la nuit de l'accident.

Bien qu'elle ne se sentait pas mieux par rapport à la mort de Brad, quelque chose dans ce qui avait été révélé durant notre séance avait résonné dans son esprit. Pour répondre à sa question concernant la façon de découvrir l'Ordre divin face au chaos, tout ce que je pouvais lui dire était : « Croyez-y, c'est là. »

Il n'y a aucune façon pour vous de comprendre le plan de votre âme à un niveau mental parce que l'intellect fait partie de l'ego, votre moi temporaire. Toutefois, vous comprendrez intuitivement la voie de votre esprit quand vous ferez confiance à la plus grande Sagesse.

– Est-ce la raison pour laquelle, à l'âge de dix-sept ans, j'ai hérité de cinq millions de dollars d'un oncle que je ne connaissais pas ? m'a demandé mon client Mark. Et est-ce que cela signifie que je ne dois pas me sentir coupable de ne pas avoir à m'inquiéter à propos de l'argent ?

– Oui, lui ai-je répliqué. Votre âme s'est débattue durant plusieurs vies avec le travail ardu – mourant même sous des conditions extrêmement dures et servant les autres comme un esclave. Pour ce séjour sur Terre, votre esprit a choisi de recevoir en termes monétaires le service et le soutien que vous avez donnés aux autres dans les incarnations passées. Vous l'avez simplement encaissé.

– Ce qu'il y a d'amusant, a-t-il dit, c'est que, bien que je sois financièrement confortable, je ne suis pas plus heureux que je l'étais avant. Je suis moins stressé, mais encore seul.

– C'est une leçon entièrement différente, ai-je expliqué. Votre Être intérieur voulait savoir si la richesse matérielle était la source du bonheur. Maintenant, vous connaissez la réponse.

Ne jugez pas les événements et les expériences comme bons ou mauvais conformément au point de vue de votre ego. Tout ce qui arrive est dans l'Ordre divin dans le but de soutenir la détermination de votre âme à grandir.

Ma cliente Georgina a été dévastée lorsque son premier fils a été diagnostiqué du syndrome de Down. À l'âge de trente ans, relativement une jeune mère, elle ne pouvait pas comprendre comment cela avait pu lui arriver. Mon Moi Supérieur m'a révélé que dans des vies antérieures, son enfant avait été un moine bouddhiste dont l'âme avait pratiqué le détachement. Il avait choisi de naître sans ego, comme l'épreuve ultime dans ce secteur. Le syndrome de Down était le chemin idéal pour lui parce que les gens avec cette condition n'ont pas une volonté dominatrice. Georgina avait été son étudiante la plus dévouée dans le passé et elle avait été jumelée avec son esprit dans cette vie pour apprendre le lâcher prise.

Quand elle a découvert son plus grand Plan divin, un regard de paix s'est affiché sur son visage.

– Tout cela a du sens. Je peux le faire avec lui, a-t-elle dit.

Des années plus tard, je l'ai rencontrée à nouveau. Elle m'a dit que son fils était maintenant un adolescent et qu'il avait un emploi et un diplôme d'études secondaires.

– Il est ma plus grande joie, a-t-elle dit. Il m'a enseigné à voir avec mon cœur – pas seulement avec mes yeux. Je suis si reconnaissante qu'il m'ait permis de servir sa magnifique âme une fois de plus.

Plus vous réussissez à percevoir chaque circonstance comme étant ce qui apporte l'eau au moulin de votre croissance spirituelle, plus vous devenez fort. Toutes les circonstances deviennent des possibilités pour votre cheminement. Alors que vous continuez à accepter l'Ordre divin, le voile entre le passé et le présent s'amincit, tandis que votre Moi Supérieur témoigne du parfait exemple caché derrière chaque événement.

Regardez chaque aspect de votre vie à travers le filtre de l'Ordre divin, acceptant que chaque chose arrive pour une raison. Cela vous permet un calme intérieur accru, peu importe la confusion qui vous entoure. Atteindre la paix personnelle est la plus grande leçon de votre âme, et cela assure le plus haut niveau de créativité.

Maintenant, vous pouvez appliquer cette leçon.

— Si vous pensez que la situation du monde est catastrophique et que ce dernier n'est que chaos ; que vous êtes consterné et effrayé de la douleur et de la peur sur la planète ; que vous vous sentez irrité et amer qu'il vous ait été donné une telle fausseté ; ou que vous êtes jaloux de la chance des autres et en colère à propos du nuage noir qui plane au-dessus de votre tête… alors, vous êtes un **étudiant** dans l'apprentissage de cette leçon.

— Si vous ne pouvez pas croire que la vie est si terrible et que vous vous demandez ce qui se passe réellement ; que vous vous sentez parfois impuissant, mais refusez de laisser les problèmes vous déprimer ; que vous devenez temporairement submergé par les circonstances, mais manœuvrez en fin de compte pour vous élever au-delà du bouleversement — et devenez créatif une fois que vous vous êtes ressaisi ; ou que vous voulez croire qu'il y a toujours un bon côté à toute chose, même lorsque vous ne pouvez pas le voir… vous êtes alors un **apprenti**.

— Si vous croyez que tout finit par se payer, que vous regardez pour voir la signification plus profonde derrière chaque événement ; que vous vous concentrez sur ce que vous pouvez apprendre lorsque les choses ne vont pas comme vous le voudriez ; ou que vous faites confiance que l'Univers est bon en soi… alors, vous êtes un **compagnon**.

— Si vous voyez la vie comme une salle de cours et tous les événements comme des leçons de l'âme par lesquelles vous pouvez apprendre ; que vous refusez de vous sentir comme une victime peu importe ce qui se produit ; que vous avez de la compassion pour les gens qui souffrent dans les événements douloureux du monde, et que vous prenez des mesures personnelles pour apporter soulagement et réconfort aux autres chaque fois que vous le pouvez ; que vous avez confiance qu'il y a un Ordre divin derrière toute chose et que vous vous efforcez d'être responsable du développement de votre âme ; ou que vous choisissez d'être en paix sans vous soucier de ce qui arrive autour de vous… alors, vous êtes sur la voie de **maîtriser** cette leçon de l'âme.

Si vous êtes un **étudiant**…

- Souvenez-vous que vous êtes un être spirituel — pas seulement un corps physique ou un intellect basé sur l'ego.
- Ouvrez votre esprit à l'idée que tout est dans l'Ordre divin et voyez les changements.
- Essayez de voir ou de sentir des connexions cachées derrière toute circonstance.
- Regardez la vie à la fois avec vos yeux et votre cœur.

Si vous êtes un **apprenti**…

- Remarquez les secteurs dans lesquels vous rencontrez des problèmes ou des modèles récurrents, et considérez ce que votre âme aimerait apprendre.
- Réfléchissez à propos de vos vies passées et demandez à votre Moi Supérieur de vous donner un aperçu à partir duquel vous pourrez recueillir de la sagesse par-ci, par-là des incarnations antérieures.
- Faites la liste des situations dans lesquelles les bons côtés sont ressortis du nuage noir.

- Ayez confiance que, peu importe ce qui arrive, votre Être intérieur a décidé de vivre cette expérience dans le but de grandir.

- Ne jugez rien par sa valeur extérieure.

Si vous êtes un **compagnon**...

- Dressez la liste de toutes les fois où les événements ont fini par avoir du sens en fin de compte.

- Demandez à votre plus grande Conscience ce que vous êtes supposé apprendre dans les situations difficiles, puis écoutez la réponse.

- Soyez patient lorsque la vie vous met au défi et ayez confiance que c'est pour une bonne raison.

- Ne jugez aucune situation comme bonne ou mauvaise, mais réalisez que chaque chose est une leçon qui aide votre âme à grandir.

Si vous êtes sur la voie de **maîtriser** cette leçon...

- Détendez-vous et profitez des choses tandis qu'elles se présentent.

- Confrontez les difficultés présentes dans votre cœur, avec paix et avec la confiance que tout se déroulera comme ce devrait l'être.

- Soyez inspiré par les épreuves, car elles sont des opportunités d'apprendre.

- Vivez et laissez vivre, sortez et appréciez-vous.

La leçon de votre âme
Tout est dans l'Ordre divin.

Le but de votre âme
Faire confiance au Plan divin.

Leçon de l'âme # 13

Inversez vos perceptions

Inversez vos perceptions de sécurité. En dépit de ce que vos émotions et votre intellect vous disent, votre sécurité et votre soutien ne sont jamais contrôlés par quelque chose ou quelqu'un d'autre que votre Créateur. Vous ne pourrez pas être vraiment libre dans votre esprit à moins que vous changiez votre conscience.

Votre ego vous joue des tours, vous asservissant à des apparences qui semblent réelles, mais en fait, ne le sont pas — ou du moins ne sont pas permanentes. L'Univers et tous les gens et événements sont en évolution et en mouvement constant. Rien n'est fixe ou immuable sur le plan physique. Cela peut paraître ainsi parfois, mais à tout moment, tout peut changer — et tout change.

Tous les objets et les conditions sur Terre naissent à cause de certaines pensées et croyances intenses. Par conséquent, si vous voulez changer une situation, acceptez ce qu'elle en est dans le moment présent, puis inversez simplement l'attention et la manière de penser qui l'a créée. Ne vous attardez à l'apparence des choses aujourd'hui, si elles ne sont pas comme vous les voulez. À la place, centrez votre attention sur ce que vous voulez qu'elle devienne. Cela ne veut pas dire de nier la réalité d'aujourd'hui, mais bien de reconnaître que les présentes circonstances sont le résultat de modèles de pensées longtemps tenues. Pour créer quelque chose d'autre, choisissez des croyances différentes.

L'inversion est la manière de détruire. C'est un outil important à posséder puisqu'il y a tellement de vos créations qui ne sont pas comme vous les voulez. Savoir que vous pouvez annuler les choses aussi facilement que vous les générez rend la salle de l'école de la vie beaucoup plus invitante.

Il y a plusieurs années, je parlais avec ma cliente Larissa alors qu'elle venait tout juste de mettre fin à un horrible mariage de douze ans, sans rapport sexuel, avec un homme très renfermé. Durant sa lecture, mon Moi Supérieur lui a dit qu'elle était maintenant libre de « devenir la vedette qu'elle était naturellement ».

Surprise que j'aie utilisé ces mots exacts, elle a dit qu'elle se sentait avisée de débuter – à l'âge de quarante-six ans – une carrière de comédienne, de mannequin et de chanteuse. Avec seulement quelques mois d'entraînement professionnel à son actif, elle venait tout juste de passer deux auditions professionnelles ; elle fut rappelée pour les deux à l'intérieur de quelques semaines. C'était pratiquement sans précédent dans l'industrie du divertissement, et elle ne pouvait pas croire à sa chance. Mais en même temps, elle n'était pas tout à fait surprise parce qu'elle se sentait en accord avec sa décision. Les rôles qu'on lui proposait étaient faciles et amusants pour elle.

Tout de suite après, par contre, son enthousiasme tomba, et elle me dit anxieusement que son ex-mari se disputait avec elle pour réduire le montant de son soutien aux enfants de quatre mille dollars à mille huit cents dollars par mois. Elle était paniquée et m'a dit que, s'il y parvenait, elle serait complètement fauchée. Toute sa confiance envers sa carrière en plein essor avait disparu. Larissa sentait que son choix de carrière était bien, mais qu'il ne lui rapporterait pas suffisamment d'argent pour la soutenir financièrement. Elle pensait qu'elle pouvait uniquement compter sur les versements de son ancien partenaire. Cette perception lui enleva sa liberté et la rendit complètement dépendante de lui – la seule vraie chose contre laquelle elle s'était battue durant leur union et la raison pour laquelle ils s'étaient divorcés.

Ma Sagesse intérieure l'a guidée à s'engager dans la Loi de l'inversion. Quoique convaincue que son mari la soutenait et que lui seul pourrait le faire dans le futur, sa croyance était incorrecte. Elle était dépendante de lui à cause de son insécurité et de son manque de confiance, mais elle n'avait pas vraiment besoin de lui pour survivre. Je lui ai suggéré d'inverser sa dépendance envers lui et de la remettre à qui elle revenait : directement dans les mains de son Moi Supérieur et du Divin.

– Allons, Sonia, a-t-elle dit. Je crois en un pouvoir plus grand et à tout cela, mais j'ai deux enfants à nourrir et ce n'est pas Dieu qui va le faire.

Je lui dis qu'elle avait tort et que l'Esprit infini ne ferait pas que supporter ses rêves et ses responsabilités, mais qu'Il ferait effectivement mieux que ce que son ex-mari n'avait jamais pu faire, peu importe ce que le système légal déciderait.

Larissa ne m'a pas crue. Elle s'est centrée sur sa propre perception et a amené son ex-mari en cour afin qu'il maintienne son soutien financier auprès des enfants. Après huit mois de bataille, elle a perdu, obtenant même moins que les mille huit cents dollars par mois qu'il lui avait initialement offerts. Tout le temps qu'elle s'est battue contre lui, elle a laissé sa carrière battre de l'aile. Elle a reçu plusieurs offres d'emploi, mais peu de travail.

Paniquée, elle me rappela, me demandant si elle devait faire appel à la décision du juge, puisque, sans le soutien de son ex-mari, elle n'arriverait jamais financièrement.

Encore une fois, je lui ai suggéré d'inverser son attitude et de compter sur son Moi Supérieur et sur Dieu pour prendre soin d'elle. Elle a dit :

– Je vais devoir le faire maintenant. Je n'ai pas d'autres choix.

– C'est vrai, ai-je affirmé, alors que je pouvais dire qu'elle était clairement prête à apprendre la leçon de l'âme # 13. Elle n'avait vraiment aucune autre option si elle voulait progresser.

Confrontée avec la réalité d'obtenir seulement mille cent dollars par mois de la part de son ex-mari, elle commença à placer sa sécurité et son soutien entre les mains du Divin. Quoique motivée par la peur, elle avançait indéniablement. Après trois mois de sa nouvelle pratique, Larissa me contacta pour une troisième fois. Il lui avait été donné des rôles dans trois publicités nationales bien payées et elle venait tout juste de décrocher un petit rôle à la télévision locale, mais il s'agissait d'un emploi régulier.

Bien que forcée de changer son attitude, elle a finalement coopéré. Et, en le faisant, elle a en fin de compte obtenu la liberté que son esprit désirait tant.

La Loi de l'inversion fonctionne même lorsque vous êtes effrayé. Nous comprenons qu'il n'est pas facile de vous convaincre que vous n'avez pas d'inquiétude à vous faire quand les factures vous pendent au bout du nez, que vous êtes en santé alors que la maladie vous importune, ou que vous êtes aimé quand il semble n'y avoir personne qui s'inquiète de vous dans la vie. Ne niez pas ce qui vous effraie ; cessez simplement d'y penser sans arrêt ou de devenir hypnotisé ou asservi par cela comme si ça devait l'être en permanence.

Ma mère résumait bien cette loi lorsqu'elle disait : « Tout ce que vous percevez comme vrai ne l'est seulement en tant que "maintenant" ou "hier". Vous n'avez pas encore créé demain. »

Je reviens tout juste d'Orlando où j'ai dirigé une série de travaux sur l'intuition et les enseignements spirituels. Alors que je partageais le pouvoir de la leçon de l'âme # 13, une femme dans l'auditoire s'est levée et a soutenu le pouvoir de l'inversion. Elle a dit qu'une année plus tôt, sa fille était aux prises avec un usage abusif de stupéfiants, d'alcool, et qu'elle souffrait de dépression.

– Tout ce que mes sens me rapportaient était que je l'avais perdue, me dit la mère, mais mon esprit refusait d'être d'accord avec cette perception. Ce n'était pas que je refusais de l'admettre. J'acceptais sa condition, mais je ne pouvais pas croire qu'elle n'avait pas de choix. J'ai décidé d'affirmer que son âme changeait et choisissait la santé chaque fois que je discutais avec elle, que je pensais à elle ou que j'entendais les autres parler d'elle. Je me suis concentrée à ce qu'elle inverse ses dépendances en se connectant

avec son Créateur pour trouver la sécurité, plutôt que de compter sur les drogues et d'autres habitudes destructrices.

– Bien que ma famille et plusieurs docteurs m'aient dit que je n'étais pas réaliste, a-t-elle continué, j'ai choisi de les ignorer. J'ai demandé à mon Moi Supérieur de parler à son âme et de l'aider à changer la trajectoire de sa route. Je n'avais pas peur d'agir ainsi parce qu'elle disait qu'elle voulait une nouvelle vie. Il a fallu cinq mois, mais la Loi de l'inversion a fonctionné. Elle s'est volontairement inscrite dans un programme de réhabilitation, est revenue à la maison, voit maintenant un médecin pour soigner sa dépression et est de retour sur la bonne voie. Son esprit est revenu et l'a redirigée.

Rien dans l'Univers n'est immuable. En engageant votre Intelligence intérieure divine, vous pouvez utiliser le pouvoir du choix pour changer des situations. Plus le changement est radical, plus il peut mettre du temps pour réussir. Néanmoins, si vous utilisez la Loi de l'inversion, invariablement, des résultats positifs se feront sentir tôt ou tard.

J'ai justement observé ceci la semaine dernière lorsqu'une magnifique et gracieuse femme de trente-cinq ans est venue me voir après un atelier de travail et m'a demandé : « Vous souvenez-vous de moi ? Je suis Debbie Lin de Denver. »

Lorsqu'elle m'a dit son nom, je suis restée bouche-bée. La personne dont je me souvenais était une adolescente avec une obésité morbide que j'avais connue des années auparavant – pas cette splendide femme qui se tenait devant moi.

– Bien sûr, mais pas comme ça, ai-je répondu, tendant ma main vers elle et admirant sa beauté.

– Dieu merci ! s'est-elle exclamée. Je ne pouvais pas supporter mon ancienne identité, et j'en ai finalement eu marre. J'ai décidé de renverser la vapeur et d'utiliser toute mon énergie pour diminuer mon poids.

– Comment avez-vous fait cela ? lui ai-je demandé, me questionnant à savoir si elle avait subi une chirurgie à l'estomac.

– J'ai changé d'idée à propos de la personne que j'étais en train de devenir. Même si j'étais obèse, je savais que mon apparence ne reflétait pas la personne que j'étais à l'intérieur – une femme séduisante. J'ai déplacé mon attention du moi extérieur et gros vers le remarquable moi intérieur. Le renversement m'a changée radicalement, incluant la façon de m'habiller, de me comporter et de manger. J'ai cessé de m'empiffrer et d'être dégoûtée de moi-même ; et j'ai commencé à choisir des aliments qui reflétaient l'amour de moi-même. Ceci m'a emmenée à prendre plusieurs nouvelles décisions, et, conséquemment, l'incroyable moi en modèle réduit a émergé. Je n'ai pas suivi de régime intrinsèque. Je me suis simplement concentrée sur la personne que je voulais être. Le reste a naturellement suivi.

La Loi de l'inversion fonctionne dans tous les aspects de la vie et ne discrimine pas.

Ma cliente Pat, s'est battue pendant des années avec le paiement de ses factures. Elle s'arrangeait pour que ses fins de mois arrivent, mais tout juste, et il n'y avait que très peu de place pour les gâteries. Après m'avoir entendue parler dans une église Unité à propos de la Loi de l'inversion, elle a décidé de l'essayer pour l'aider à améliorer ses finances.

Elle n'a pas nié la présente réalité de son revenu mensuel et de ses dépenses, mais elle a réalisé que ça pouvait ne pas être une situation permanente. Cela pouvait changer. En remettant sa dépendance envers son emploi de gérante dans un supermarché local entre les mains de son Créateur, elle a demandé à son Moi supérieur de devenir son propre patron et de l'amener vers une plus grande prospérité.

Dans le but de solidifier le renversement de sa lutte financière vers l'abondance, elle a également décidé de se mettre à la pratique de verser la dîme ou de donner dix pour cent de son revenu à la cause de son choix. Bien que son ego criait : « Es-tu folle ? Tu as besoin de cet argent pour payer l'essence, le chauffage et l'électricité ! » elle l'a ignoré.

Sa réponse à ses peurs était : « Cela peut avoir été vrai hier, mais aujourd'hui, je crée davantage, donc j'ai tout ce dont j'ai besoin maintenant et pour le futur. »

Une semaine après avoir commencé à verser la dîme, elle a été promue comme directrice générale dans son magasin, ce qui incluait une augmentation de quatre mille cinq cents dollars annuellement. Trois semaines après, elle héritait, de l'une de ses tantes préférées à Baltimore, d'un immeuble d'habitation de trois étages, à six appartements. Il était payé en totalité et générait au-dessus de cinq mille dollars par mois en loyer. Avec ces deux changements, elle avait maintenant des sous.

– J'ai changé mes idées et j'ai arrêté de dépendre des autres pour ma sécurité financière, a-t-elle dit. Aussitôt que j'ai mis ma foi en mon Moi Supérieur, tout a commencé à affluer de nouveau.

Peut-être que le changement le plus important que vous pouvez apporter est d'aimer les autres librement plutôt que de retenir votre cœur. Vous êtes blessé parce que la nature humaine peut être dure et ignorante tandis que vous vous démenez collectivement pour apprendre. Mais, si vous y répondez en vous détournant de la compassion, vous vous faites encore plus de tort.

Je parlais avec ma cliente Denise, qui a décidé, il y a bien longtemps, qu'elle ne serait jamais plus impliquée dans aucune relation amoureuse. Elle prit cette décision quand son mari l'a trompée avec sa secrétaire, la laissant seule avec son jeune fils. Meurtrie par cette trahison, elle a fermé son cœur et a affiché un signe virtuel de « Allez-vous-en » pour tous les prétendants potentiels qui se présenteraient. Elle n'était pas disponible et disait fièrement qu'il n'y avait rien pour la faire changer d'idée, et qu'elle ne voulait pas souffrir à nouveau de l'humiliation qu'elle avait subie.

Fidèle à sa parole, elle ne s'est jamais autorisée d'aimer à nouveau. Elle était cordiale, mais distante, convaincue que son choix lui donnait de la liberté. Tandis que le temps passait, cette décision s'avérait moins que sage. Son fils a grandi et est déménagé à l'autre bout du pays. Élevé par une personne au cœur fermé, il est lui-même devenu froid, et ne pensait même pas à l'impact que ses actions pouvaient avoir sur sa mère ou qui que ce soit d'autre.

Parce que Denise a choisi de ne pas aimer, elle n'a pas non plus cultivé d'amitié étroite, préservant sa garde levée et tenant les autres à distance. Tout cela a bien fonctionné pendant qu'elle montait une entreprise de conception, mais, lorsqu'on lui a diagnostiqué un cancer du sein et un lymphome à la fin de la cinquantaine, l'isolation qu'elle s'était elle-même imposée ne paraissait plus lui servir.

Et qui pis est, même si elle savait qu'elle devait changer son comportement pour affronter sa maladie le plus sereinement possible, sa fierté l'en empêchait. Quand je l'ai vue, le cancer en était à ses premiers stades. Je lui ai donné des noms, des adresses et de nombreuses ressources auxquelles elle pouvait s'adresser pour obtenir de l'aide, et je l'ai aussi encouragée à reprendre contact avec son fils. Durant tout ce temps, elle m'écoutait les bras croisés. Je lui ai finalement suggéré d'inverser la décision qu'elle avait prise au sujet de l'amour au cours de toutes ces années, et d'effectuer un changement dans son cœur.

Elle a baissé la tête pendant un moment, comme si elle considérait cette idée. Puis, elle a dit :

– À moins que vous ayez autre chose à me dire, je vais m'en aller.

Je n'avais pas autre chose à lui dire, mais je l'ai serrée dans mes bras ; ce que j'ai cru ressentir qu'elle acceptait partiellement.

Moins de deux ans plus tard, j'ai rencontré par hasard une femme avec qui Denise avait travaillé et je lui ai demandé de ses nouvelles. Cette connaissance a dit que mon ancienne cliente était morte seule il y avait plus de neuf mois. Je me suis sentie si triste en entendant cela – pas tant à cause de sa mort, mais du fait qu'elle soit morte seule. J'accepte le fait que nous devions tous mourir, mais de mourir seule était un choix. Cette journée-là, je me suis rendue à mon église préférée et j'ai allumé une bougie pour son esprit, lui souhaitant plus de bonheur alors que son âme poursuivait son voyage.

Chaque fois que vous choisissez d'aimer, votre âme grandit en force et est davantage branchée sur Dieu, votre véritable Source. Votre Créateur s'inquiète beaucoup pour vous, et, par conséquent, il vous a donné une volonté libre. La Loi de l'inversion suggère simplement que vous preniez des décisions qui ne vous piègent ou ne vous isolent pas, ou qui ne vous mettent pas dans une situation sans issue.

Encore une fois, ne confondez pas cette leçon de l'âme avec le déni. Reconnaissez ce qui est ainsi, mais rappelez-vous que chaque création dans le moment présent peut être changée — peut-être pas immédiatement, mais certainement éventuellement. Cela prend du temps pour créer ou inventer quelque chose et tout autant de temps pour le transformer.

Utilisez cet outil lorsque vos sens vous accablent et que votre tête vous dit que ce que vous voyez est une réalité qui sera là en permanence, par exemple : « Je serai toujours gros », ou « je serai toujours fauché », ou « je serai toujours malade ». Ce n'est pas vrai. Détournez votre attention et vous changerez ce que vous avez entraîné dans votre vie.

Pour commencer maintenant à détruire ce que vous avez suscité de négatif dans votre vie : écrivez les secteurs dans lesquels vous n'avez pas généré de modèles — où vous êtes déçu ou mécontent, ou là où vous vous sentez à la merci des choses à l'extérieur de vous. Reconnaissez que chaque fait que vous listez est seulement une création ou une fausse perception qui peut et *veut* être changée. Dans l'éclairage de votre esprit et de votre corps émotionnel, tenez une vision aussi claire que possible de l'inverse de la circonstance indésirable. Pensez-y, et ressentez et voyez-la. Cela démarre la transformation.

Vous pouvez pratiquer la Loi de l'inversion en modifiant votre comportement. Faites les choses différemment :

- Adoptez une nouvelle manière de travailler.

- Sortez par la porte de derrière.

- Modifiez votre approche dans une discussion.

- Changez votre pensée.

- Mettez vos bas et vos souliers avant le reste de vos vêtements.

- Relâchez votre rigidité mentale et laissez aller votre résistance à la transformation.

Lorsque vous appliquez cette loi, vous n'êtes plus lié à quoi que ce soit d'autre sinon à ce qui vous soutient encore et toujours — votre Moi supérieur aimant et votre Créateur divin.

Maintenant, vous pouvez appliquer la leçon.

— Si vous êtes fermé d'esprit et extrêmement moralisateur, que vous refusez d'écouter de nouvelles idées ou visions qui opposent les vôtres ; que vous voyez la vie ou vous-même comme étant inchangeables ; ou que vous ne comprenez pas comment vous pouvez possiblement altérer la « vérité » ou la réalité... alors, vous êtes un **étudiant** par rapport à cette leçon.

— Si vous pouvez réaliser que le fait de changer une opinion négative peut aider, mais ne l'avez pas encore fait ; que vous ne pouvez pas passer par-dessus l'idée que les autres — employés, clients, membres de la famille ou amis — devraient payer vos factures et prendre soin de vous ; que vous croyez que la pensée positive s'arrête ici ; ou que vous pensez sans arrêt à des choses même si vous savez que c'est malsain... vous êtes alors un **apprenti**.

— Si vous inversez vos pensées aussitôt que vous réalisez qu'elles ne fonctionnent pas ; que vous ne permettrez à rien de vous maintenir coincé ; que vous réfléchissez à des manières d'échanger de vieilles idées pour des idées différentes et meilleures ; ou que vous essayez volontiers de nouvelles choses… alors, vous êtes un **compagnon**.

— Si vous ne vous complaisez pas dans de malheureuses conditions ; que vous êtes spontané et changez à l'instant même ; que vous vous éloignez immédiatement du sabotage psychique fait par le pessimisme et la persécution des autres ; ou que vous commencez chaque journée en visualisant votre voie créative et en vous refocalisant afin de partir du bon pied… alors, vous êtes sur la voie de **maîtriser** cette leçon.

Si vous êtes un **étudiant**…

- Notez les secteurs dans lesquels vous êtes rigide et engagé dans des perceptions ou opinions négatives.
- Faites une liste de ce que vous voulez changer.
- Traversez une pièce, épelez des mots, ou habillez-vous à l'envers, et libérez-vous des comportements automatiques.
- Changez une habitude dès aujourd'hui.

Si vous êtes un **apprenti**…

- Recherchez les gens qui partagent votre point de vue concernant la voie dans laquelle vous désirez aller ou l'expérience que vous voulez créer.
- Éloignez-vous de ceux dont les croyances renforcent les conditions préjudiciables.
- Changez votre opinion ou votre perception d'au moins une chose chaque jour.

- Disposez autrement les meubles dans votre maison.

Si vous êtes un **compagnon**…

- Dressez la liste de ce que vous ne voulez pas continuer à expérimenter, et créez un montage illustrant ce par quoi vous voulez le remplacer.

- Restructurez un comportement par jour. Si vous êtes généralement gêné, souriez et saluez les gens. Si vous agissez habituellement en portant des jugements catégoriques, abstenez-vous de faire des déclarations. Si vous êtes ordinairement critique à l'égard des autres, soyez plutôt élogieux.

Si vous êtes sur la voie de **maîtriser** cette leçon…

- Remplacez toutes les idées de dépendance extérieure, et comptez sur le Divin pour toute chose.

- Changez vos pensées de gêne, et aimez les gens plus ouvertement.

- Modifiez les conversations négatives en offrant des affirmations positives de gratitude.

- Continuez à transformer votre identité en acceptant la vérité que vous êtes esprit, que vous pouvez compter sur le Divin et qu'il subvient à vos besoins.

La leçon de votre âme
Changez les créations négatives.

Le but de votre l'âme
Défaire aussi facilement que vous créez.

Leçon de l'âme # 14

Acceptez la mort

Acceptez ce que vous craignez le plus : c'est-à-dire, la mort. Cessez d'associer votre identité avec votre moi physique et votre ego. Ce sont seulement des véhicules avec lesquels vous vous déplacez lors de votre voyage terrestre. Vous n'êtes pas votre corps, vos émotions ou vos pensées. Vous êtes un Esprit immortel divin.

Durant ce programme complet d'étude de l'âme, le fait que vous soyez un être éternel est continuellement mis en valeur. Et encore, même si vous acceptez ce concept à un niveau intellectuel, lorsqu'il est question de la mort, vous devenez tout de même résistant et craintif, révélant combien votre attachement à votre moi corporel et émotionnel est fort. C'est une chose de chercher un refuge mental dans l'idée que vous êtes un esprit immortel ; il est bien différent de vraiment faire face à la fin de cette vie avec paix et tranquillité. Maintenant, il est temps d'apprendre.

Commencez par remarquer à quel point le cycle de la mort et de la renaissance est prolifique. Vous pouvez le voir partout, particulièrement dans la nature. Observez un jardin pour étudier comment le commencement et la fin sont entrelacés. Chez les fleurs, vous remarquerez également un déclin. Pendant que certaines fleurs éclosent, d'autres se putréfient. La partie la plus incroyable de ce déploiement est que la végétation morte est la meilleure source d'alimentation pour la nouvelle croissance. Chaque phase qui passe nourrit la germination du cycle suivant. Ce processus est appelé le Cycle de la vie et est évident dans toute chose et partout.

L'une des plus grandes étapes d'évolution que vous puissiez aborder en tant qu'âme est de vous libérer pleinement en cessant de vous identifier à votre véhicule terrestre et en acceptant votre esprit immortel. En procédant ainsi, vous ne craindrez plus la dissolution physique, et, comme résultat, vous cesserez de permettre à votre ego de vous consumer, en utilisant des ruses de votre imagination pour empêcher cela. Accepter que votre corps mourra un jour vous permet de vivre.

Ceux qui ont vécu une expérience aux frontières de la mort affirment, encore et encore, que c'est le moment le plus libérateur qu'ils aient connu, et, finalement le plus heureux.

Mon client James était un amoureux de l'aventure, et il aimait particulièrement conduire des motocyclettes. Il était constamment à la limite de la sécurité, traversant en trombe l'autoroute Lake Shore Drive à Chicago à trois heures du matin, roulant parfois jusqu'à cent milles à l'heure.

De plus, il coupait parfois à travers champs, filant imprudemment autour des courbes montagneuses et à travers les tempêtes du désert, et encore, il n'en avait pas assez ; il faisait fi de toute prudence. Il ne portait jamais de casque, conduisait la nuit alors qu'il ne pouvait pas bien voir, serpentait à travers la circulation comme s'il jouait au chat et à la souris et ignorait toujours les limites de vitesse.

Je l'ai une fois accusé de souhaiter sa mort, et il a nerveusement ri en répondant :

– Peut-être. Je n'avais jamais vu cela de cette façon auparavant.

L'ironie est que, peu après cet échange, alors qu'il voyageait à travers l'ouest du Nevada à une vitesse modérée profitant simplement de la journée, un camion semi-remorque l'a dépassé, mais a repris sa voie trop rapidement forçant James à quitter la route. Il est atterri vingt pieds plus bas dans un fossé en roches, se brisant pratiquement tous les os, incluant ceux de son crâne. Il est resté étendu là pendant deux jours avant que quelqu'un ne le remarque et appelle une ambulance. Il a été évacué par pont aérien et a passé les quatre semaines suivantes aux soins intensifs.

Plus tard, James m'a dit qu'il avait quitté son corps après l'accident. Il s'est vu étendu sur le sol, presque mort, replié sur lui-même et saignant, mais il ne ressentait absolument aucune douleur. À la place, il se sentait libéré de toutes blessures et anxiétés qu'il avait déjà connues. Il a réalisé, dans cet état de paix, que ses aventures à motocyclette étaient uniquement une façon d'échapper à la misère, à l'inquiétude et à la solitude – et oui, à la peur de la mort. Il était si effrayé par la vie et si préoccupé par son décès futur qu'il s'était jeté dans de folles acrobaties pour s'étourdir.

Quand il s'est observé après l'impact, il était complètement détaché et soulagé de tout – une classique expérience aux frontières de la mort. Il a réalisé qu'il n'avait pas vécu sa vie, mais qu'il l'avait fuie. En retournant dans son corps, étant aéroporté à partir du fossé, toute la souffrance physique est venue s'effondrer sur lui, mais la douleur psychique, plus agonisante et plus profonde, avait disparu.

Cela a pris presque deux ans à James pour guérir physiquement de l'accident ; il est demeuré défiguré et il boitait de façon apparente. Mais il insiste sur le fait que son accident constitue le moment où il a commencé à vivre. Avoir survécu à cette épreuve avec une conscience non connectée à son ego ou à son corps lui a donné une sensation de paix que rien ne pourra troubler.

Il a subséquemment abandonné son envie de fuir la vie, et les motocyclettes. Il est tombé amoureux et s'est fiancé avec sa physiothérapeute, et il a commencé à témoigner, d'un bout à l'autre du pays, de ce qui lui était arrivé, enseignant aux gens qu'il y a de la vie au-delà de cette expérience terrestre.

L'histoire de James n'est pas unique. En Amérique seulement, il y a près de deux millions de cas documentés de gens qui ont eu des expériences aux frontières de la mort. Si le nombre est aussi élevé, c'est qu'il y a un plan universel qui permet d'accélérer notre progrès en ce qui concerne l'acceptation de la mort. Il est facile de ne pas tenir compte des histoires d'une poignée d'individus, mais il devient beaucoup plus difficile d'en ignorer la réalité quand des centaines de milliers en parlent.

Je suis reconnaissante de dire que j'ai vécu deux expériences personnelles face à la mort; elles m'ont mise en contact avec la vie au-delà du corps. La première s'est produite il y a vingt-cinq ans alors que j'étais étudiante en France. Un jour, j'ai développé une appendicite et une infection au rein. Ne sachant pas ce qui m'arrivait et vivant seule, je me suis étendue pour trouver un peu de soulagement; et je me souviens ensuite que j'étais à l'hôpital et que je sortais de la salle de chirurgie. Ne me voyant pas aller et venir depuis trois jours, ma propriétaire s'était rendue chez moi. Constatant mon délire, elle m'avait fait transporter de toute urgence à l'hôpital.

Tandis que mon corps était réanimé et mon appendice enlevé, j'étais dans une réalité altérée; je visitai alors ma grand-mère roumaine et plusieurs enfants qui m'ont fait rire, avec Charlie, mon professeur décédé. Je n'avais jamais été aussi détendue et heureuse de ma vie. Je ne voulais pas les quitter, alors que je reprenais tranquillement connaissance après ma chirurgie. J'ai été à moitié consciente pendant les deux jours qui ont suivi, essayant tout ce temps de retourner dans ce merveilleux endroit. J'étais frustrée de ne pas réussir. Mais, peu importe, ayant vécu cela, je ressentais aussi une profonde sensation de soulagement.

Au cours de ma deuxième expérience aux frontières de la mort, j'étais en voiture avec ma sœur et ma nièce quand nous fûmes heurtées par un autre véhicule ayant omis de faire un arrêt obligatoire. Au moment où nous avons été frappées, je suis sortie de mon corps. J'ai vu les deux automobiles, ma sœur, ma nièce coincée sur le siège arrière et moi-même écrasée par le coussin gonflable de sécurité… et encore, je me sentais libre. Puis, j'étais de retour dans mon corps, ma sœur me tirant hors de la voiture. J'ai été de nouveau plongée dans le drame et le brouhaha, me sentant comme si je me déplaçais sous l'eau.

Pendant que je récupérais, je continuais de réfléchir à ce qui venait de se produire. Ce qui m'a le plus impressionnée a été de réaliser à quel point ce fut calme et paisible au cours de ce voyage de l'esprit. Plusieurs jours plus tard, j'ai réalisé que ce calme venait du fait que j'étais libérée de ma propre pensée – mon ego. Ça a été le meilleur souvenir du fait d'être temporairement hors de mon moi physique.

Nous apprenons tous cette leçon, à notre propre façon, et en temps et lieux. Parfois, nous prenons conscience à travers une expérience directe – comme James et moi l'avons fait – que nous sommes des Êtres éternels illimités. Occasionnellement, d'autres âmes nous l'enseignent.

La mort est seulement une porte vers un autre niveau vibrationnel de l'existence spirituelle.

Récemment, lors d'un atelier que je donnais à Kansas City, j'ai rencontré une femme dont le fils de quatre ans était mort de façon subite un an plus tôt. Elle m'a expliqué que son fils lui avait dit, un lundi, ainsi qu'à son père et à son frère, qu'il irait au Ciel samedi. Il disait qu'il y avait des chevaux et des édifices bleus là-bas et que c'était si beau qu'il était impatient de s'y rendre.

N'étant pas une famille particulièrement religieuse ou l'une de celles qui discutent de la vie après la mort, les parents ne savaient pas trop comment réagir face à ces affirmations. De plus, il était un enfant parfaitement en santé et l'avait toujours été, mais sa conversation au sujet du Ciel s'est poursuivie toute la semaine. Vendredi, il a soudainement développé une forte fièvre. Pas trop inquiétés, ses parents lui ont donné du Tylenol et l'ont un peu surveillé, mais la température ne baissait pas.

Samedi, ils ont téléphoné à son pédiatre, qui les a avisés de se rendre au service des urgences pour une investigation plus poussée. Toujours sans être alarmés, ils l'y ont amené. Évidemment, une infection s'était installée durant la nuit, et, quatre heures après son hospitalisation, il est décédé.

La famille était dévastée… mais elle ne pouvait pas nier que le garçon lui-même avait dit qu'il allait partir et qu'il avait hâte.

Cet événement annonciateur a aidé les parents à traiter avec la mort un peu mieux. Aussi pénible qu'était la réalité, il était difficile de se sentir mal alors que leur fils était si ravi à l'idée de s'y rendre. Ma cliente a dit qu'elle n'avait pas encore accepté ce qui était arrivé, mais qu'elle brûlait maintenant d'envie d'utiliser son expérience pour aider d'autres parents, à savoir que, bien que leur enfant décédé ne soit plus physiquement présent, leur esprit continuait de vivre. Elle était tout juste en train de déterminer quelle serait la meilleure façon de le faire. Je lui ai recommandé d'écrire à ce sujet, et cela semblait avoir du sens pour elle.

Peu après, lors d'un atelier à Chicago, j'ai rencontré une femme qui avait vécu une expérience similaire. Son fils de vingt-quatre ans avait toujours été parfaitement en santé, mais il n'était pas heureux. Le monde le démoralisait et il disait qu'il se sentait « abêti » par la vie sur cette planète et qu'il ne pouvait pas vivre selon son véritable esprit. Il a annoncé à sa famille qu'il partirait, mais que ceux-ci ne devraient pas s'inquiéter, car il attendait cela avec impatience. Ne comprenant pas trop ce qu'il voulait dire, ils ont pensé qu'il planifiait peut-être un déménagement. Deux semaines plus tard, ils l'ont retrouvé mort naturellement dans sa chambre. Il était simplement allé dormir et ne s'était pas réveillé.

Le chagrin et la peine, bien qu'accablants pour la famille, ont été tempérés par le fait qu'il avait annoncé son départ, et qu'il était heureux en sachant qu'il partirait. Sa mère disait : « Je suis triste pour moi, mais heureuse pour lui. »

Occasionnellement, ces êtres qui sont passés à l'état d'esprit reviennent pour aider ceux qui sont plus coincés, qui craignent la mort et ne peuvent pas voir, sentir ou ressentir au-delà du voile du monde physique. C'est souvent profondément apaisant, réconfortant et rassurant, et cela vous soutient dans l'apprentissage de cette leçon de l'âme plus difficile.

Ma cliente Betsy a élevé Erwin, son unique fils, seule… jusqu'à ce qu'il parvienne aux études collégiales ; il était sur le point de joindre les marines quand sa voiture est restée piégée sur une voie de chemin de fer lors de la première journée qu'il la conduisait. Il fut frappé et instantanément tué par un train.

Incroyablement affligée, elle ne pouvait plus manger, dormir ou même parler, trop accablée par sa perte. Cela a duré deux semaines, jusqu'à ce qu'une nuit, pendant qu'elle était dans un état de rêve, à moitié éveillée et à moitié endormie, elle a vu Erwin avec sa toge et son mortier de graduation, arborant un large sourire. Il s'est approché et lui a dit : « M'man, cesse de pleurer. J'ai obtenu mon diplôme et maintenant, je continue mon chemin. »

Il était si clair, rayonnant, et, de toute évidence, heureux là où il était, qu'elle ne pouvait plus pleurer.

– J'ai réalisé, a-t-elle dit, à quel point j'étais convaincue que le meilleur endroit pour vivre était dans ce monde. Sa visite m'a convaincue qu'il y a quelque chose de plus. L'ayant vu, je sens maintenant qu'il est bien et qu'il a complété son voyage terrestre ; donc je me sens bien.

Aussi difficile que fut la mort d'Erwin pour Betsy, elle a aussi acquis quelque chose. Toute sa vie, son fils avait été son unique attention. Après sa mort, elle a écrit un livre et elle enseigne et encourage maintenant les autres à être reconnaissants pour la vie, et à faire plus que seulement la subir.

– Erwin est avec moi, a-t-elle dit. Je sens son esprit partout où je vais, et il me réconforte et me rend plus forte.

La mort physique est une réalité de la vie. Toutefois, l'esprit de chacun est éternel. Sans cette compréhension, vos journées deviennent une course effrayante contre la montre et de triomphe contre la chance. Il y a une grosse différence entre essayer seulement d'éviter la mort et de profiter réellement de la vie. En essayant d'échapper à la mort, vous

vous refusez de vivre. Vous pouvez vous libérer de cette illusion angoissante en remarquant le cycle de la mort et de la renaissance dans toute chose.

Dans mon expérience en tant que travailleuse de l'âme et d'enseignante depuis plus de trente ans, j'ai observé des milliers de façons où l'Univers nous enseigne cette leçon. À travers la maladie, les accidents, le suicide, le vieillissement ou les causes naturelles, le corps physique et l'ego meurent. Ce n'est jamais facile à accepter, et il est toujours nécessaire de pleurer face à la perte, mais c'est anormal lorsque nous ne l'abordons pas ou ne cherchons pas à comprendre la fin de notre vie comme étant une étape normale de l'évolution de notre esprit.

Remarquez ce qui vit ou meurt dans votre univers dès maintenant. La mort physique est seulement un aspect de ce cycle. Toutes les choses voyagent à travers le Cycle de la vie. À tout moment, certaines naissent, tandis que d'autres s'éteignent.

Je vois en ce moment même ce cycle qui tourne, alors que ma fille aînée se prépare à rentrer au collège. Je me retrouve parfois submergée par la vitesse à laquelle les années se sont écoulées, et je me demande où mon bébé, mon enfant et même mon adolescente sont passées. Cela me rend triste, et je m'interroge à savoir si j'ai manqué quelque chose, ou si j'ai perdu du temps précieux et limité, où je l'avais pour moi seulement.

Et encore, je suis également exaltée au sujet de son envol dans le monde, et excitée d'être témoin de sa confiance et de son enthousiasme. Je brûle d'anxiété, alors qu'elle se prépare à partir. Tout est bon – à la fois la fin d'une phase et le début d'une autre.

J'ai encore été consciente du cycle de la vie et de la mort la semaine dernière après avoir visité mes parents et célébré le soixante-quinzième anniversaire de naissance de ma mère. Dans mon esprit, ma mère et mon père, que j'aime profondément, sont toujours jeunes, donc lorsque j'ai imprimé une photo que j'avais prise d'eux avec ma caméra digitale, j'ai été surprise de voir à quel point ils paraissaient vieux. J'ai été immédiatement saisie de reconnaissance qu'ils soient tous deux en vie, en bonne santé et sains d'esprit, et que j'aie un lien aussi merveilleux avec eux.

Mais, regardant leurs doux visages ridés, j'ai aussi été dévastée par la conscience que je ne les aurais pas éternellement sous cette forme ; j'ai alors immédiatement voulu retourner à Denver pour simplement les serrer dans mes bras et les embrasser une fois de plus pendant que je le pouvais encore.

Laisser aller le moi physique et l'ego vous libère des restrictions du plan terrestre et vous affranchit de vos limites. Alors que le corps vieillit, il fonctionne moins efficacement. Tout comme vous aimez troquer vos voitures usées pour de meilleurs et nouveaux modèles, ainsi votre esprit aime se déplacer dans des véhicules récents et plus énergiques.

La mort conduit aussi à une nouvelle naissance. Les feuilles tombées nourrissent les plantes en fleurs, et nos vies précédentes et actuelles nourrissent les générations présentes et futures. Peu importe comment vous vous débattez pour éviter cette leçon, elle — tout comme les autres — peut seulement être apprise en la vivant.

– Nous pensons que c'est la pire chose que nous ayons à affronter, disait l'une de mes clientes qui a perdu son mari dans la tragédie du World Trade Center le 11 septembre 2001, mais, miraculeusement, vous passez à travers.

– Cela devient plus facile lorsque vous acceptez que la vie continue et que vous croyez que l'âme des gens change de forme et continue de vivre, disait une mère dont le fils de vingt-trois ans a

été tué en Iraq. Au moins, en comprenant cela, nous pouvons nous connecter les uns aux autres.

– C'était mon pire cauchemar devenu réalité, disait la jeune épouse d'un policier qui a été atteint d'un coup de feu et est mort dans l'exercice de ses fonctions. Mais le matin même de sa mort, il a dit qu'il aimait sa vie et qu'il se sentait tellement heureux d'aller travailler. Je sais qu'il est mort en faisant ce qu'il aimait.

Même en écrivant ceci, je regarde par la fenêtre alors que les feuilles du catalpa de la cour avant tombent dans le froid de l'automne. J'écoute les ouvriers que mon mari Patrick a engagés pour réparer notre vieille véranda pendant que ceux-ci jurent contre le bois pourri et le coupent. Je peux voir mon voisin qui court après son nouveau chiot, un Labrador, avec sa fille de deux ans le suivant derrière.

Plus vous y regarderez de près, plus vous verrez qu'il n'y a pas de réelle séparation entre la vie et la mort. Elles reflètent seulement différents états de votre être, de ce que vous dégagez et de ce que vous devenez.

Bien qu'accepter la nature limitée du moi physique est la plus effrayante de toutes les leçons, en réalité, elle est la plus libératrice. Quand votre but principal n'est plus d'échapper à votre éventuel décès, mais plutôt de faire la paix avec lui, vous pouvez finalement commencer à vivre courageusement.

Maintenant, vous pouvez appliquer cette leçon.

– Si vous ne pouvez même pas penser à la mort parce que cela vous effraie trop ; que vous devenez déprimé et sensible chaque fois que vous entendez qu'une personne est décédée ; que vous refusez de parler de ce sujet et êtes en colère quand les autres le font ; ou que vous pleurez à la pensée de perdre des gens, même lorsqu'ils sont vivants et parfaitement en santé… alors, vous êtes un **étudiant** dans l'apprentissage de cette leçon.

– Si vous acceptez que le corps est temporaire, mais que vous êtes continuellement consterné ; que vous pensez à des façons de demeurer perpétuellement jeune et d'éviter la mort ; que vous fuyez les images de fin de vie en remplissant vos journées avec de folles activités ; ou que vous entretenez secrètement un souhait de mort et, par conséquent, adoptez des comportements nuisibles... vous êtes alors un **apprenti**.

— Si vous commencez à voir au-delà du physique et savez que l'esprit est immortel ; que vous songez aux vies passées et que vous vous les remémorez même ; que vous croyez que l'âme a complété un cycle quand le corps meurt ; que vous appréciez le Cycle de la vie sans être trop sentimental ; ou que vous recherchez de nouveaux commencements quand les choses prennent fin... alors, vous êtes un **compagnon**.

— Si vous avez fait face à la mort et n'êtes plus effrayé ; que vous avez une appréciation pour la désagrégation de toute chose et pour les nouveaux départs, en les accueillant plutôt qu'en vous accrochant au passé ; que vous savez que vous avez eu de précédentes vies et que vous vous en souvenez même ; ou que vous communiquez confortablement avec le royaume de l'esprit... alors, vous êtes sur la voie de **maîtriser** cette leçon.

Si vous êtes un **étudiant**...

- Étudiez la nature, et remarquez ses cycles de vie et de mort.
- Parlez de votre peur de la mortalité physique avec un conseiller spirituel qualifié.
- Faites une liste des gens et des choses qui sont morts dans votre vie, et comment ces fins ont comblé ou affecté votre existence présente.

- Parlez à l'esprit de ceux qui sont décédés et demandez-lui de vous laisser connaître qu'ils vont bien.
- Demandez à votre Moi Supérieur de dissiper vos anxiétés.

Si vous êtes un **apprenti** dans cette leçon…

- Recherchez des exemples d'où et comment la vie prévaut.
- Tenez un journal de vos sentiments à propos de la mort et des choses dans votre monde qui sont prêtes à mourir.
- Notez et discutez avec d'autres personnes des cycles de votre vie qui tirent à une fin, des nouveaux qui commencent, et du bon qu'ils apportent.
- Passez du temps avec ceux que vous chérissez et ne prenez rien pour acquis.

Si vous êtes un **compagnon** dans cette leçon…

- Demandez à ceux que vous aimez qui sont décédés de communiquer avec vous d'une manière quelconque.
- Référez-vous à vous-même pendant la prochaine semaine en tant qu'être divin, utilisant des phrases, telles que « mon esprit dit ».
- Demandez-vous ce qui, dans votre vie, essaie de mourir ou de s'insuffler d'une nouvelle énergie.

- Parlez ouvertement avec les autres de la mort, de la réincarnation et de vos propres vies passées et des leurs, jusqu'à ce que la conversation devienne confortable.

Si vous êtes sur la voie de **maîtriser** cette leçon…

- Partagez avec les autres chaque mort positive et chaque expérience vécues aux frontières de la mort.
- Gardez un journal de toute vie antérieure que vous sentez que vous avez eue.
- Priez Dieu, et demandez à votre Moi Supérieur de continuer à amincir le voile entre ce plan et le prochain, et de vous révéler votre nature immortelle.

La leçon de votre âme
Acceptez la mort.

Le but de votre âme
Vivre sans peur.

Leçon de l'âme # 15

Acceptez les tests de la vie

Votre âme progresse vers la maîtrise en faisant face aux expériences de la vie. Celles-ci vous aident à tempérer vos réactions humaines et développent celles plus spirituelles. Elles apparaissent sous la forme d'épreuves, de déceptions, de révélations, de bouleversements, de soucis, de pertes et même de préjudices ou de maladies.

Il est facile de croire que vous êtes une âme immortelle divine lorsque tout se passe conformément à vos volontés et à vos désirs. Il est plus difficile de vous rappeler le but et le pouvoir de votre être intérieur et de demeurer branché et centré à votre Moi supérieur quand la vie devient exigeante. C'est seulement lorsque vous confrontez toutes les situations avec grâce, patience et amour que vous trouvez votre force et votre liberté ultimes, et que vous grandissez pour vivre en harmonie avec votre plus grande Conscience.

Les tests ne sont pas là pour vous tourmenter, mais pour vous emmener vers la maîtrise de votre âme. Ils vous aident à mesurer votre compréhension spirituelle et à noter votre progrès. Par exemple, pour passer d'un degré à un autre à l'école, on vous donne des examens que vous devez réussir. De façon similaire, pour obtenir un permis de conduire, votre connaissance est évaluée, et vous devez démontrer votre compétence sur la route pour assurer votre sécurité, ainsi que celle des autres.

Dans ces situations, les tests auxquels vous êtes confronté ne sont pas destinés à vous tourmenter ou à vous contrarier; ils sont là pour vérifier qu'il n'y a rien d'essentiel dans le processus éducationnel que vous avez omis de regarder ou que vous avez mal compris. Ils sont là dans votre intérêt, pour assurer votre progrès. Par exemple, s'il vous manque la connaissance nécessaire de l'algèbre, vous n'aurez pas les outils pour réussir en trigonométrie et aurez, par conséquent, à retourner aux études et à corriger vos faiblesses avant de continuer.

La même chose est vraie pour votre courbe d'apprentissage sacrée. Alors que vous vous déplacez à travers la salle de cours de la vie, vous rencontrez un flot infini de tests pour accroître votre Sagesse intérieure. Les épreuves ne sont pas une menace, bien que cela puisse vous en donner l'impression quand vous êtes au beau milieu de l'une d'elles. Ces défis sont uniquement en place pour vous aider à assurer votre progrès spirituel et à atteindre votre but. Vous pouvez ensuite devenir conscient des faiblesses et des forces de votre âme, et travailler à développer les secteurs qui requièrent davantage de croissance.

Dernièrement, j'ai fait une lecture pour Amy, une cliente qui faisait face à un examen divin important. Une jeune femme de vingt-quatre ans, mère d'un jeune enfant de deux ans, d'un bambin de neuf mois, et épouse d'un mari militaire servant en Iraq, a perdu sa maison et tout ce qu'elle possédait lorsque l'ouragan Katrina est passé au-dessus de la Côte du Golfe du Mississipi en août 2005.

Dévastée, évacuée et seule, elle a été forcée de se rendre à la maison de ses parents alcooliques dans le New Jersey pour s'y abriter. Le lendemain de son arrivée, sa mère et son père se sont disputés, et sa mère a flanqué son père à la porte et a demandé le divorce. Prise dans un autre type d'ouragan et trop traumatisée pour négocier avec leurs problèmes, Amy a rapidement plié bagage avec ses enfants, une fois de plus, et a cherché refuge chez sa belle-famille dans l'Alabama.

Bien que très attentifs envers elle et ses enfants, ses beaux-parents n'avaient rien à leur offrir, hormis le toit au-dessus de leur tête, puisqu'ils survivaient à peine eux-mêmes. En effet, son beau-père avait récemment subi une crise cardiaque, et sa belle-mère souffrait d'un cancer des ovaires et suivait des traitements.

Lorsque Amy m'a téléphoné, elle était paniquée, émotionnellement épuisée et effrayée.

– Pourquoi cela m'arrive-t-il ? pleurait-elle. Je ne passerai pas au travers ! Est-ce que cela va finir un jour ?

Mon inspiration m'a fait voir une perspective bien différente, et je l'ai invitée à la prendre en considération.

– En dépit des apparences, la vie n'essaie pas de vous épuiser, Amy, l'ai-je assuré. Vous êtes simplement confrontée à une certaine épreuve douloureuse parce que vous avez très hâte d'élever votre âme dans cette vie. Vous avez subi plusieurs pertes, et je sais qu'elles ont été dévastatrices, mais que croyez-vous qu'il se cache derrière tout ceci qui puisse finalement servir votre esprit ? lui ai-je demandé, l'encourageant à déplacer son attention de la catastrophe vers l'opportunité.

Elle est restée silencieuse pendant un moment, puis a répondu :

– Je viens tout juste d'affronter ma plus grande peur, soit celle de n'avoir rien ni personne sur qui compter. Bien que j'aie dit que je ne passerais pas au travers, je m'aperçois que non seulement je peux survivre à ces épreuves, mais que je suis plus solide que je ne le croyais. N'ayant personne à qui faire appel, j'ai dû me tourner vers l'intérieur et, étonnamment, j'ai trouvé là une force dont j'ignorais l'existence. Même si cela a été difficile, je suis certaine que je parviendrai à m'en sortir.

– Vous voyez, Amy, vous passez un test très difficile, lui ai-je dit. En confrontant ce qui vous faisait le plus peur au niveau spirituel, vous constatez – peut-être pour la première fois de votre vie – que vous êtes forte et compétente, spécialement si vous comptez sur Dieu pour vous sortir de là. Vous n'avez pas à avoir peur. Vous vous débrouillez bien.

– Vous avez raison, a-t-elle répondu. C'est juste mon habitude d'être si paniquée et d'exploser. La vérité, c'est que j'y fais face plutôt bien, si je peux dire.

– Non seulement êtes-vous capable de gérer tout ceci merveilleusement, ai-je continué, mais vous réussissez également à réaliser le désir secret de votre âme afin de devenir une femme solide et confiante. Dans les deux derniers mois, les circonstances vous ont obligée à prendre le contrôle de votre vie et à vous faire confiance. Bien que le processus ait été incroyablement difficile, votre réussite a été tout aussi grande. Vous avez affronté les pires pertes et vous vous en êtes sortie plus forte. En plus, vous avez l'impression d'avoir tout perdu, alors qu'en fait, l'Univers vous a donné une chance de créer quelque chose de mieux.

Elle dit :

– C'est vrai. À cause de ces problèmes, la période de service de mon mari a été écourtée et il va revenir à la maison plus tôt que prévu. Il m'a dit qu'il avait été posté à San Diego, là où nous avons toujours voulu vivre, et nous aurons de l'aide pour nous installer à notre arrivée. En gros, c'est même mieux qu'avant.

Peu importe ce qui arrive, acceptez-le sans sourciller, et reconnaissez-le comme une partie de votre programme divin qui élèvera votre âme. Lorsque vous êtes dans l'œil des tempêtes de la vie, toutes les choses vous semblent personnelles. Toutefois, avec du recul et de l'objectivité, vous commencerez à voir plus clairement comment une épreuve peut simplement modeler votre âme.

Une expérience ou un épisode difficile n'est pas une indication que vous avez en quelque sorte échoué un test ou que vous méritez ce qui vous arrive. Cette notion se retrouve dans la croyance erronée qu'il y a un être tout-puissant capricieux qui est prêt à vous punir aussitôt que vous faites des erreurs. Ceci est un vestige de la confusion patriarcale et ce n'est pas la vérité.

Dieu est amour et seulement amour, et vous êtes toujours dans Son cœur. Le Créateur ne vous abandonne jamais ni ne vous juge — vous vous abandonnez et vous vous critiquez par vous-même. Vous jouez à cache-cache avec Dieu en croyant que vous pouvez échapper à Sa sainte Présence, alors qu'en fait, vous ne le pouvez pas. Vous êtes toujours entouré et chéri par l'Esprit infini.

Vos défis dans la vie ne sont pas une revanche divine d'un Créateur jaloux qui ne vous aime pas ou n'aime pas ce que vous avez fait. Ils sont simplement des indications que vous avancez le long de la courbe d'apprentissage de votre âme. Vous ne faites pas face aux difficultés comme une punition ; vous les attirez parce que vous vous déplacez vers le niveau de compréhension suivant de votre nature sacrée.

Le mois passé, j'ai fait une lecture psychique pour une cliente qui était plus que prête à entreprendre quelques-uns de ses tests de l'âme. Étant une femme hautement dévouée qui avait fait partie d'un groupe spirituel avec son mari pendant plus de trente ans, elle méditait sur une base régulière ; deux jours par semaine, elle faisait du bénévolat dans un refuge pour femmes maltraitées ; de plus, pendant plus de quinze ans, elle avait enseigné la danse, la prière et la méditation aux enfants.

Tout ceux qui la connaissaient étaient d'accord pour dire qu'elle était presque une sainte et s'émerveillaient de sa belle et affectueuse nature. Elle aussi sentait qu'elle était sur la bonne voie, et était satisfaite de la manière qu'elle vivait sa vie.

C'était vrai jusqu'à ce que, en l'espace de six mois, tous ces malheurs lui arrivent : mariée depuis vingt-six ans, son mari la quitte pour une femme plus jeune faisant partie de leur groupe spirituel ; son fils est arrêté pour avoir maltraité sa femme et il écope d'une sentence de dix-huit mois de prison ; elle reçoit le diagnostic d'un cancer utérin. C'est à ce moment-là que nous nous sommes rencontrées.

— Pourquoi tout cela m'arrive-t-il ? a-t-elle pleuré après s'être assise dans mon bureau. J'ai été bonne ! J'ai été spirituelle et altruiste. Quelles choses horribles puis-je avoir faites dans le passé pour justifier toute cette douleur et cette souffrance ?

Sanglotant hystériquement, elle a continué :

– Dites-moi, Sonia, ai-je été un monstre dans une vie antérieure ? Quoi d'autre pourrait expliquer pourquoi je mérite tout ceci ?

Sa question révélait une erreur fondamentale de perception, et celle-ci dirigeait secrètement tous ses choix. Elle croyait que ce que nous obtenions ou que ce qui nous arrivait était basée sur notre bonté ou notre méchanceté.

La vérité est que nous ne sommes ni des saints ni des pécheurs. Nous sommes des enfants de Dieu, sacrés et faits d'amour. Le voyage de notre vie est dicté par notre âme pour nous aider à apprendre. Le Créateur nous assiste en donnant son consentement à ce programme et en établissant des tests que nous devons réussir afin de progresser.

Comme je le fais avec tous mes clients, je lui ai expliqué que sa souffrance et ses épreuves n'étaient pas une revanche pour ses péchés passés, comme elle le craignait, mais plutôt une opportunité lui étant donnée par Dieu pour grandir davantage. Si elle acceptait cela, elle apprendrait à cesser de vivre dans la peur, donnant trop à son propre détriment, et étant si dure envers elle-même par le biais de ses pratiques spirituelles trop rigides.

Bien qu'elle fût mariée pendant des décennies et dévouée à son époux et à son fils, ni l'un ni l'autre de ces hommes n'étaient affectueux, gentils ou reconnaissants envers elle ni ne l'avaient été depuis plusieurs années. Son mari l'avait trompée à plusieurs reprises au fil des années, mais ne l'avait jamais quittée. Son fils adulte avait fréquemment été physiquement violent et exigeant, et l'avait même attaquée une fois ou deux. Bien que cette situation fût douloureuse à accepter, elle était libérée de ce mauvais traitement à travers les récents événements. Dieu l'invitait à apprendre à s'aimer et à se respecter, de la même manière qu'elle avait chéri et respecté chacun. Son cancer était à un stade assez précoce pour qu'elle ait une bonne chance de survie et même de compléter une rémission.

Rien de ce qu'elle avait affronté n'a été placé devant elle comme une punition. À la place, ses difficultés lui ont été données comme une opportunité pour cesser de se détruire, et pour développer sa capacité d'aimer encore davantage. Elle avait déjà maîtrisé les leçons de l'âme en ce qui concernait l'aide inconditionnelle envers les autres, comme elle l'avait prouvé par sa dévotion et son service pour tant de gens depuis si longtemps.

Elle suivait maintenant les indications d'une nouvelle route vers le respect illimité envers elle-même*. C'était un secteur de croissance encore plus difficile parce qu'elle en faisait la découverte, mais, en fin de compte, cela lui apporterait la plus grande paix et la plus grande récompense.*

Calmée et rassurée du fait qu'elle n'avait pas mérité ceci, comme elle le craignait tout d'abord, elle a souri, puis ri.

– Honnêtement, a-t-elle confessé dans un pur soulagement, ma première réaction, à la fois au sujet de mon mari me quittant et de mon fils allant en prison, a été « Bon débarras ! » Ils étaient tous deux aussi centrés sur eux-mêmes qu'ils pouvaient l'être, et ils ne me manquent pas. J'étais plus embarrassée par leur comportement que par toute autre chose, et je pensais que cela avait de mauvaises incidences sur moi.

– Et quant au cancer… même cela me parlait. Après avoir surmonté le choc, ma première pensée a été : Au moins, maintenant, j'ai une excuse pour prendre soin de moi*. Et peut-être parce que je médite depuis très longtemps, ma voix intérieure m'a certifié que je récupérerais bien. Je sais que j'irai mieux – je ne voulais simplement pas décevoir Dieu ou me sentir comme une mauvaise fille. Maintenant que je vois tout ceci comme un test pour faire grandir mon âme, je suis soulagée. Je dois même admettre que je me sens mieux en général grâce à tout ceci.*

Les gens acceptent leurs épreuves et se tournent vers Dieu pour obtenir son aide et une direction beaucoup plus facilement et rapidement lorsqu'une crise mondiale se produit que lorsqu'ils font face à des soucis personnels. C'était évident après les attaques terroristes du 11 septembre en 2001, et encore suite au tsunami de décembre 2004. Vous en avez encore été témoin quand les ouragans de 2005 se sont abattus sur les états du Golfe du Mexique aux États-Unis, et même lors de l'important tremblement de terre au Pakistan le 8 octobre 2005.

Vous avez immédiatement reconnu ces catastrophes comme étant de grands obstacles à surmonter. Vous vous êtes regroupés dans la prière et — du moins jusqu'à un certain point — avez même travaillé ensemble dans l'amour et le service pour apaiser ces situations. En quelque sorte, vous saviez intuitivement que les Forces divines étaient au travail et qu'elles vous abandonnaient humblement à une plus grande sagesse.

Ces événements extrêmes sont souvent beaucoup plus faciles à accepter que ceux qui sont de moindre importance parce qu'ils évoquent une grande compassion et un grand soutien. Le cœur des gens s'ouvrent lors de grandes crises — au moins temporairement — ; vous expérimentez donc un élan d'amour accompagnant certaines difficultés.

Mais les épreuves de l'âme ne sont pas toujours administrés à la grandeur de la planète. En fait, les petites choses sont souvent celles qui sont les plus difficiles — les affronts, les indignités et les irritants quotidiens auxquels vous faites face. Ces situations sont aussi des examens spirituels qui se présentent à vous avec une opportunité d'élargir votre Être intérieur.

Mon professeur, le docteur Tully, m'a un jour laissé entendre que chaque personne était soumise à pas moins d'une douzaine de tests par jour pour faire grandir son âme. Il est libre à chacun de reconnaître ces opportunités dans le but de réussir grâce à elles.

Par exemple, il est facile d'être gentil et affectueux envers une personne à l'église ou au temple, ou d'être doux et soumis avec nos amis lors d'une fête ou d'un rassemblement social — c'est ce à quoi on s'attend. Mais que fait-on lorsque personne ne nous regarde ?

J'ai connu une thérapeute spirituelle que j'admirais et que je croyais être l'exemple même de la grâce et de la dignité. Elle était calme, patiente, tolérante et très intelligente, et je l'ai trouvée très aidante lors d'une période très difficile de ma vie. Elle était si efficace que je lui référais souvent mes clients quand ils étaient confrontés à des difficultés ou nécessitaient une supervision ou un soutien.

Je lui ai référée une jeune mère célibataire avec trois petits garçons. Stressée et atterrée, elle avait besoin d'encouragement et d'un conseil maternel pour voir clair à travers un épisode particulièrement difficile. Elle respectait grandement cette thérapeute et la rencontrait sur une base hebdomadaire.

À un moment donné, cette cliente m'a appelée, clairement vexée. Elle avait fait des courses avec ses garçons plus tôt cette journée-là, et, alors qu'elle déposait ses sacs dans le coffre de sa voiture, un autre conducteur recula dans son véhicule en fracassant l'avant de ce dernier et s'enfuyant ensuite à toute allure. Elle n'avait pas pu prendre en note le numéro de la plaque d'immatriculation, mais quelqu'un d'autre dans l'aire de stationnement l'avait fait et le lui avait donné.

Affolée par les dommages et n'ayant pas l'argent pour les faire réparer – sans mentionner qu'elle était furieuse après le chauffard – elle s'est rendue au poste de police et a rempli un rapport. À sa surprise, elle a découvert que la propriétaire de l'autre automobile était sa conseillère.

– Voilà un comportement calme et spirituel, m'a-t-elle dit. Elle avait plutôt une autre personnalité lorsque personne ne la regardait.

Cette erreur a coûté plus cher à la réputation de la thérapeute qu'à son portefeuille. Elle avait échoué à l'un de ses tests de l'âme.

Ceci n'est pas pour laisser croire que nous n'avons pas nos moments plus ou moins brillants. Nous en avons tous. Après tout, une partie de l'être humain est d'être… eh bien, humain ! Nous pouvons être assez irritables, impatients et rudes par moments. C'est ce que nous faisons avec cette énergie qu'est le défi.

Vous ne pouvez jamais vraiment vous défiler en ayant un comportement plus ou moins aimable à l'égard de quelqu'un – même envers vous-même. Le maître enseignant et grand avatar Jésus-Christ l'a bien dit : « Ce que vous faites aux plus petits d'entre les miens, c'est à moi que vous le faites. »

Quand vous maltraitez une autre personne, non seulement vous manquez de respect et blessez son Être intérieur, mais vous nuisez et avilissez également le vôtre. Vous pensez peut-être que vous pouvez vous en dérober, spécialement si personne ne vous a vu, mais vous compromettez votre intégrité et sacrifiez votre grâce et votre dignité lorsque vous dépréciez quelqu'un d'autre ou êtes méchant envers vous-même.

Tous les humains ont un côté sombre — le voleur, l'intimidateur, le tyran mesquin, le manipulateur et l'abuseur, pour ne nommer que ceux-là — ; spécialement lorsque vous discutez avec ceux que vous imaginez être meilleurs ou moins importants que vous. À un niveau spirituel, il n'y a pas de hiérarchie d'importance. Tous les esprits sont également précieux. Toute autre perception est erronée et vous limite. Quand vous êtes tenté de juger une autre personne, reconnaissez-la comme représentant une épreuve vous étant offerte par votre Moi supérieur comme une occasion d'élargir votre conscience du seul Esprit divin partagé.

Votre examen peut se présenter lorsque vous vous faites accoster par un sans-abri en état d'ivresse, qui vit dans un abri de fortune et qui quête de l'argent. Ou il peut surgir quand un jeune conducteur arrogant vous coupe le chemin et se précipite impatiemment devant vous. Il peut arriver quand vous rencontrez un nouveau vendeur ne pourant répondre à vos questions alors que vous êtes en retard ; ou il peut se produire avec un serveur qui confond votre commande, pas seulement une fois, mais deux fois, et vous surfacture par la suite.

Comment faites-vous face à ces épreuves de l'âme ? Êtes-vous patient, gentil et tolérant ? Ou êtes-vous impatient, injurieux et rude ? Il n'est pas important de savoir qui vous observe. Vous connaissez la vérité.

Chacune de ces épreuves est placée sur votre chemin pour vous donner une chance de faire preuve de plus d'amour et de tendresse. Quelques-unes sont plus faciles à surmonter que d'autres. Plus quelque chose est difficile, plus votre âme est avide de grandir et de passer au niveau suivant. Acceptez tous les moments difficiles avec grâce et dignité, sachant que ce sont des tests et des cadeaux de Dieu.

Je viens tout juste de passer quatre jours dans un magnifique centre de santé à Tucson en Arizona, enseignant cette leçon à un auditoire de quatre-vingts personnes. J'ai insisté sur le besoin de mettre en pratique l'amour inconditionnel et d'accepter chacune des difficultés de la vie comme une opportunité d'élever l'âme avec facilité et patience, sachant que le Créateur travaille avec nous vers notre maîtrise. C'était plutôt facile à expliquer et j'ai parlé comme une vraie experte. Mais un après-midi, lorsque le cours fut terminé, j'ai eu la chance d'appliquer ce que je venais d'enseigner devant plusieurs de mes étudiants.

La première épreuve s'est présentée lorsque je me suis rendue au spa pour mon bain de boue de quatre-vingts minutes, gratuit et bien mérité – comme je le croyais –, que j'attendais depuis trois mois, depuis qu'il m'avait été offert comme faisant partie de ma rémunération. Quand je me suis présentée à la réception pour m'enregistrer, plusieurs étudiants de mon cours étaient présents. À ma surprise, la personne en service m'a dit que je n'avais aucune réservation. Irritée, mais consciente que j'étais observée, j'ai souri et j'ai gentiment insisté pour qu'elle vérifie à nouveau.

Elle m'a répondu d'un ton sec qu'elle avait déjà vérifié et que je m'étais trompée. J'ai répliqué que j'avais une lettre de confirmation pour cette séance.

– Allez la chercher, a-t-elle dit sèchement, et montrez-la-moi.

J'ai rapporté la note de ma chambre, plus exaspérée puisque dix minutes de mon traitement étaient maintenant écoulées. Elle y a jeté un coup d'œil, a regardé son ordinateur une fois de plus, et a ensuite déclaré :

– C'est une erreur. Vous n'avez toujours pas de réservation.

Et elle s'est tournée vers un autre client.

Consciente que j'étais maintenant observée par au moins dix de mes étudiants, j'ai patiemment demandé :

– Donc, ceci signifie que je n'aurai aucun traitement ?

– En fait, oui, a-t-elle répondu, sans un brin de remords ou d'intérêt pour mes sentiments.

Elle retourna une fois de plus à son travail.

La fixant du regard avec incrédulité et pensant : « Ne sais-tu pas qui je suis ?» Toutefois, sachant que j'étais surveillée de près, j'ai calmement dit :

– Alors, en tant que professeure de ce large groupe, je n'ai pas de chance ?

– C'est pratiquement cela, a-t-elle rétorqué, n'étant même pas intéressée à démontrer un semblant de regret.

Voulant vraiment m'emporter contre elle, je me suis néanmoins retenue, sachant que je ne pouvais pas céder à mon ego après avoir dit à ma classe de manœuvrer la vie avec grâce. Manifestement, l'Univers s'amusait avec moi. J'ai simplement souri et dit :

– D'accord.

Je savais que c'était ma leçon pour la journée – la charmante façon de Dieu de me donner l'occasion de pratiquer ce que je prêchais.

Plutôt que d'être résistant, indigné ou craintif lorsque confronté à une difficile situation, reconnaissez-la comme une indication que votre âme est prête à grandir. Rencontrez vos épreuves avec courage et sachez qu'il ne vous est jamais demandé quoi que ce soit pour lequel vous n'êtes pas préparé. De plus, vous n'avez jamais à entreprendre seul n'importe quel test. Faites appel à vos guides, vos aides angéliques et votre Moi Supérieur pour vous aider à naviguer à travers toute difficulté qui se présente. Demandez de l'aide et soyez ouvert à la recevoir, puisqu'elle est disponible à tout moment.

De grands et petits défis seront mis sur votre chemin chaque jour. Certains, que vous réussirez, et d'autres, non — du moins pas du premier coup. Ne vous tracassez pas, parce qu'il y aura beaucoup d'autres examens spirituels et opportunités de grandir sur votre route. Ils ne cesseront jamais. C'est la raison de votre venue sur ce plan terrestre. Il n'y a pas de meilleure façon de comprendre la raison d'être de votre âme. Ce ne sont pas les tests qui importent ; c'est la grâce avec laquelle vous les acceptez et y faites face qui compte.

Maintenant, vous pouvez appliquer la leçon.

— Si vous prenez personnellement chaque épreuve ou chaque chagrin auxquels vous faites face ; que vous craignez de mériter ce qui vous arrive ; que vous vous comportez gentiment uniquement lorsque vous êtes observé ; que vous laissez votre ombre régner sur votre vie ; ou que vous êtes irritable et impatient la plupart du temps... alors, vous êtes un **étudiant** dans l'apprentissage de cette leçon.

— Si vous réagissez de manière excessive, paniquez ou vous mettez en colère lorsque vous éprouvez des difficultés ; que vous vous effondrez devant la peur ou agissez par revanche quand les choses ne fonctionnent pas comme vous le voulez ; que vous vous demandez : « Pourquoi cela m'arrive-t-il ? » quand l'Univers vous prend à contre-pied ; ou que vous passez beaucoup trop de temps à penser à des événements négatifs... vous êtes alors un **apprenti**.

— Si vous n'interprétez pas exagérément les événements et répondez calmement lorsque les situations vont de travers ; que vous voyez la corrélation entre ce que vous prêchez et ce que vous faites réellement et que vous vous efforcez de les garder en harmonie ; que vous vous comportez avec gentillesse même lorsqu'il n'y a pas d'auditoire qui vous regarde ; ou que vous reconnaissez que ce n'est pas ce qui arrive, mais plutôt la manière dont vous y répondez qui importe... alors, vous êtes un **compagnon.**

— Si vous voyez tous les événements — qu'ils soient bons ou mauvais — comme Dieu qui fait grandir votre esprit ;

que vous regardez chaque situation difficile qui se présente comme une indication que votre âme est entrée dans une autre courbe d'apprentissage ; que vous acceptez les difficultés calmement, ou que vous regardez vos émotions et les gardez sous contrôle même lorsque vous êtes mis à rude épreuve… alors, vous êtes sur la voie de **maîtriser** cette leçon.

Si vous êtes un **étudiant**…

- Prenez du recul et quelques bonnes respirations avant de réagir à une épreuve ou à un bouleversement.
- Ne prenez rien de ce qui vous arrive de façon personnelle, même si cela se profile comme si quelqu'un ou quelque chose essayait de se venger.
- Voyez chaque problème comme un test.
- Souvenez-vous que vous êtes préparé pour chaque examen spirituel auquel vous faites face.

Si vous êtes un **apprenti**…

- Tournez votre vie vers votre Moi Supérieur chaque matin et demandez-lui de guider votre journée.
- Concentrez-vous à rester bien ancré et calme à travers toute difficulté émotionnelle, physique ou mentale en utilisant la respiration profonde, les étirements et la prière.
- Voyez le bon côté des choses dans les difficultés passées et recherchez aussi les aspects positifs des épreuves présentes.

- Pratiquez la méditation et le détachement sur une base quotidienne afin que, lorsqu'une épreuve se présente, vous ayez l'expérience d'être calme.

Si vous êtes un **compagnon**...

- Voyez les défis comme une indication que votre âme évolue.
- Recherchez une opportunité dans chaque situation ou chaque crise difficile.
- Demandez à Dieu de vous guider avec grâce à travers chaque moment de chaque journée.
- Rappelez-vous que, peu importe à quel point tout peut être sombre dans le moment présent, ceci devrait aussi passer, comme toutes les choses de la vie.

Si vous êtes sur la voie de **maîtriser** cette leçon...

- Comptez le nombre de fois dans une journée où vous êtes éprouvé en tant qu'esprit.
- Efforcez-vous de réussir chaque examen de l'âme avec plus de calme et de grâce que le précédent.
- Priez le Créateur pour qu'Il vous donne la force, la clarté, la patience et l'amour de continuer à faire face aux épreuves avec dignité et force.
- Attendez-vous à subir les tests et recherchez-les même, et laissez savoir à Dieu que vous êtes prêt et

même excité d'être mis à l'essai, puisque c'est un signe de votre évolution.

La leçon de votre âme

L'âme évolue vers la maîtrise à travers les tests.

Le but de votre âme

Répondre aux épreuves de la vie avec une acceptation calme, une dignité créative et avec grâce.

Leçon de l'âme # 16

Tempérez votre ego

Tempérez votre ego et moquez-vous de ses demandes. Abandonnez toute sensation d'importance égocentrique envers Dieu, et concentrez-vous exclusivement à vivre dans votre Esprit divin. Cela vous libérera en permanence de l'insécurité et de l'asservissement personnel.

Cela ne veut pas dire de vous débarrasser complètement de votre ego, il n'est pas nécessaire de le tuer ou de le supprimer. Votre Créateur vous l'a donné pour aider votre âme à cheminer; et comme un petit compagnon personnel, lorsqu'il est équilibré, il vous maintient enthousiaste, motivé et créatif en étant l'expression de votre esprit.

Reconnaissez simplement l'ego pour ce qu'il est — un outil avec lequel travailler — et enseignez-lui à vous servir convenablement, plutôt que de lui permettre de bloquer ou d'outrepasser votre Moi Supérieur, comme il essaie souvent de le faire. Gardez-en la maîtrise et ne le laissez pas vous intimider avec ses demandes ridicules et ses mauvaises perceptions.

Traitez cette partie de vous-même comme un animal bien-aimé dont vous auriez hérité. C'est un animal indiscipliné et il peut mettre les choses en pièces s'il tient les rênes, mais, bien entraîné et dirigé — et, bien sûr, avec de l'amour et de l'affection —; il peut être tempéré et apprendre à agir pour les meilleurs intérêts de votre âme.

Laissez savoir à votre ego que votre Moi Supérieur est celui qui commande, et rappelez-lui quotidiennement que sa mission est de chérir et aider votre esprit – non pas le contraire. Lorsque votre ego remplit ce rôle positif, il soutient votre croissance. Mais, si vous ne l'employez pas et ne lui enseignez pas à agir ainsi, la vie deviendra un jeu continuel de peur et de survie ; et cet aspect important de vous-même passe un mauvais quart d'heure, tout en vous y soumettant également.

Réfléchissez à tous les tourments que votre ego non tempéré vous fait subir. Il donne des coups, crie, se lamente, se blesse, devient excessif, rivalise et se défend continuellement. Même s'il est caressé de façon positive, à moins qu'il ne soit contrôlé, il devient dépendant et exigeant et ne peut jamais avoir assez d'éloges. Si vous prenez du recul et observez ceci de l'extérieur, vous commencerez peut-être à voir à quel point il est perpétuellement insatisfait, jamais heureux ou en paix – du moins, pas quand il compte sur les autres ou sur le monde extérieur pour assurer sa subsistance.

Je me suis récemment fait rappeler à quel point mon propre ego pouvait être fou et combien il pouvait me rendre misérable. On m'a demandé d'être la conférencière d'ouverture pour l'accueil d'un auteur très célèbre à San Francisco. Je ne pouvais pas croire la chance que j'avais. D'être en aussi agréable compagnie et d'avoir la possibilité de m'adresser à son auditoire de trois mille personnes était un véritable honneur, et j'en étais extrêmement flattée. Je me suis préparée pour mon discours pendant des mois. Non seulement ai-je pratiqué ce que je voulais dire, mais je me suis procuré une nouvelle tenue et je me suis fait coiffer pour être à mon meilleur.

Quand la grande soirée est arrivée, j'étais prête. J'ai brillé lors de mes vingt minutes devant l'assistance et j'ai fait un si bon travail que j'ai même reçu une ovation. Étant au septième ciel, mon ego ne pouvait pas être plus heureux ou plus imbu de lui-même.

Après l'événement, la principale conférencière et moi avons été escortées à l'extérieur de la salle de conférence, où nous avons été placées côte à côte à des tables différentes pour signer des autographes. Toujours aux anges, j'ai pris mon stylo et je me suis préparée à recevoir mes admirateurs – sauf que je n'en ai pas eu. Plus de mille personnes ont fait la file pour voir ma collègue, de loin plus célèbre, mais pas une seule âme n'attendait pour me demander un autographe.

Tant pis pour mon moment de gloire ! Non seulement étais-je ignorée, mais plusieurs participants me souriaient et m'envoyaient la main à partir de la ligne d'attente de l'autre auteure, comme s'ils se sentaient désolés pour moi, et qu'ils me disaient : « Je n'ai pas en main l'un de vos livres présentement... peut-être la prochaine fois. »

C'était brutal, et mon ego, qui quelques minutes plus tôt avait été intoxiqué par l'attention, se ridait et voulait ramper sous la table et se cacher. Malheureusement, je ne pouvais pas faire cela, et j'ai plutôt souffert pendant une heure en envoyant des regards plaisants à chacun alors que j'étais assise seule.

Finalement, ma torture prit fin tandis que ma collègue était escortée dans sa limousine, et je fus laissée à moi-même pour marcher jusqu'à mon hôtel situé à trois pâtés de maisons de là. L'insulte suprême est survenue lorsque je traversais la rue et que l'un des participants m'a klaxonnée et m'a crié de m'enlever du chemin.

Le temps que je me rende à ma chambre, ma sensation de fierté intérieure était si confuse que je ne savais pas si je devais rire ou pleurer. Je n'avais jamais été aussi fortement applaudie auparavant et ensuite si complètement ignorée à l'intérieur d'une si courte période de temps par la même foule. C'était ridicule.

Merci mon Dieu ! je m'en suis aperçue et je me suis mise à rire. Comme c'était idiot de ma part de m'accrocher à vouloir une telle approbation ! J'oubliais que je fais ce que je fais parce que j'aime cela, et non pas parce que j'ai besoin d'être applaudie. C'était charmant, mais dès que ce fut terminé, je me suis sentie comme si je m'étais aussi évaporée. Plus j'y pensais, plus je rigolais du fait que j'avais dû avoir l'air drôle, assise seule à ma table. Dieu merci, je me suis souvenue de mon esprit et à quel point j'aimais mon travail, que j'obtienne des marques d'approbation ou non. À la minute où je me suis rebranchée sur cette idée, j'ai surmonté mes douloureuses perceptions et je fus à nouveau en paix. Vivre pour l'approbation, bien que brièvement, était trop dévastateur pour continuer ainsi. Agir à partir de mon Moi Supérieur, toutefois, m'a ramenée à l'essentiel.

Tempérer l'ego est un défi constant parce que vous voulez vous sentir bien dans ce que vous faites, et vous aimez les éloges et la reconnaissance pour un travail bien fait. En fait, vous vous nourrissez des compliments, peu importe ce que vous faites. Ceci n'est vraiment pas le problème. Le problème survient lorsque vous croyez que vous avez *besoin* d'une telle gloire pour établir votre valeur, et pis encore, quand vous sentez que vous perdez de la valeur en n'obtenant pas d'attention positive.

Quand vous permettez aux opinions des autres de vous définir, vous faites bêtement cadeau de votre pouvoir et vous vous préparez par conséquent à l'échec — et même à l'esclavage. Il est important de recevoir des retours d'information constructifs, et même des critiques si c'est destiné à renforcer vos habiletés; néanmoins, le regard des autres ne détermine pas votre valeur. Croire autrement est une grave erreur de jugement.

J'ai un voisin sicilien, peintre et électricien, qui est fier et méticuleux. Il y a plusieurs années, certaines personnes qui demeurent près d'ici l'ont engagé pour refaire l'installation électrique de leur maison en prévision d'une nouvelle chaîne stéréophonique centrale; et il a pris ce travail très au sérieux. Il a soigneusement disposé les câbles, les fils et les haut-parleurs pour assurer un son dernier cri, mais comme il devait manœuvrer avec d'autres ouvriers pour la menuiserie, la pose de gypse et la peinture… pour rénover la maison.

Parce que les standards de l'électricien sont élevés et qu'il était seul pour exécuter son travail, les autres spécialistes en construction étaient parfois retardés puisqu'ils étaient forcés de l'accommoder.

Pas surprenant qu'ils aient été frustrés et qu'ils se soient plaints, forçant le propriétaire de la maison de lui demander de se presser.

Mon voisin fut profondément blessé par cette critique. Comment pouvaient-ils oser lui demander d'accélérer ? Il était un maître artisan faisant le filage pour presque rien. C'était comme une faveur qu'il faisait à ces gens parce qu'il les connaissait ; et plutôt que de l'apprécier, ils l'ont insulté jusqu'au bout des ongles.

La partie la plus folle de tout ceci – du moins pour moi – est que les propriétaires n'étaient pas conscients qu'ils avaient anéanti mon ami. Ils n'avaient aucune idée que leurs commentaires insultaient sa fierté, et se demandaient pourquoi il s'était transformé en une personne si furieuse.

Voulant me mêler de mes propres affaires, je n'ai rien dit. Je n'avais pas à commenter – mais, croyez-moi, j'en avais envie. En fin de compte, leurs ego blessés ont formé des spirales chacun dans leur coin, et l'amitié entre eux s'est effondrée. Des années plus tard, les deux clans lèchent toujours leurs blessures et sont intensément antipathiques l'un envers l'autre ; étant non impliquée, je trouve que c'est ridicule.

C'est le pouvoir destructeur de la partie dominatrice et suffisante de vous-même. Celle-ci peut et prendra chaque situation qui ne la satisfait pas et l'utilisera comme une raison de refuser l'amour et l'amitié, de vous aliéner des autres et de vous couper du flot de la vie.

Le seul moyen d'éviter ceci est de freiner cet élément et de ne jamais prendre ses perceptions au sérieux. Chérissez-le de la même manière que vous le feriez pour un nouveau chiot, par exemple, mais ne le laissez pas vous détruire.

J'ai une cliente très ambitieuse dans le domaine de la vente de l'immobilier. Avec ce métier, elle s'est bâti une belle vie. Étant compétente dans le domaine, elle était très en demande. Mais au lieu de profiter de sa merveilleuse profession et des avantages monétaires qui en découlaient – au moins pour elle –, son ego ne la laissait jamais en paix. Elle commençait ses journées à sept heures et travaillait jusqu'à minuit, et ce, sept jours sur sept. Aussitôt qu'elle entendait parler d'un autre agent immobilier doué, elle le prenait comme un défi personnel et se préparait immédiatement à séduire ses clients.

Cette femme est mariée, mais ne peut pas se permettre un instant de détente avec son mari par peur de perdre le contrôle de son entreprise. Son ego est plus intéressé à être le numéro un qu'à être heureux. Tous les six mois, elle se présente à mon bureau, chaque fois plus riche, mais aussi épuisée, anxieuse et isolée. Elle laisse son orgueil démesuré prendre le contrôle, et cela lui ruine la vie. Un ego sans retenue et sans entraînement peut provoquer cela. Elle a perdu le contact avec son esprit et elle est maintenant paranoïaque, pensant que tout ce qu'elle construit lui sera enlevé.

J'ai essayé de l'aider à se reconnecter avec son Moi Supérieur, mais elle est sous le charme de sa fierté. Éventuellement, son système s'effondrera, et elle retournera à son véritable moi.

Permettre à l'ego de diriger votre vie vous détruira. Il ne sera jamais satisfait, rassuré ou content. Ce que vous accomplissez n'a pas d'importance, puisqu'il rabaisse tous vos succès, et vous vous sentez immédiatement comme si vous n'étiez pas assez bon.

Je connais une musicienne très brillante qui a vendu des millions d'albums et a gagné plusieurs prix internationaux. Étant une artiste et une compositrice talentueuse, elle devrait se sentir aux anges, et c'est le cas – jusqu'à ce que quelqu'un lui donne une mauvaise critique ou lui envoie un commentaire négatif sur son site Web. Les opinions sévères des gens qu'elle ne connaît même pas lui vont droit au cœur.

Une de mes amies, écrivaine magistrale et auteure de multiples best-sellers, vit la même situation. Un commentaire méchant venant d'un interviewer ou une critique peuvent l'envoyer valser dans la douleur et le doute de soi.

Pour apprivoiser votre ego, rappelez-vous que vous êtes créé et aimé par Dieu, et parfait aux yeux du Divin. À moins que vous ne soyez centré dans votre véritable identité en tant qu'esprit, la partie rusée de votre personnalité vous manipule continuellement. L'une de vos plus grandes épreuves de l'âme est de l'ignorer quand elle essaie de vous faire douter de vous-même. La vérité, c'est que le problème n'est pas tant l'ego, mais la croyance que vous *êtes* cet aspect têtu de vous-même. Aimez-le et ne le prenez pas trop sérieusement quand il devient déraisonnable. Profitez également de lui comme d'un outil, puisqu'il peut être une grande joie et peut rendre votre vie magique lorsqu'il sert votre Être intérieur. Quand il essaie de vous dominer et devient déconnecté de votre Source, dites : « Ça suffit », et puis demandez à votre Moi intérieur de prendre le relais.

Pour vous libérer de son emprise, détendez-vous et riez souvent de vous-même — et de toute confusion, toute erreur et toute insécurité. Plus vous êtes capable de faire preuve d'un sens de l'humour au sujet de votre fragile ego, plus vous vous libérerez de son pouvoir malsain. Agir ainsi vous gardera connecté à votre plus grande Conscience et en harmonie avec votre but.

Maintenant, vous pouvez appliquer la leçon :

— Si vous êtes trop angoissé pour vous moquer de quoi que ce soit ; que vous vous sentez limité par les opinions des autres et craignez qu'ils ne vous aiment pas ; que vous êtes obsédé par les critiques et en souffrez ; que vous êtes incapable d'accepter les compliments ; que vous vous jugez seulement par les apparences, comme par votre poids, votre grandeur, votre peau ou vos cheveux… alors, vous êtes un **étudiant** par rapport à cette leçon.

— Si vous êtes blessé par les commentaires négatifs des autres, mais finissez par vous en remettre ; que vous êtes conscient lorsque vous recherchez l'approbation et tentez de vous réfréner ; que vous vous souciez de ce que les gens pensent de vous, mais ne sollicitez pas leurs idées ; ou que vous racontez parfois des histoires qui vous tournent au ridicule et en riez de bon cœur... vous êtes alors un **apprenti**.

— Si vous vous sentez bien à votre sujet peu importe ce que vous faites ; si vous prenez la critique avec un grain de sel ; si vous êtes capable de rire de vos erreurs et de passer rapidement à autre chose ; ou si vous êtes gentil et affectueux envers vous-même et reconnaissant de votre esprit… alors, vous êtes un **compagnon**.

— Si vous aimez votre personnalité, mais ne la prenez pas trop au sérieux ; si vous riez facilement de tout ; si vous ne réprimandez ni n'attaquez personne, puisque vous savez qu'ils sont divins, tout comme vous ; ou si vous réalisez que la vie est un travail en cours, et aimez la façon dont votre ego est prêt à entrer dans le jeu et lui offrez ce que vous avez de mieux… alors, vous êtes sur votre lancée de **maîtriser** cette leçon.

Si vous êtes un **étudiant**…

- Regardez le bon côté des choses et commencez à vous prendre moins au sérieux.

- Évitez les miroirs, les pèse-personnes ou tout autre moyen de vous juger sévèrement.

- Abstenez-vous de critiquer les autres, parce que tout finit par se payer.

- Concentrez-vous sur ce qui est important, et ignorez les émotions et commentaires banaux et mesquins.

Si vous êtes un **apprenti**...

- Pardonnez et oubliez les réactions et les affronts négatifs du passé.
- Recherchez les spectacles, films, téléséries et livres comiques pour vous aider à vous rappeler d'avoir un sens de l'humour au sujet de la vie.
- Animez une fête « Je suis merveilleux », où chacun doit se vanter librement et sans contrecoups.
- Dressez la liste de vos qualités, réalisations, talents et traits de caractère favoris, et admirez l'esprit derrière vos succès.

Si vous êtes un **compagnon**...

- Lorsque vous recevez une critique, acceptez ce qui est exact avec reconnaissance et sans vous sentir sur la défensive ; laissez aller le reste des commentaires.
- Donnez-vous, et aux autres aussi, des réactions positives et une appréciation fréquente.
- Dites « annuler » quand quelqu'un vous attaque — même si c'est vous-même.
- Racontez-vous — partagez avec des amis des moments passés embarrassants, et riez au sujet des choses que vous avez jusqu'ici gardées secrètes.

Si vous êtes sur la voie de **maîtriser** cette leçon…

- Profitez de votre incroyable et splendide esprit, et laissez-le briller.
- Ne prenez rien personnellement, et souvenez-vous qu'à un certain niveau, nous sommes tous désorientés et en train d'apprendre.
- Soyez gentil envers vous-même et les autres.
- Riez, riez et riez encore.

La leçon de votre âme
Traitez votre ego comme un animal bien-aimé.

Le but de votre âme
Prendre la vie en riant.

Leçon de l'âme # 17

Examinez vos erreurs

Admettez et corrigez vos erreurs. Lorsque vous prenez des décisions égocentriques, évitez la responsabilité, donnez votre pouvoir, contournez le travail de faire évoluer votre âme et échouez à vous aimer, vous finissez par être confronté à vos erreurs, jusqu'à ce que vous les répariez. Ceci est la Loi divine.

Cela peut paraître sévère ou injuste d'être tenu si responsable pour toute chose dans votre vie, mais, à moins que vous le soyez, vous ne serez jamais pleinement responsable de votre capacité créative. Être confronté là où vous avez fait fausse route vous donne de la force, c'est votre chance d'examiner vos choix et leurs conséquences, de voir où ils ont échoué à faire grandir votre âme et d'apporter des corrections.

Chaque fois que vous vous sentez comme une victime, que vous croyez être sans grand intérêt ou que vous êtes destructeur et peu affectueux envers vous-même ou les autres, c'est un signe que vous avez fait une erreur quelque part le long du chemin et que vous avez besoin de modifier votre trajectoire pour vous ramener à l'essentiel. Jusqu'à ce que vous fassiez les changements nécessaires, vous perdrez votre puissance et échouerez à accomplir votre but en tant qu'Être divin créatif.

L'Univers vous aime et vous porte toujours en pure adoration. Ce n'est pas lui qui vous demande de faire des corrections ; c'est votre propre âme qui rêve de s'aligner avec le courant de la plus grande Conscience.

Confrontez ces secteurs où vous avez nié la faute, exercé de mauvais jugements, refusé de grandir ou donné votre autorité aux autres, et corrigez-les aussitôt qu'ils sont dévoilés. En admettant et en abordant vos erreurs aussi vite que possible, vous assumez la responsabilité de vos choix et vous vous appropriez votre force et votre potentiel.

Si vous refusez d'admettre consciemment vos fautes avec une réflexion lucide ou que vous ignorez vos mauvaises décisions indéfiniment, tôt ou tard, votre âme vous mettra face à face avec ces erreurs. La Loi divine décrète que vous devez être complètement responsable pour toutes vos actions dans la vie, et c'est l'unique façon d'assurer que vous apprenez d'elles.

J'avais une merveilleuse et chère amie qui a été confrontée inopinément avec ses erreurs passées, la laissant humiliée et alitée pendant plus de deux mois.

Étant une thérapeute physique dévouée, elle donnait le meilleur d'elle-même à chaque client qui venait la voir dans le but de servir leur esprit, de renforcer leur âme et de soulager leur corps du stress. Elle prenait son temps, débordant souvent de son horaire afin de leur donner son plein potentiel. Elle travaillait les weekends, les soirs et même les jours fériés si nécessaire, ne refusant jamais un patient. Elle a agi ainsi pendant des années, se sentant bien face à elle-même et dans sa capacité d'aider les autres.

Puis, un jour, sans avertissement, elle s'est réveillée avec une épouvantable douleur au bas du dos. Pas certaine de ce qui n'allait pas, elle s'est précipitée à l'urgence d'un hôpital où elle a passé une batterie de tests, allant des pierres aux reins jusqu'au nerf sciatique ; aucun diagnostic concluant ne fut posé. Personne ne pouvait déterminer la cause de sa souffrance. Retournée à la maison avec des analgésiques et avec la consigne de se reposer, elle s'est résolue au fait que c'était seulement un muscle étiré et n'y a pas porté plus d'attention.

Toutefois, la douleur a augmenté, s'est déplacée de son dos à ses jambes et à ses épaules. Elle avait tellement mal qu'elle en a presque perdu la raison. Elle est retournée voir le médecin, a eu une IRM, et a rencontré des neurologues et un massothérapeute, mais elle n'a trouvé aucun soulagement. Sinon que son tourment empirait. Elle a essayé l'acupuncture, les étirements, les bains chauds, la marche et même le thé chinois, mais en vain.

Après deux semaines, une éruption fit surface dans son dos ; et finalement, il fut déterminé qu'elle avait un zona, une affection d'origine virale. Le diagnostic n'apporta qu'un soulagement partiel n'existant pas de cure pour cette maladie. Elle dut surmonter cette crise pour encore six semaines avant d'arriver à se calmer. L'épisode entier la laissa épuisée et fauchée.

Alors que je parlais avec elle un certain après-midi, elle se lamentait de douleur et dit :

– Je sais que je me suis moi-même attiré tout ce mal. Bien que j'adore mon travail, je me suis poussée bien au-delà du point de l'amour ; j'ai travaillé sans relâche et avec la peur de dire non. J'ai distribué mes soins avec tendresse au corps des autres pendant que je manquais de respect envers le mien – et je l'ai fait pendant très, très longtemps. Et j'en paie la note. Mon moi physique s'est finalement rebellé ou écroulé, ou les deux. Lorsque je serai remise, je me comporterai bien différemment.

Votre âme n'interviendra pas pour vous aider à changer jusqu'à ce que cela devienne évident que, laissé aux conseils de votre ego, vous continuerez à commettre les mêmes erreurs. Les corrections à la trajectoire sont des interventions spirituelles. Elles se produisent lorsque vous vivez en constante dénégation ou que vous ignorez vos erreurs plutôt que d'être honnête et de les confronter. Bien qu'une telle conciliation puisse être douloureuse, c'est finalement votre salut.

J'avais une cliente qui se ralliait continuellement avec des compagnons masculins pas très reluisants. Il s'agissait d'une infirmière licenciée soumise à de longues et dures heures de travail à l'hôpital du comté. Elle tombait amoureuse de ses patients, même si la plupart de ceux-ci étaient des criminels ayant commis de petits délits – et certains, pas de si petits délits que ça. Elle les prenait sous son aile quand ils n'avaient plus besoin de supervision médicale, payait leurs déplacements, les abritait et leur fournissait même parfois des drogues qu'elle volait sur son lieu de travail. Ayant pitié de ces hommes et se convainquant qu'elle était une bonne samaritaine, elle était chaque fois exploitée et maltraitée. Encore pire, elle sacrifiait son intégrité en volant, en manquant de respect envers elle-même et en contribuant et encourageant un comportement illégal. Elle ne pouvait pas admettre qu'elle avait une si faible estime d'elle-même, et qu'elle les séduisait juste afin de ne pas être seule.

Le jour du jugement est arrivé alors qu'elle a été pincée en se livrant à à un vol de Valium pour remettre à son compagnon de l'époque. Elle a non seulement perdu son emploi, mais aussi sa licence d'infirmière, et a été poursuivie en justice pour vol de substances contrôlées. Des vols antérieurs ont été découverts, et elle a été condamnée à six mois de prison. Horrifiée à l'idée d'être devenue une criminelle, elle ne pouvait pas croire ce qui lui arrivait. Et encore, une fois son temps d'internement terminé, elle a admis que c'était la meilleure chose qui pouvait lui être arrivée.

Derrière les barreaux, elle s'est calmée émotionnellement. Elle s'est jointe à un groupe de thérapie et a reçu l'aide dont elle avait besoin et qu'elle refusait d'admettre. Aussi humiliantes et douloureuses que ses pertes et son incarcération avaient été, elle était mieux qu'auparavant. Elle a été forcée d'arrêter d'être abusée par des hommes et de troquer son intégrité pour le supposé « amour ». Elle a utilisé les habiletés de jardinage qu'elle avait acquises en purgeant sa peine pour commencer une nouvelle carrière en aménagement paysager. Elle est finalement devenue vraie envers son esprit, et, en fin de compte, sa difficile expérience en avait valu la peine.

L'Univers afflue avec l'énergie de la vérité, de l'amour et de l'intégrité à tout moment. Tout ce qui s'écarte de ces qualités est éventuellement redirigé. Tous les choix seront finalement réconciliés avec une plus grande vérité.

À long terme, les corrections de trajectoire rendent la vie plus épanouissante parce qu'elles vous alignent avec votre Moi divin et votre but. Elles ne sont pas mises sur votre chemin pour vous nuire, mais pour vous empêcher de vous blesser.

Mon client Joshua détenait tous les biens matériels dont une personne pouvait rêver. Il était né dans une riche famille, était beau et faisait fortune dans l'immobilier. Il possédait des maisons d'un million de dollars dans six états, était en demande dans le circuit des agences de rencontre et voyageait partout dans le monde. Le problème, avec Joshua, était qu'il choisissait de vivre uniquement à un niveau superficiel. Il gardait ses sentiments pour lui-même, ne devenait jamais trop intime avec qui que ce soit, sortait avec une seule femme à la fois pour une courte période de temps avant de passer à la suivante, et était réservé et artificiel. Il arborait un sourire constant et ne devenait jamais dépendant de personne.

Tout a bien fonctionné pour lui jusqu'à ce qu'il atteigne ses cinquante-sept ans ; c'est alors que tout a soudainement changé. Le marché s'est effondré, et il a perdu plusieurs propriétés d'investissement. Son partenaire d'entreprise depuis vingt ans a détourné plus de quinze millions de dollars et a quitté le pays. Ses deux sœurs ont été diagnostiquées d'un cancer à l'intérieur du même mois ; et, par surcroît, alors qu'il conduisait en direction de la Géorgie pour leur rendre visite, il eut les deux jambes brisées dans un accident de voiture.

Son monde indépendant et sans inquiétude s'est écroulé. Il n'avait aucun ami vers qui se tourner, et ses sœurs, sa seule famille, étaient trop malades pour l'aider. Il a perdu plus de la moitié de sa fortune et a dû faire face à la probabilité qu'il marcherait dorénavant avec un sérieux boitement et ne ferait probablement plus de sport. Sa vie superficielle était finie.

La leçon de Joshua est devenue évidente : il avait besoin d'ouvrir son cœur et de se lier avec les gens d'une manière plus significative et plus profonde, ce qu'il avait refusé de faire jusqu'ici. Il a appris lentement. Il a déménagé en Géorgie pour être avec ses sœurs, et, après avoir traversé une année de thérapie physique, il a recouvré sa capacité de marcher. Il a réorganisé son entreprise et a commencé à se façonner de meilleures relations de travail. Il a aussi joint l'église Unité et s'est impliqué dans des activités charitables. Il a cessé de faire des rencontres frivoles et a repris contact avec une copine du collège, quelqu'un pour qui il avait vraiment ressenti de l'amour il y a longtemps.

L'escalade vers la stabilité a été dure, mais il y est parvenu. Plus important, il a finalement admis qu'il avait besoin des gens et a cessé de contrôler et d'utiliser les autres avec son argent. Il ne croit plus que sa richesse le rend supérieur. En bref, les pertes de Joshua ont été une leçon d'humilité et lui ont ouvert le cœur.

Vous allez éventuellement confronter chaque erreur que vous avez déjà faite.

Quand je pense à ma propre malchance dans la vie, je peux aussi voir les plus hautes forces de l'Univers au travail, me gardant sur mon chemin et vraie envers mon esprit.

Il y a plusieurs années, je suis devenue préposée pour une compagnie aérienne pour toutes les mauvaises raisons. Je voulais fuir une relation avec un homme qui me tenait prisonnière, sortir de Denver et voir le monde. Je rêvais également de plus de prestige. Toutefois, je ne voulais pas vraiment faire le travail en question – je voulais juste les avantages.

Quelques semaines après avoir été engagée, j'ai développé un problème sévère à la sciatique et je pouvais à peine marcher. Étonnament, je suis tout de même passée au travers mon entraînement. J'étais basée à Chicago, loin de ma relation stagnante – ou c'est ce que je pensais. (Il m'a rejointe trois mois plus tard.) Pour rendre les choses encore pires, mes vols étaient toujours dans les villes les moins excitantes : Cincinnati, Peoria et Ohama. (Sans vouloir offenser ces villes, elles étaient loin d'être une aventure.)

J'étais malade, étouffée et piégée par le travail. Je n'ai pas démissionné, bien que j'aurais dû puisque j'étais misérable. Ma libération ne s'est pas produite avant cinq ans, alors que les membres de la compagnie sont entrés en grève. J'étais ravie, et il a fallu cet événement pour me secouer. Quand la grève prit fin et que nous fûmes rappelés, je décidai que j'en avais assez de cette tristesse et je n'y retournai pas. À la place, je m'engageai sur mon chemin spirituel et dans ce que je fais aujourd'hui.

Les importants changements terrestres dont vous avez été témoins sont des corrections de trajectoire au niveau global. La planète elle-même est un être qui vit, respire et est conscient qu'il n'est plus disposé à tolérer votre manque de respect intentionnel ou irréfléchi de continuer. Voilà pourquoi elle déclenche des tsunamis et des nombres records de tremblements de terre et d'ouragans qui détruisent des milles et des milles de terres et de personnes. Elle attire votre attention sur votre orgueil collectif, spécialement par rapport à votre manque de vénération et de soin pour le monde naturel.

Recherchez les signes des interventions de l'âme dans votre vie aujourd'hui. Où êtes-vous confronté par les erreurs passées ? Où avez-vous échoué à être honnête, à tenir votre parole, à rester vrai envers vous-même ou à vous aimer ? Et qu'est-ce que cela vous a coûté ? Cela n'a même pas à être catastrophique, puisque le jour du jugement se présente aussi sous de subtiles manières.

Mon mari et moi venons tout juste de vivre une douloureuse expérience de corrections de trajectoire avec l'entretien de notre vieille maison victorienne à Chicago. Nous savions, lorsque nous l'avons achetée, qu'elle requerrait une attention constante, spécialement pour son extérieur. Mais nous avons ignoré nos tâches et n'avons pratiquement rien fait pendant huit ans. Nous avons finalement remarqué que la peinture s'écaillait et nous nous sommes accordés sur le fait qu'il était temps de lui donner une couche de peinture fraîche.

Une fois le travail commencé, nous avons été informés que nous devions faire beaucoup plus que simplement appliquer une belle couleur. Dû à notre négligence, le bois avait pourri à plusieurs endroits, nécessitant qu'il soit réparé avant même de le peinturer. Le temps requis pour que tout soit complété, cela nous a coûté une petite fortune. Bien que surpris par les coûts, nous savions tous deux que seule notre négligence était à blâmer. C'était une amende élevée à payer, mais soyez assuré que cela ne se reproduira pas – nous sommes trop en colère.

Tout d'abord, cela peut paraître plutôt accablant d'être grandement responsable, mais ceci vous mène vers la maîtrise de votre âme. Votre ego refuse d'être pleinement responsable de vos choix. Il préfère blâmer les autres, demeurer une victime et rester dans le cercle vicieux de l'impuissance. Mais l'Univers ne vous voit jamais comme sans défense parce que vous ne l'êtes pas.

Je me souviens, il y a seulement quelques mois, avoir fait complètement réparer ma chère Volkswagen Newbeetle bleue – d'un pare-chocs à l'autre. J'ai fait réparer chaque bosselure, éraflure et imperfection, et j'ai fait restaurer l'extérieur presque à neuf. Conduisant vers la maison, j'ai fait le serment que ce serait ma voiture spéciale, et que maintenant qu'elle était en parfaite condition, je serais la seule à la conduire – pas mon mari ou mes deux adolescentes.

Trois semaines plus tard, ma fille Sabrina s'est précipitée à mon bureau et a insisté pour que je la laisse utiliser la Beetle pour se rendre à un rendez-vous qu'elle avait oublié. N'étant pas disposée à refuser, alors que j'étais occupée avec un client et ne voulais pas négocier avec la réaction de Sabrina, je lui ai tendu les clés.

Une heure plus tard, j'ai reçu un appel téléphonique venant d'elle. Quelqu'un avait embouti l'arrière de la voiture à un feu de circulation, avait fracassé le coffre, puis s'était enfui. Ma voiture était bousillée. Pour aggraver les choses, non seulement Sabrina ne comprenait pas pourquoi j'étais si contrariée, mais elle était furieuse que je ne sois pas plus préoccupée par son bien-être. Peut-être aurais-je dû l'être, mais tout ce à quoi je pouvais penser était que l'incident m'avait bien servie. J'avais été trop mauviette et consentante à propos de mon serment et j'avais capitulé sans résistance. Un autre deux mille dollars en réparation m'a appris une leçon – ne pas dire oui lorsque je veux dire non.

En dépit de la douleur à court terme qui accompagne souvent le fait de faire face à vos erreurs, vous expérimentez immédiatement les avantages de l'âme en agissant ainsi. Quand vous vous alignez avec votre esprit, vous libérez le pouvoir de l'Univers d'affluer vers vous. Lorsque vous coopérez avec la Loi divine et que vous vous engagez pleinement à vivre dans la vérité, quelque chose de miraculeux se produit : le drame se calme et la vie commence à se dévoiler paisiblement. C'est la voie naturelle et elle est en communion avec le Plan sacré.

Devenez le maître de votre expérience plutôt qu'une victime, en reconnaissant vos erreurs dès que vous en devenez conscient. Bien que cela puisse être difficile, humiliant et perturbateur d'admettre que vous avez fait une erreur de jugement, cela rend toujours plus fort au niveau spirituel.

Quand les choses ne marchent pas comme vous le voulez, permettez à au moins une partie de vous de prendre du recul et d'observer sans réagir. Demandez-vous : « Que puis-je apprendre de ceci ? Qu'est-ce que j'ignore, nie, crains ou tolère qui n'est pas en lien avec mon Moi supérieur ? »

Ne vous blâmez pas, mais cherchez plutôt à comprendre où vous vous êtes égaré dans vos choix. Une fois que vous avez fait face à vos erreurs et que vous vous êtes mis à les corriger, vous acquérez une liberté que rien ne peut vous enlever.

Comme Shakespeare le disait si éloquemment : « Sois loyal envers toi-même. »

Maintenant, vous pouvez appliquer cette leçon.

– Si vous êtes extrêmement défensif, refusez de voir le lien entre la misère dans votre vie et vos actions et décisions, mentez lorsque vous faites une erreur ou blâmez les autres pour celles-ci... alors, vous êtes un **étudiant** dans l'apprentissage de cette leçon.

— Si vous n'avez aucune idée de la raison pour laquelle les mauvaises choses vous arrivent, mais êtes prêt à vous accommoder des situations ; que vous avez tendance à essayer d'anticiper et de suivre les conseils des autres plutôt que les vôtres, pour seulement le regretter plus tard ; que vous prenez des décisions que vous savez ne pas être bonnes pour vous ; ou que vous êtes facilement jeté hors de votre chemin par les autres, même lorsque vous ne le voulez pas... vous êtes alors un **apprenti**.

— Si vous n'aimez pas que les problèmes prennent forme, mais regardez premièrement dans le miroir pour connaître le rôle que vous avez pu y jouer ; que vous admettez les erreurs facilement sans rester accroché à la culpabilité ; que vous examinez vos choix aussitôt que quelque chose va de travers ; ou que vous réfléchissez souvent à vos actions pour être certain que vous êtes vrai envers votre esprit... alors, vous êtes un **compagnon**.

— Si vous expérimentez de moins en moins de drame dans votre vie ; que vous faites des corrections de trajectoire par vous-même avant que les difficultés ne se présentent ; et que vous confrontez les situations inconfortables rapidement plutôt que de les éviter ; ou que vous passez par-dessus les dilemmes personnels et cherchez à redresser les déséquilibres dans l'environnement et contribuez à résoudre d'autres problèmes sociaux... alors, vous êtes sur la voie de **maîtriser** cette leçon.

Si vous êtes un **étudiant**...

- Admettez que vous niez ou refusez de prendre la responsabilité.

- Faites une liste de vos problèmes et voyez si vous pouvez faire un lien entre vos choix et ceux-ci.

- Dressez la liste des mauvaises décisions que vous avez prises et ce que vous êtes prêt à faire pour les changer.

- Pensez à vos options avant d'agir.

Si vous êtes un **apprenti**…

- Ralentissez et portez attention aux signaux, informations ou indications vous avertissant que les choses sont déséquilibrées.

- N'ignorez pas les petites tâches qui doivent être prises en considération.

- Ne remettez pas à demain ou à la semaine prochaine ce qui nécessite de l'attention maintenant.

- Si quelque chose semble faux ou ne sonne pas vrai, parlez haut et fort, discutez-en et prenez une décision finale qui semble bien dans votre cœur.

Si vous êtes un **compagnon**…

- Prenez position au sujet de ce qui vous semble bien, même si c'est inconfortable.

- Suivez votre incitation intérieure, même s'il s'agit de la chose impopulaire à faire.

- Ne blâmez jamais une autre personne. Recherchez plutôt des solutions.
- Remarquez ce qui est faible dans votre vie ou votre personnalité, et demandez de l'aide extérieure pour le renforcer.

Si vous êtes sur la voie de **maîtriser** cette leçon…

- Demandez-vous où vous ne grandissez pas, et concentrez-vous à développer ce secteur.
- Profitez du calme et de la tranquillité que vous créez.
- Analysez tous les aspects de votre vie, incluant votre santé physique, et remarquez ce qui a besoin de renforcement.
- Quand les crises se présentent, prenez du recul et faites une pause avant de réagir.
- Prenez votre temps pour prendre des décisions, vous donnant ainsi l'opportunité de consulter tout d'abord votre Moi Supérieur.

La leçon de votre âme
Faites face à vos erreurs.

Le but de votre âme
Vivre avec intégrité dans tous les secteurs de votre vie.

Leçon de l'âme # 18

Méditez activement

Méditez activement. C'est le moyen le plus efficace de modeler votre monde comme que vous le souhaitez. Les lois de l'Univers régentent que vous créiez ce sur quoi vous vous concentrez. Vous n'exprimez pas ce qui vous passe simplement par la tête, mais plutôt ce sur quoi vous vous canalisez.

La méditation est la pratique de la pensée disciplinée. Maintenir une idée intense pendant une longue période de temps apporte sa contrepartie dans le monde physique. La physique quantique s'assure que vos expériences soient simplement des pensées en mouvement. Voilà pourquoi la contemplation est si puissante : elle moule et génère littéralement tout ce que vous rencontrez.

Le secret est de méditer activement plutôt que passivement. Laissez-nous commencer en définissant la seconde méthode, laquelle est le modèle le plus commun dans le monde, et qui suggère une discipline restreinte et rigide demandant de rester immobile et de vider son esprit de toute pensée pour une période de temps prolongée. Cette technique fait partie d'une époque de la conscience qui tire à sa fin. Bien que ce soit certainement une option, elle n'est nullement la seule approche, et ce n'est pas non plus la plus productive dans la présente ère de la création.

Il existe une forme beaucoup plus puissante, appelée *méditation active,* qui peut vous aider davantage. Dans la pratique, vous maintenez votre attention sur quelque chose de spécifique que vous souhaitez expérimenter. Se concentrer sérieusement sur une seule pensée l'amènera à se manifester à tout coup.

Une concentration indéfectible façonne littéralement le fluide psychique du monde physique conformément à votre pensée. Rester assis et demeurer passif, et centrer sa pensée sur rien du tout devient, par conséquent, une perte de temps. Se reposer tranquillement, toutefois, et songer activement à l'amour de Dieu et à l'Esprit divin à l'intérieur de toute chose vivante est par contre d'un tout autre ordre. Imaginez simplement ce que votre expérience de vie serait si vous dirigiez toute votre attention sur la façon dont le Tout-Puissant se préoccupe de vous et sur la joie que le Seigneur de l'Univers prend à vous combler de bénédictions.

Ed, mon étudiant, a décidé de ne faire que cela lorsque je lui ai proposé cette idée. Il a rapporté plus tard que c'était beaucoup plus facile à dire qu'à faire. Au début, il constata qu'il était extrêmement concentré sur le peu d'amour qu'il ressentait et observait dans sa vie. Méditer sur l'immense amour que le Créateur lui portait lui a donc demandé quelques efforts.

Il a décidé d'encourager son nouvel effort en recherchant les preuves de l'amour de Dieu. Il les a tout d'abord trouvées dans la beauté de son jardin, qui lui apportait énormément de joie quand il fleurissait. Il a réalisé que c'était un extraordinaire cadeau pour lui. Il a également perçu de claires indications de l'Adoration divine dans sa bonne santé. À l'âge de cinquante-deux ans, tandis que plusieurs de ses amis et membres de sa famille luttaient avec une myriade de problèmes de santé, il était en forme. De plus, il est devenu conscient qu'il était considérablement choyé dans son emploi comme géomètre, un travail qu'il aimait vraiment. Ce dernier lui donnait plein de liberté, des tâches variées et lui rapportait un revenu suffisant.

À l'aide de ces prises de conscience, Ed a pu centrer toute son attention sur les innombrables façons que Dieu prenait pour lui prouver son amour ; il est devenu ouvert à découvrir de nouvelles choses. Le premier grand changement dans sa vie s'est produit deux mois plus tard. Soudainement, des femmes de partout voulurent le fréquenter, ce qui n'était jamais arrivé auparavant. Après tout, il avait plus de cinquante ans, était petit et avait un début de calvitie, une bonne bedaine et d'épaisses lunettes. Mais elles étaient tout de même intéressées et l'invitaient à sortir – parfois deux fois par jour. Elles étaient également toutes ravissantes.

Encouragé par cet agréable évolution, il a doublé le temps de sa méditation et l'a même portée à un niveau verbal. Il a décidé que son mantra serait une affirmation sur la façon dont Dieu s'intéressait à lui et combien il en était reconnaissant. Au bout du quatrième mois, alors qu'il fréquentait régulièrement une femme séduisante qu'il aimait considérablement, il fut contacté par deux chasseurs de têtes qui voulaient le recruter moyennant un meilleur salaire, avec des conditions d'emploi plus attrayantes que celles que lui offrait son travail actuel. Ne voulant pas être injuste envers son employeur, il a parlé à son patron au sujet de ces offres d'emploi, lesquelles ont été égalées. Comme résultat, Ed a gardé son travail et a obtenu une augmentation qu'il n'avait même pas recherchée.

Poursuivant ses expériences, il a étendu sa pratique contemplative, choisissant maintenant de se concentrer sur la gentillesse et l'amabilité envers toute personne qu'il rencontrait. Après plusieurs mois, il a remarqué que son humour noir et cynique – une carapace défensive de longue date – s'était évaporé. C'est plutôt sa sœur qui a observé le changement et le lui a signalé. Elle a remarqué combien il était devenu plus plaisant, et comment elle et le reste de la famille recherchaient davantage sa compagnie ces jours-ci. Il était sincèrement plus amusant d'être à ses côtés et de ne plus se faire contrarier par ses sarcasmes.

Environ un an s'est écoulé avant que nous nous reparlions :

– Je n'aurais jamais cru que je me désignerais moi-même comme un méditatif, a-t-il dit, mais votre théorie a captivé mon imagination. Me concentrer sur « être aimé » m'a apporté tout ce qui me manquait dans la vie, excepté peut-être d'avoir plus de cheveux.

À cela, il a ri et tapoté son front dégarni.

Ce soir-là, il m'a appelée, riant hystériquement :

– Devinez quoi ?! s'est-il exclamé. Je viens tout juste d'être contacté par un groupe médical recherchant des volontaires pour une étude sur la perte et la pousse des cheveux. Quelqu'un m'a recommandé. Si je le veux, je peux recevoir des traitements de stimulation équivalant à une durée de deux ans, et ce, gratuitement. Maintenant, c'est vraiment de l'amour venant de Dieu !

Ne craignez pas la pratique de la méditation ou ne lui permettez pas de vous intimider. Vous croyez peut-être que vous ne pouvez pas vous concentrer ou avez peur de ne pas le faire correctement, mais en réalité, vous le faites tout le temps et êtes assez persévérant à le faire. Toutefois, vous l'identifiez autrement : *l'inquiétude*. L'anxiété est une contemplation intensément active parce qu'elle focalise votre attention sur une chose à l'exclusion de tout le reste. Demandez simplement à n'importe quel groupe de gens, n'importe quand, ce à quoi ils sont en train de penser, et sept personnes sur dix vous diront que c'est à quelque chose qu'ils ruminent sans arrêt.

J'avais un riche client, Joe, qui ne pouvait s'empêcher de penser que les jolies jeunes femmes ne s'intéressaient à lui que pour sa fortune. Il était si obsédé par cette pensée qu'aucune femme n'était à l'abri de ses soupçons. En effet, sa théorie s'avérait exacte, puisque chaque femme avec qui il sortait se retrouvait inévitablement avec des problèmes financiers dans les semaines qui suivaient leur rencontre et lui demandait de l'argent – toutes, à l'exception de deux, Maria et Sylvia, qui en avaient suffisamment. Aucune d'elles, par contre, n'avait été d'un quelconque intérêt après une ou deux sorties. Il disait qu'elles n'étaient pas attirantes et qu'il leur manquait la chimie qu'il recherchait. Cette « chimie », je crois, était l'expérience sur laquelle il focalisait, c'est-à-dire de fréquenter des jeunes femmes dépendantes et attachées à l'argent.

La situation de Joe n'est pas exceptionnelle. Nous méditons tous continuellement à propos de nos attentes. Seulement, nous réalisons rarement à quel point elles sont puissantes.

Pour la diversité, et pour éveiller vos facultés créatives dans ce processus, imaginez que vous allez pêcher dans la Mer divine des possibilités. Visualisez votre conscience comme un point d'interrogation énergétique qui forme un hameçon, et lancez-le dans les eaux. Demeurez concentré et patient, et, avec le temps, votre outil méditatif permettra à votre désir de se réaliser.

J'ai grandi dans le Colorado. Lorsque j'étais une jeune enfant, je me souviens être allée pêcher avec ma mère au lac Evans, dans les montagnes à l'extérieur de Denver. J'aimais ce sport parce que c'était une aventure ; donc, cette vision de contemplation a immédiatement captivé mon imagination et s'y est accrochée.

Dès que les Émissaires du Troisième Rayon me l'ont suggérée, j'ai commencé à lancer mon hameçon méditatif pour de petites choses, telles que de l'inspiration lors de mes lectures psychiques avec mes clients, de l'aide quand je donnais des ateliers de travail et une direction dans mes relations. Finalement, j'ai commencé à rechercher des idées pour des livres, des essais, des visualisations guidées pour mes étudiants et des façons d'améliorer la qualité de ma vie familiale. Plus je pêchais, plus « j'attrapais » d'idées, et plus vite le processus devenait automatique. Maintenant, je vais dans la Mer divine des possibilités pour tout ce dont j'ai besoin.

Jusqu'ici, cela fonctionne à merveille pour moi ; j'ai accroché des choses qui sont de loin plus formidables que ce que j'aurais pu imaginer par moi-même. C'est une merveilleuse méthode pour quiconque est aux prises avec une routine ou se sent peu inspiré.

La « pêche » active est une forme plus divertissante de contemplation. Cela contourne également les perceptions limitées de votre ego et vous donne un accès immédiat aux Solutions divines.

Il est important d'être patient en utilisant cette méthode, parce que le plus grand obstacle à n'importe quelle forme de méditation est une attention de courte durée. Aussi sûrement que vous n'attraperez pas de poisson si vous lancez une ligne dans la mer et la retirez immédiatement, votre hameçon méditatif ne produira pas de résultats si vous êtes agité et ne demeurez pas immobile.

La télévision et les médias ont réduit votre temps de concentration, et vous ont conditionné à vous attendre à une satisfaction instantanée. C'est irréaliste parce que la vibration du plan physique bouge à son propre rythme et à sa propre vitesse. Si vous n'êtes pas pressé et êtes consistant lorsque vous méditez, l'Univers réalisera finalement vos désirs, conformément à son propre horaire. C'est la Loi divine.

Aller à la pêche pour trouver des solutions transforme la méditation en une aventure excitante, bienheureuse et créative.

Plusieurs grands inventeurs – incluant Thomas Edison, Albert Einstein, les frères Wright, Walt Disney, Marie Curie et Louis Pasteur – citent une forme similaire de concentration comme un moyen leur ayant permis de découvrir leurs secrets. Ils méditaient tous continuellement en cherchant des idées, des créations et des solutions, et ils se concentraient à recueillir les réponses et l'inspiration. Même maintenant, ce n'est pas inhabituel d'entendre une personne innovatrice – ou n'importe qui, d'ailleurs – dire qu'une pensée « l'a assaillie » ou qu'elle a été « accrochée » par une idée.

J'ai moi-même expérimenté ceci quand, l'été passé, j'ai commencé à penser à quel point il serait formidable de passer une semaine à Aspen pour Noël. J'ai débuté une recherche sur cette idée, pour découvrir à quel point c'était dispendieux. Découragée, j'ai simplement médité sur mon désir, et j'ai considéré comment il fallait que je m'y accroche pour qu'il devienne possible. La clé a été que j'y ai pensé – je ne me suis pas inquiétée ou je n'ai pas essayé de le calculer. J'ai simplement lancé ma pensée dans la Mer des possibilités et attendu que quelque chose morde. Six semaines plus tard, j'ai assisté à une collecte de fonds pour une clinique de soins médicaux à Kansas City, et le grand prix dans l'un de ses concours était un séjour d'une semaine dans une maison avec trois chambres à Aspen.

Ah, ah! ai-je pensé. Voilà ce que j'ai attrapé! À mon ravissement, pas vraiment surprise, j'ai gagné. J'ai téléphoné pour vérifier si je pouvais utiliser la maison durant la période de Noël, et je me suis fait dire que c'était l'unique semaine qui était réservée par les propriétaires. Terriblement déçue, j'ai dit que je comprenais. Après tout, c'était l'un des endroits les plus enviables dans le monde pour les vacances d'hiver et ce, durant la semaine de l'année la plus populaire. Toutefois, j'ai continué à me concentrer pour attirer mon congé spécial. Je n'avais rien à perdre.

Au début décembre, la secrétaire des propriétaires de la maison a appelé inopinément et a dit que leurs plans avaient changé et que la place était maintenant disponible quand je la voulais. J'avais « attrapé » mon souhait! Le simple fait de garder mes pensées fermement focalisées avait occasionné le changement des choses. Comment? Je ne le sais pas. C'est la beauté de la méditation active : vous n'avez pas à comprendre comment cela fonctionne – c'est laissé au mystère de la Source.

Méditez activement sur la beauté de toutes les créations de Dieu. Vous êtes un reflet et une expression superbes de cette Beauté divine; toute vie est éblouissante. Méditez dès maintenant sur la splendeur de votre existence. Voyez combien d'expériences glorieuses vous pouvez accrocher et attirer dans votre sphère. Concentrez-vous sur le charme de chaque individu que vous rencontrez. Il y a un Esprit éternel à l'intérieur de chaque être, et quand vous méditez activement sur la Lumière céleste à l'intérieur des autres, vous attirez leur grâce dans votre vie. Les gens s'illuminent, sourient, vous regardent dans les yeux et reconnaissent aussi votre âme. Ils coopèrent, vous ouvrent leur cœur et envoient leur énergie créative dans votre direction. Votre monde se transforme immédiatement en un endroit plus amical, plus positif et plus aimant.

Il y a deux jours, je suis montée dans un avion vers Hawaï afin de faire un exposé pour un groupe de personnes. Il m'a été donné un siège dans la section du milieu, ce qui n'était pas génial, mais la réaction de ma voisine fut exaspérante. Horrifiée par l'attribution de son siège médiocre, elle fit une forte colère. Lorsqu'elle s'aperçut que ses ruses n'arrivaient pas à lui faire obtenir un déplacement, elle s'est mise à tempêter contre la préposée et quiconque qui regardait vers elle.

Consternée devant la perspective d'être assise à côté de cette femme à l'énergie hostile pour les prochaines dix heures, j'ai commencé à méditer sur sa beauté. Elle était difficile à percevoir, étant donné son état à ce moment-là; j'ai alors admiré l'attrait de sa rage et de sa passion. Les yeux fermés, j'ai maintenu mon attention durant la procédure entière de l'embarquement et de l'envol. Rapidement, elle s'est calmée et s'est endormie. Par bonheur, elle ne s'est pas réveillée pendant la durée complète du voyage. Quand nous avons atterri, elle m'a regardée et m'a dit :

– Excellent vol !

Oui, en effet – pour chacune de nous.

Méditer activement sur la beauté l'attire sous toutes ses formes, et rien ne nourrit mieux votre esprit. Cela vous procure de la force et vous nourrit à un niveau cellulaire. Engagez-vous chaque jour dans cette contemplation. Vous y deviendrez accroché.

Maintenant, vous pouvez appliquer cette leçon :

– Si vous n'avez aucun intérêt dans la méditation, êtes trop nerveux et agité pour tranquillement vous concentrer, essayez de le faire, mais n'y arrivez jamais; ou que vous pensez que c'est une perte de temps prétentieuse... alors, vous êtes un **étudiant** par rapport à cette leçon.

— Si vous ne savez pas comment méditer ; que vous vous forcez à le faire parfois ; que vous êtes curieux au sujet du processus et voulez apprendre ; ou que vous vous assoyez occasionnellement pour réfléchir au mieux... vous êtes alors un **apprenti**.

— Si vous êtes en train d'apprendre à méditer et que vous aimez l'expérience ; que vous croyez que c'est important, vous inquiétant rarement depuis que vous avez commencé cette pratique ; ou que vous débutez vos journées avec contemplation... alors, vous êtes un **compagnon**.

— Si vous méditez régulièrement, remarquez la beauté dans la vie, êtes naturellement patient ou réalisez que votre concentration attentive « accroche » des choses provenant de la Mer des possibilités, et que vous aimez aller à la pêche... vous êtes alors sur la voie de **maîtriser** cette leçon.

Si vous êtes un **étudiant**...

- Portez attention à ce qui vous inquiète d'une journée à l'autre.
- Procurez-vous un carnet de notes de poche et écrivez-y ce sur quoi vous voulez vous concentrer.
- Faites un bricolage de vos intentions et affichez-le bien en vue dans votre maison.
- Pratiquez la méditation par la marche : sortez faire une promenade et remarquez la quantité de belles choses qui sont présentement dans votre vie.

Si vous êtes un **apprenti**...

- Programmez votre réveille-matin quinze minutes plus tôt chaque matin, et utilisez ce temps afin de contempler vos projets pour la journée.

- Créez une chanson simple ou un mantra qui exprime vos désirs, et chantez-les comme une forme de méditation active.

- Procurez-vous une montre que vous pouvez programmer pour sonner une fois l'heure. Quand elle tinte, remarquez sur quoi vos pensées sont fixées à cet instant. Interrompez-les si elles sont contre-productives à vos souhaits, et changez-les pour les aligner avec ce que vous voulez vraiment.

- Faites une liste de toutes les choses positives et satisfaisantes qui se déroulent actuellement dans votre vie, et remarquez combien de temps vous avez mis à vous concentrer pour réaliser ces expériences inspirantes.

Si vous êtes un **compagnon**...

- Par votre imagination, figurez que vous allez à la pêche et prenez la décision d'attraper quelque chose de merveilleux.

- Avant d'aller vous coucher, prenez de dix à quinze minutes pour vous remémorer toutes les façons avec lesquelles Dieu vous a démontré de l'amour durant la journée. Voyez si la liste s'allonge après une période d'une semaine.

- Chaque matin, juste avant de méditer, écrivez une ou deux questions et lancez-les comme des hameçons dans l'Univers.

- Soyez ouvert à « accrocher » les réponses.

- Commencez à remarquer toutes les idées qui affluent dans votre cerveau durant la journée, et voyez comment elles retardent les réponses à vos expéditions de pêche méditative.

Si vous êtes sur la voie de **maîtriser** cette leçon...

- Profitez de chaque journée comme une méditation positive et créative.

- Chaque jour, retirez-vous pendant dix minutes à l'heure du dîner pour vous conditionner à recevoir Dieu activement dans votre vie.

- Chaque fois que vous avez besoin d'une réponse ou d'un conseil, allez à la pêche durant votre période de réflexion, utilisant vos questions comme hameçons.

- Percevez chaque chose dans votre vie comme malléable et fluide, et utilisez votre contemplation pour remodeler le monde afin d'être plus aligné avec ce qui est important et ce qui vaut la peine d'être créé.

La leçon de votre âme

La méditation est la création active.

Le but de votre âme

Être une méditation vivante de la beauté dans ce monde.

Leçon de l'âme # 19

Aimez votre corps

Aimez votre corps. Reconnaissez-le pour ce qu'il est : un Esprit divin dans une forme physique. Il est une création sacrée sur le plan terrestre, et il devrait être adoré et respecté comme tel, une belle expression de Dieu.

Toute chose dans l'Univers matériel est l'œuvre du Créateur, incluant votre corps. Non seulement est-il sacré, mais il est, en fait, un merveilleux vêtement énergétique que porte votre Être intérieur. Chaque forme corporelle est un aspect concentré de l'Esprit qui sert à vous imprégner de la beauté de Dieu.

L'idée d'aimer votre moi de chair et de sang peut être étrangère à votre façon de penser, spécialement si vous avez reçu une éducation religieuse qui y projetait de la honte. Ceci est une grave erreur, et elle est dommageable pour l'âme.

Lorsque j'étais une jeune fille à l'école catholique de St-Joseph, les autres enfants et moi recevions régulièrement des cours sur la manière dont nous devions couvrir notre corps, refouler et renoncer à nos fortes envies physiques, et ne jamais céder à nos désirs sexuels hors du mariage, conservant plutôt nos pensées pures et saintes.

En repensant à ces leçons, je comprends le raisonnement et la motivation des professeurs; je ne suis pas totalement en désaccord avec leurs intentions, avec lesquelles je me sens assez généreuse en croyant qu'elles étaient de nous protéger des choix qui auraient pu faire du tort à notre esprit. Des décisions, telles que celles d'avoir des relations sexuelles à un trop jeune âge ou encore sans amour véritable, et de vivre un lien intime avec une autre personne, peuvent être assez démoralisantes, sans mentionner les dégâts causés au corps.

Néanmoins, nos guides moraux, dans leur manière zélée, ont insisté à plusieurs reprises sur le fait que notre moi physique était impur et représentait une occasion de pécher. Sans étonnement, cela nous a laissés anxieux et déterminés à nous distancer le plus possible de cet aspect « impie » de nous-mêmes.

Après avoir fait des lectures psychiques pendant plus de trente ans, j'en suis venue à reconnaître combien un grand nombre de personnes étaient souffrantes et honteuses par rapport à leur corps. J'ai été témoin de la lutte des autres, me demandant avec espoir s'ils allaient un jour traverser, surmonter ou s'échapper de leur forme humaine temporaire une fois pour toutes, pensant qu'une telle renonciation était un signe d'évolution spirituelle.

Il n'y a rien d'impur ou de dépravé au sujet de votre moi vivant. Ses fonctions sont remarquables : elles sont des réflexions fascinantes et sophistiquées du Divin en action, se produisant la plupart du temps sans la conscience de votre esprit conscient.

Patrick, mon mari, a eu cette révélation lorsqu'il est retourné à l'école à l'âge de quarante-cinq ans pour devenir un massothérapeute certifié. Après une année d'études sur l'anatomie – la construction des muscles et des nerfs, la circulation sanguine, la chimie et le mouvement –, il a développé une vénération et un respect pour la complexité et la sophistication de cette amas élaboré de cellules.

– Vous ne pouvez pas faire autrement que de vous émerveiller devant ceci, a-t-il dit, sinon que de noter l'ingénierie qui maintient le tout sans aucune pensée consciente de notre part.

Considérant qu'il avait l'habitude de critiquer son corps par manque de connaissances, sa formation a élevé sa conscience et sa sensibilité à un tout autre niveau d'appréciation et de considération. Il refuse maintenant de parler de la forme humaine de quiconque sans un profond respect. En revanche, les notions de jugement et de rejet puritains ont été présentes depuis des siècles, spécialement dans les cultures patriarcales.

Respectez et honorez l'importance de votre carcasse temporelle sacrée, puisqu'elle est réellement un temple pour le Divin à l'intérieur. Elle abrite votre esprit et vous donne un domicile.

J'ai découvert que si les gens ne sont pas trop occupés à essayer de se distancer de leur corps à cause de croyances morales erronées, ils le rejettent et se détestent à causes d'idéaux encore plus douteux et dommageables concernant ce qu'ils considèrent comme beau.

La chose la plus cinglée à propos de cette folie est que le genre de physique que vous avez n'a même pas d'importance. De par mon expérience, ceux qui sont considérés comme très séduisants sont tout aussi critiques et préoccupés à mépriser leur apparence que ceux qui n'auraient peut-être pas été perçus comme tel.

Après trente ans d'expérience comme guide intuitive, je dirais que ce manque d'acceptation est peut-être le problème psychique numéro un avec lequel les gens se débattent. À ma grande horreur, je vois cette épidémie affliger de plus en plus de jeunes individus – particulièrement des filles.

Je viens juste de faire une lecture psychique pour une splendide jeune fille de onze ans, qui a été amenée par sa mère à cause d'une obsession de poids, bien que celui-ci était dans l'échelle moyenne. À cause de sa perception, elle refusait de manger. Ses perceptions de la beauté, spécialement de la sienne, ont été détournées lors de sa première année au premier cycle du secondaire, où les standards étaient dictés par les revues pour ados, MTV, et les étudiantes les plus populaires du deuxième cycle du secondaire. Son corps, ne se conformait malheureusement pas à ces idéaux ; elle a donc décidé que c'était inacceptable et s'est mise à le détester.

C'est absurde, direz-vous, spécialement pour quelqu'un de son âge, mais la plupart des adultes que j'ai rencontrés sont tout autant préoccupés à se rejeter pour les mêmes raisons. La plus grande obsession des femmes de plus de vingt-cinq ans est de maigrir en suivant un régime, et le nombre de personnes recherchant la chirurgie plastique pour des raisons uniquement esthétiques atteint maintenant les centaines de milliers.

J'ai expliqué à ma jeune cliente que sa forme humaine était un revêtement sacré pour son esprit et qu'il devait être aimé et entretenu plutôt que traité avec mépris et dégoût.

Mais quand je lui ai demandé ce qu'elle pensait de son corps, elle a dit, sans un moment d'hésitation.

– Je le hais.

Elle n'avait aucune appréciation ou compréhension qu'il s'agissait d'un vaisseau céleste pour l'âme, et elle était incapable d'accepter ce que je disais. Dans son esprit, c'était une masse de chair récalcitrante et moche dans laquelle elle était prise au piège et qu'elle ne pouvait pas contrôler.

Il a fallu une très longue conversation avant qu'elle ne soit prête à le voir sous un autre angle. Après une bonne réflexion, elle a finalement été capable de considérer son moi physique comme partie intégrante de son Essence intérieure plutôt que quelque chose d'accablant, mais l'actualisation de cette vérité n'est pas venue facilement.

Soyez bien ancré et heureux dans votre propre peau. Votre corps est votre temple personnel, et il procure la paix, le pouvoir et la protection. Cela n'a rien à voir avec sa forme, sa grandeur ou ses traits. C'est un Contenant divin pour l'Esprit qui repose à l'intérieur. Chacun de vous est une manifestation unique de Dieu, et votre forme terrestre est parfaite pour vous.

Pour avoir une meilleure compréhension de la façon dont les idées et les émotions modèlent l'expression physique, visionnez le film <u>Que sait-on vraiment de la réalité !?</u>, un documentaire excitant sur la pensée, le sentiment et la réalité physique. Il explique que si vous voyez votre corps comme un morceau de chair répugnant, méprisable et indiscipliné, vous créerez une réalité physique qui reflétera éventuellement cette même croyance.

Le temple de l'esprit, comme toute autre chose dans le monde matériel, n'est pas solide. Il est fluide et malléable et se conforme à la vision mentale et aux sentiments que vous maintenez à son sujet. Si vous méprisez votre corps, il reflétera votre haine à travers les maux, la douleur et la maladie. Si vous l'aimez et le traitez tendrement, il reflétera votre attitude en ayant de la vitalité et de la force, et par la santé.

Mon client Elray est né avec une jambe ayant deux pouces de moins que l'autre. On lui a fait porter une chaussure adaptée pour compenser le déséquilibre et pour qu'il puisse marcher. Il a été chanceux parce que, depuis l'enfance, sa grand-mère lui a constamment raconté qu'à sa naissance, ses anges gardiens avaient tiré sur l'une de ses jambes, essayant de l'attirer sur Terre alors qu'il ne voulait pas quitter le Ciel pour jouer ; c'est ce qui expliquait que l'un de ses membres était plus long que l'autre. Elle le serrait dans ses bras et l'embrassait, et elle le remerciait pour avoir finalement accepté de laisser les messagers célestes l'amener vers elle. Cette histoire le ravissait et l'enchantait, et elle le faisait se sentir chanceux.

Sans étonnement, quand il a commencé l'école, les autres enfants l'accablaient de sarcasmes au sujet de son apparence, mais il n'y portait pas attention. Il leur racontait avec fierté l'histoire de ses anges et leur disait qu'il était très heureux de sa jambe plus courte. Sa confiance les fascinait et a fait de lui un héros. Non seulement Elray refusait d'adhérer à d'autres idées de beauté, mais il acceptait pleinement sa beauté unique sans excuse. Il pensait que sa jambe était merveilleuse et il marchait avec confiance.

Les enfants ont cessé de le rejeter puisque leurs railleries tombaient dans l'oreille d'un sourd, et ils sont plutôt tombés amoureux de lui. Il était une vedette à leurs yeux. Elray défiait toutes les lois concernant ce qui est attirant, et osait s'aimer tel qu'il était, comme sa grand-mère le faisait. Une telle décision éclairée a fait de sa vie une joie et l'a distingué des autres comme étant un exemple de ce que c'est d'être incarné dans l'Esprit.

Quand son premier fils eut trois ans, Elray m'a téléphoné :

– Pouvez-vous croire que mon fils est revenu de la garderie en pleurant aujourd'hui ? Il a parlé de ma jambe et de l'histoire des anges à ses amis. Il voulait savoir pourquoi lui n'avait pas une jambe plus courte que l'autre, comme la mienne. Il voulait un signe que ses anges l'avaient également tiré.

– Qu'avez-vous dit ? ai-je demandé.

– J'ai pointé ses grandes oreilles et je lui ai dit qu'ils avaient plutôt tiré sur elles. Il était ravi.

Appréciez et émerveillez-vous du travail d'art qu'est votre véhicule physique. Sans un effort conscient de votre part, votre cerveau fonctionne, votre cœur bat, vos organes se purifient et vous nourrissent, votre estomac digère, votre peau respire et un million d'autres étonnantes fonctions sont en marche naturellement.

Votre corps vous permet de parler, penser, chanter, bouger, de ressentir, de vous exprimer et d'avoir du plaisir à l'intérieur de ce plan terrestre. C'est un parfait et miraculeux instrument pour l'évolution de votre âme ; et il doit être complètement apprécié, respecté et aimé.

Soyez reconnaissant pour toutes les merveilleuses possibilités que votre moi physique vous offrent. C'est un outil incroyable pour faire grandir votre esprit, et il reflète vos choix afin que vous puissiez voir, sentir et expérimenter exactement ce que vous ressentez à tout moment.

C'est le moyen idéal pour exprimer votre pouvoir créatif. Être hors de votre corps après la mort ne vous permet pas de contourner ses leçons d'évolution, comme le croient faussement certaines personnes. Tout ce que cela vous donne est un repos temporaire jusqu'à ce que vous acquériez de l'énergie et soyez prêt à retourner dans l'arène matérielle, à prendre une autre forme humaine et à continuer d'apprendre comment devenir un maître créatif.

Vous ne pouvez pas aspirer à de plus hauts niveaux de conscience avant d'être en paix à l'intérieur de votre conscience physique actuelle. Votre corps est votre meilleur professeur parce qu'il reflète précisément comment vous vous voyez. Ceci ne veut pas dire que vous devez vous efforcer de devenir un spécimen idéal de beauté ou de santé – particulièrement quant aux standards des autres. Au lieu, réalisez que vous êtes déjà parfait aux yeux de Dieu, et aimez complètement votre Temple divin.

Mon client Fred n'a pas pris soin de son corps pendant des années. En fait, il a fait des choix nuisibles durant la majeure partie de sa vie adulte. Il fumait, buvait à l'excès, se surmenait, s'accordait rarement du temps et mangeait de la nourriture avec peu de valeur nutritive. Tout cela s'est poursuivi jusqu'à ce qu'il atteigne cinquante-neuf ans. Puis, un jour, au travail, il a fait une crise cardiaque. Heureusement, l'un de ses collègues a su reconnaître ce qui lui arrivait et l'a conduit à l'hôpital en moins de quinze minutes. Il a reçu un traitement suffisamment rapidement pour qu'il ne souffre pas de séquelles à long terme.

Il a été si surpris de sa vulnérabilité, et reconnaissant envers ceux qui l'avaient sauvé qu'il a apporté des changements radicaux à sa vie : parce qu'il avait été épargné, il a fait le serment de changer ses habitudes et de mieux traiter son corps.

Fred a cessé de fumer, de boire et de manger de manière insouciante. Il s'est mis à l'exercice et a arrêté de travailler les weekends. Il s'est soudainement mis à aimer la vie et le fait qu'il respirait toujours; il voulait continuer à vivre dans un corps qui fonctionnait bien. Il n'a pas abandonné ses habitudes destructrices par peur, ou par soumission aux avertissements de son médecin. Il l'a fait parce qu'il avait décidé d'être bon envers lui-même, parce qu'il appréciait de ne pas être mort ou handicapé suite à sa crise.

Il a dit que ce n'était même pas difficile :

– Pendant que j'étais dans les « vapes », j'ai eu une discussion avec Dieu, a-t-il expliqué. Il m'a demandé si je voulais vivre. J'ai dit oui, bien sûr, et j'ai entendu comme une réponse : « Alors, montre-le en étant bon envers ton corps. » C'est tout ce qu'il m'a fallu. Je suis un homme changé – plus en santé et plus heureux.

Ne dites jamais un mot désagréable à propos de votre aspect physique. Ne dites pas qu'il est gros, laid, vieux, trop grand, trop petit, trop chauve ou trop maigre. Aimez-le tel qu'il est, et appréciez combien il vous sert tendrement. Connaissez votre corps, puisque chacun a ses propres exigences pour l'équilibre et la santé. Quelles sont les vôtres ? Prenez-en soin et écoutez ce dont il a besoin pour son équilibre. Remarquez également ce que vous mettez dans cet étonnant instrument de vie. Est-ce bon pour vous ? Ou est-ce que cela vous nuit ? Connaître les réponses est une réflexion d'amour.

Ma voisine Susan a un jour remarqué qu'elle ne se sentait pas bien après avoir mangé de la viande. C'était une simple prise de conscience qu'elle a finalement reconnue. En abandonnant cette nourriture, elle s'est sentie complètement mieux.

D'autre part, j'ai cessé de manger de la viande pendant plusieurs années, et je suis devenue malade, fatiguée et faible. J'ai porté attention et j'ai découvert qu'il était important de la réintégrer à mon alimentation.

Mon mari, Patrick, et ma fille, Sabrina ont tous deux besoin de beaucoup d'activité d'aérobie traditionnelle pour se sentir bien. Ma fille Sonia se sent mieux quand elle fait du yoga et qu'elle dort le matin.

Il n'y a pas de manière unique de prendre soin de votre corps, sinon que de lui fournir l'essentiel, évidemment – un bon sommeil, beaucoup d'eau, des aliments nutritifs et de l'exercice. Écoutez-le, et il vous dira ce dont il a besoin.

En plus de votre moi corporel, vous avez aussi des corps mental et émotionnel qui nécessitent des soins. Les pensées positives, la gratitude, et le respect et l'appréciation de soi sont des combustibles pour l'entité mentale, tandis que les compliments, le rire, du temps de relaxation et l'amusement social sont des moyens de subsistance pour l'entité émotionnelle.

Mon mari, un homme extraverti, a besoin de rassemblements sociaux, alors que moi, l'introvertie, j'ai besoin de passer du temps seule. Nous sommes tous uniques quant à ce que nous requérons pour entretenir notre corps.

Dites-vous : « Je t'aime » chaque fois que vous voyez votre reflet. Ne dites jamais que vous vous détestez, et n'utilisez pas le terme « haïr » en vous référant à votre corps, puisqu'il est un Revêtement de lumière divin. Vous pouvez lui donner l'apparence que vous souhaitez. Il est réceptif, résistant, robuste, indulgent et absolument honnête. Il s'adaptera à l'image que vous maintenez — pas immédiatement, mais assez tôt. Pour modeler naturellement votre moi physique en un véhicule qui vous plaît — sans avoir recours à la chirurgie plastique, à la liposuccion ou à d'autres changements extrêmes — portez-lui de l'adoration et de l'appréciation, maintenez fermement la vision que vous recherchez dans votre pensée et votre cœur, et choisissez des comportements qui soutiendront le résultat désiré. Chérissez votre véhicule sacré, et il vous aimera en retour.

Une dernière remarque : nous souhaitons aborder les difformités, la maladie chronique, les malformations congénitales et d'autres maux, et la façon d'aimer votre corps lorsque vous faites face à ces épreuves. Comme nous l'avons dit plus tôt, le plan terrestre est la meilleure arène pour l'évolution spirituelle et le développement de votre âme. Quand une personne affronte une difficulté physique, cela représente une opportunité de faire grandir son esprit d'une manière particulière. Ça peut être une occasion d'apprendre à abandonner le contrôle, ou à se développer à d'autres niveaux. D'un autre côté, le but d'une certaine invalidité ou d'une maladie n'est parfois pas de servir la croissance personnelle de l'individu affligé, mais de renforcer les Qualités divines de ceux autour de lui. Dans ce cas, c'est un choix spirituel pris pour aider les autres. Ou bien, la raison de cette expérience peut être, pour l'individu en question, d'apprendre à accepter l'amour venant des autres.

Peu importe ce que peut être la leçon particulière de tout handicap ou désordre, ou de toute maladie chronique ou catastrophique, c'est un outil d'enseignement choisi par le Moi Supérieur pour appuyer son but. Respectez cette décision et apprenez d'elle sans jugement.

J'avais un client dont les séries d'invalidités physiques et mentales semblaient sans fin. Mais, en dépit de ses épreuves, ou peut-être à cause d'elles, il a appris deux leçons de l'âme cruciales : tout d'abord, d'abandonner son ego personnel à Dieu plutôt que d'être dominateur ; et, deuxièmement, de recevoir et d'accepter l'amour des autres, spécialement de ceux qui prenaient soin de lui et qui l'entretenaient. Plusieurs autres personnes se sont également fait donner des cadeaux à cause de ses maladies. Ce n'était pas une situation simple. Quand il est question de problèmes de santé, ce n'est jamais simple.

Pour prendre soin des trois corps — mental, émotionnel et physique — l'amour est le meilleur remède. Traitez votre corps avec tendresse, prenez-en judicieusement soin et parlez-lui avec respect. Portez-le fièrement comme le Revêtement personnel divin de l'Esprit.

Maintenant, vous pouvez appliquer la leçon.

— Si vous critiquez votre corps ; que vous dites souvent « Je le hais » en vous référant à lui ; que vous lui portez nuisance avec des substances toxiques ou ignorez ses besoins fondamentaux et le poussez trop loin… alors, vous êtes un **étudiant** dans l'apprentissage de cette leçon.

— Si vous essayez d'accepter votre forme physique ; que vous portez occasionnellement attention à la façon dont vous le traitez ; que vous pensez à faire de l'exercice et à vous reposer adéquatement même si vous ne le faites pas vraiment ; ou que vous reconnaissez que ce que vous mangez, buvez et faites affecte votre constitution… vous êtes alors un **apprenti**.

— Si vous êtes consciencieux à prendre soin de votre corps, que vous y pensez avec bienveillance et acceptez l'appréciation et les compliments des autres gracieusement ; que vous cherchez à créer une atmosphère positive peu importe où vous êtes, ou que vous vous abstenez de comparer votre forme humaine à celle des autres et que vous êtes simplement reconnaissant d'être dans votre véhicule unique… alors, vous êtes un **compagnon**.

— Si vous rendez souvent grâce à votre corps ; que vous écoutez ses messages ; que vous le dorlotez ; que vous aimez être dans votre propre peau ; et que vous faites chaque jour des choix santé pour votre moi de chair et de sang… vous êtes alors sur la voie de **maîtriser** cette leçon.

Si vous êtes un **étudiant**...

- Portez attention à votre corps et à la façon dont il réagit à ce que vous mangez, buvez, faites et pensez.

- Conservez des notes de vos observations.

- Dites souvent « Je t'aime » à votre moi terrestre.

- Placez des notes d'amour sur chaque miroir et chaque surface réfléchissante dans votre maison.

- Ne dites jamais de mots désagréables au sujet de votre apparence physique, spécialement « Je te hais. » Si vous vous échappez, dites à voix haute « Annuler, annuler. »

- Prenez au moins une journée de congé par semaine pour vous reposer, méditer, aller vous promener et relaxer.

Si vous êtes un **apprenti**…

- Faites de l'exercice quinze minutes par jour.
- Mangez des aliments sains.
- Buvez plus d'eau.
- Abandonnez des habitudes négatives, telles que fumer, boire à l'excès ou manger trop de viande ou de sucre.
- Complimentez-vous régulièrement à voix haute.

Si vous êtes un **compagnon**…

- Débutez chaque journée avec de profondes respirations et de légers étirements, et dites à votre corps à quel point vous êtes reconnaissant pour ses services.
- Offrez régulièrement à votre moi physique des traitements en témoignage d'amour, tels qu'un massage, un bon bain chaud ou une tasse relaxante de votre thé préféré. Reconnaissez tout haut que vous vous dorlotez.
- Parlez avec gentillesse de votre aspect physique à vous-même et aux autres quand l'occasion se présente.

- Remarquez comment votre environnement affecte votre corps, et éloignez-vous de ceux qui sont négatifs ou stressants aussi vite que possible par considération envers vous-même.

Si vous êtes sur la voie de **maîtriser** cette leçon…

- Remarquez les activités que votre corps aime, telles que danser, faire une sieste, s'étirer, marcher, prendre la main d'un être cher, écouter de la bonne musique ou manger un repas tranquillement ; et faites-en au moins une par jour.

- Portez une fine attention à votre régime alimentaire et ne consommez que ce qui vous fait sentir bien.

- Mangez et buvez en petites quantités afin de ne pas surcharger le fonctionnement de vos organes.

- Priez, méditez et contemplez les splendeurs de votre corps, et comment il vous rend chaque jour service, et remerciez-le souvent tout haut.

La leçon de votre âme
Votre corps est sacré.

Le but de votre âme
Vivre fièrement dans le revêtement terrestre de votre esprit.

Leçon de l'âme # 20

Régénérez votre âme

Régénérez votre âme, votre lumière intérieure, en vous connectant au Soleil Vivant, qui est votre source et le donateur de la vie sur votre planète. Le soleil n'est pas seulement une sphère de gaz flamboyante et impersonnelle, mais aussi une forme de conscience vitale qui vous fournit, ainsi qu'à tous les autres organismes sur Terre, la capacité de vous nourrir.

À l'intérieur du brasier, le soleil physique est une conscience — une vibration intense et aimante qui irradie vers votre monde pour activer, éveiller et maintenir votre esprit. Vous avez un centre analogue dans votre corps afin de recevoir et amasser cette force de vie : votre cœur. Il est l'équivalent du soleil dans votre moi de chair et de sang. Il accumule l'énergie à partir de la Source chatoyante, puis l'envoie dans chacune de vos cellules. Plus vous amassez de lumière et la transmettez à toutes les parties de votre être, plus vous devenez en santé, heureux et éclairé.

Quand votre âme absorbe la lumière, vous pouvez effectivement la sentir et même la voir à l'intérieur et autour de votre corps. Vous avez des étincelles dans les yeux, votre aura est éclatante, votre sourire s'illumine et l'on dit que vous brillez. Vous canalisez également un plus haut niveau de force de vie dans le champ d'énergie qui entoure votre moi physique. Vous devenez intéressant et envoûtant. Ce plus grand afflux de pouvoir illumine votre aura et attire les autres vers vous au même titre que les lumières festives dans l'arbre de Noël captivent les gens.

Respectez le Soleil comme un être d'Essence transcendante qui vous soutient. Tout comme la terre est une conscience vivante que nous appelons *Gaïa* — la Mère divine —, votre étoile est aussi une Conscience sacrée reconnue comme étant votre Père céleste. Vous êtes des enfants dansant dans la sainte Lumière. Rassemblez-la pour vous nourrir.

Les anciennes civilisations avancées, telles que celles développées par les Égyptiens et les Aztèques, ont reconnu votre union avec le Soleil vivant. Elles lui ont rendu un culte et ont bâti des structures ; elles ont aussi porté des bijoux pour aider à capter son rayonnement dans leur corps. Vous pouvez rejeter ces cultures comme étant superstitieuses et ridicules, mais elles ne l'étaient pas. Leurs créations et réalisations étaient si sophistiquées que, jusqu'à ce jour, ils ont fait buter les érudits et les architectes qui ne réussissent pas à comprendre comment ces cultures ont pu réaliser ces créations.

Il y a environ quinze ans, Patrick et moi avons fait un second voyage en Égypte, là où nous nous étions fiancés dix ans plus tôt. Cette fois-ci, nous avons fait la visite à bord d'un bateau le long du Nil. À un certain endroit, nous nous sommes arrêtés dans la Vallée des Rois et avons été conduits hors des interminables dunes de sable, vers un vaste et tout à fait spectaculaire tombeau qui s'étend sur des milles de longueur.

C'était extrêmement difficile de comprendre, non seulement comment il avait été construit, mais aussi comment ses créateurs avaient été capables de voir suffisamment bien pour peinturer les hiéroglyphes qui couvraient les murs. Ils étaient peints avec des couleurs vives et paraissaient avoir été terminés le jour précédent, même si les voûtes avaient été construites des milliers d'années plus tôt.

Le guide a expliqué qu'un système très élaboré de plaques de bronze bien polies avait été utilisé pour refléter la lumière du soleil profondément dans les tunnels. À ce moment-là, j'ai trouvé cela intelligent, mais difficile à pleinement concevoir. Maintenant, je comprends que, pour concevoir une telle beauté, les Égyptiens ont réfracté les Rayons éternels de l'amour profondément dans le sol, presque comme une sainte union sexuelle entre Gaïa, le féminin divin, et le Soleil, le masculin glorieux. C'était plus que de l'ingénierie. Ces gens savaient très bien ce qu'ils faisaient et, à ce jour, les chambres de sépulture résistent encore, comme un témoignage du pouvoir de la lumière canalisée.

Le Soleil vivant vous donne la capacité de réaliser votre plein potentiel. Sa vibration est le mouvement très spécifique de l'amour illimité et inconditionnel. Il vous nourrit. Il se verse dans la terre, comble les plantes et devient votre carburant. Il crée vos sources de nourriture ainsi que vos matériaux de construction. Il entre aussi dans votre corps, lui faisant produire de la vitamine D qui forme vos os, votre peau, vos yeux et vos dents, et la densité de vos muscles.

Cela ne suffit pas d'amasser l'énergie du soleil dans votre moi physique ou de l'ingérer par le biais de vos sources nutritionnelles, bien que cela vous aide à continuer vers un niveau plus fondamental. Vous devez amener cette même lumière dans votre conscience — vos corps émotionnel et mental — pour réellement évoluer en un être éclairé. Vous faites ceci à travers votre cœur.

Ce centre de la forme humaine correspond au Soleil dans le système solaire. Votre noyau émotionnel est votre soleil personnel, et il est le receveur de la Lumière divine provenant de l'Étoile vivante. Lorsque votre cœur est ouvert, il rassemble naturellement la force de vie dans votre système chaque fois que vous allez dehors. Il l'amplifie ensuite et reflète cette énergie à l'extérieur, dirigeant cette lumière — amour — au-delà du moi et vers les autres. Ce processus vous régénère à tous les niveaux : la pensée, le corps et l'esprit.

Une fois que votre moi physique est rempli de cette lumière, vous devenez un immense générateur d'amour pour les autres en l'envoyant dans le monde. Plus votre cœur est régénéré, plus vous pouvez retrouver un puits profond d'adoration et d'affection à l'intérieur de vous-même. Comme résultat, vous devenez un meilleur donateur et évoluez en un meilleur être de lumière, accomplissant ainsi votre but.

Par surcroît, plus vous accumulez d'énergie rayonnante, plus vous devenez sensible aux vibrations autour de vous. Cette conscience intensifiée – ou plus exactement, *éclairée* – vous fait devenir plus sélectif dans vos choix.

Vous remarquerez tout d'abord un désir pour une alimentation plus saine, et vous serez naturellement attiré vers les aliments qui contiennent une grande quantité d'énergie du soleil, tels que les fruits, les légumes et les céréales. Voilà pourquoi vous choisissez si souvent de devenir végétarien une fois que la conscience de votre but devient plus grande. Plus vous mangez ce genre d'aliments, plus vous distribuez de lumière et d'amour à vos cellules. Ceci ne signifie pas que vous deviez cesser de manger de la viande ; toutefois, elle ne contient pas de lumière – seuls ces produits ayant grandi au soleil en ont.

Vous pouvez également observer un changement dans le genre de vêtements que vous préférez. Plus vous devenez conscient de rassembler l'énergie solaire dans votre moi physique, plus vous serez attiré vers des tissus grandement colorés, parce qu'ils reflètent plus d'éclat à partir du corps. Voilà pourquoi tant de gens spirituellement conscients préfèrent le blanc et les couleurs vives aux tons foncés. Même les religieuses et les prêtres qui revêtent des robes et des habits entourent leur visage ou leur gorge avec des cols ou des plastrons blancs pour amplifier la lumière de leur expression.

Ceci ne veut pas dire que les vêtements sombres sont inacceptables ; nous cherchons simplement à vous rendre conscient qu'ils bloquent le rayonnement, donc, portez-les avec prudence.

Vous devenez également sensible à votre environnement. Vous avez besoin d'un éclairage adéquat dans votre milieu naturel dans le but de bien réussir. Les endroits obscurs avec une mauvaise lumière ou un éclairage artificiel drainent votre âme et votre corps physique, comme les longues périodes grises et maussades de l'hiver.

Heureusement, la conscience collective de notre besoin d'une lumière appropriée pour nous rajeunir a donné lieu à un champ spécialisé. Maintenant, vous pouvez vous procurer un large éventail d'ampoules à spectre complet, lesquelles produisent le genre de rayons dont nous avons besoin pour nous régénérer. Allez simplement sur Google et tapez « luminothérapie », et vous aurez accès à tous les genres disponibles.

Vous deviendrez aussi plus sensible à l'ambiance énergétique. L'énergie obscure est nuisible pour vos cellules et ralentit la croissance de votre âme. Votre esprit ne peut tolérer très longtemps les vibrations discordantes, tendues ou dépourvues d'amour sans éprouver un épuisement de son énergie. Lorsque vous faites face à un environnement négatif et monotone, essayez d'illuminer les choses en étant « enjoué ». Si cela ne change pas l'humeur, allez-vous-en rapidement.

Quand ma cliente Annie était jeune médecin, elle a réalisé que tous les gens dans sa clinique étaient extrêmement hypocrites et souvent dévorés par la mauvaise humeur. Ils étaient critiques les uns avec les autres, envers les patients et les autres médecins, et n'avaient jamais rien de gentil ou de plaisant à dire au sujet de quoi que ce soit. Ils arrivaient en retard, étaient sur la défensive lorsque confrontés et acceptaient mal de se faire demander d'accomplir leur travail correctement.

Les efforts d'Annie pour illuminer les choses ont rencontré bien des murs de béton : elle a été exclue, son esprit rayonnant a été rejeté et elle a été affaiblie par le manque de lumière et d'amour.

Après cinq mois, elle souffrait sérieusement de leur grisaille psychique. Cela l'a rendue irritable, déprimée et même en colère. Aussi dur que c'était, elle a choisi de partir, retardant donc d'un an l'accomplissement des exigences de son internat.

– Mon cerveau me disait de rester, mais je ne le pouvais pas parce que l'énergie était trop sinistre là-bas, a-t-elle expliqué.

Annie a fait la bonne chose. Elle devait s'en aller parce qu'elle avait besoin d'une vibration plus lumineuse et plus aimante. Cette décision l'a amenée à passer de la médecine familiale à la pédiatrie, et bien que ce fût une plus longue route, cela a comblé son cœur.

Bien que la lumière du soleil soit essentielle à vos corps physique et spirituel, trop de lumière peut être surchargeant, et l'énergie déchaînée apporte des problèmes. En dépit du fait que recueillir la lumière – l'amour – soit une exigence fondamentale pour que l'esprit réalise sa plus haute vibration en tant qu'être de lumière, il y a un risque de ramasser trop de rayonnement, d'intensité et de passion à la fois, surchargeant ainsi votre système.

Même si vous avez besoin du soleil pour nourrir la vie, aux endroits où les filtres naturels de la Terre ont été détruits, la radiation incessante devient trop forte, menaçant de détruire la planète avec sa force ardente. Voilà pourquoi vous avez maintenant besoin d'un écran solaire et d'autres protecteurs pour vous protéger contre la surexposition à la concentration de l'énergie solaire.

Cette année seulement, j'ai rencontré plus de vingt clients de moins de quarante ans ayant le cancer de la peau. La plupart d'entre eux étaient des adeptes du soleil dans le passé, s'exposant des heures à l'extérieur afin d'avoir un beau bronzage, et n'utilisant souvent aucune protection. Pas besoin de dire que non seulement leur peau était endommagée et malade, mais cette exposition extrême menaçait maintenant aussi de cancer d'autres parties de leur corps. C'était choquant pour eux, et pour moi aussi.

Une partie du problème vient de notre manque de respect général pour la puissance du soleil, et de notre inattention sur la façon dont il nous affecte au niveau physique. De plus, nos politiques publiques nous ont permis de détruire la couche d'ozone, qui, jusqu'à présent, nous protégeait de l'intensité de notre Dieu Soleil vivant. Tôt ou tard, nous réaliserons nos erreurs et, avec un peu de chance, nous serons capables de les corriger avant d'être tous exposés au cancer.

Vous avez besoin de lumière chaque jour pour vous régénérer, mais il n'est pas nécessaire ou intelligent de se prélasser à l'extérieur pendant des heures. Environ vingt minutes est plus qu'adéquat. De la même manière, il est important de modérer vos dépenses d'énergie solaire, lesquelles se traduisent en feu, carburant et enthousiasme. Lorsque vous exprimez trop d'empressement et ne tempérez pas sa force, on dit de vous que vous brûlez la chandelle par les deux bouts. Quand vous ne réussissez pas à vous refréner malgré tous les avertissements, votre système nerveux devient surchargé et s'éteint — un syndrome que vous appelez « épuisement professionnel ». Dans ces situations, vous recueillez et gaspillez la puissance solaire continuellement, mais échouez à balancer votre âme avec l'énergie de la lune ou la réceptivité tranquille, créant donc un déséquilibre.

Je viens tout juste de lire, dans le USA Today, que plus de soixante-dix pour cent de la population souffre de surmenage et d'une carence de sommeil. En fait, l'épuisement et le manque de sommeil ont été cités comme le problème numéro un de la plupart des travailleurs professionnels à travers le monde. Évidemment, plusieurs d'entre nous doivent apprendre à éteindre les lumières et à se détendre, incluant moi-même. Si nous ne faisons pas cela, l'énergie du soleil que nous avons accumulée ne pourra être assimilée pour régénérer notre pensée, notre corps et notre esprit.

Bien qu'il soit important et essentiel pour vos corps physique, mental, émotionnel et spirituel d'être régénérés par le soleil sur une base quotidienne, une fois que vous vous êtes réapprovisionné, vous devez vous retirer et l'assimiler tranquillement. Il en va de même pour exprimer l'énergie du soleil sous la forme de l'enthousiasme et de l'effort. Soyez passionné, mais contenez cette énergie, et ne la laissez pas vous submerger.

Suivez l'exemple du Soleil Vivant comme gouverne. Il se lève chaque jour à l'heure, vous infusant avec une énergie lumineuse mesurée. Puis, il redescend afin que vous puissiez procéder et digérer ce que vous avez reçu. Vous n'avez pas besoin d'être nourri continuellement. À la place, vous devez vous reposer et avoir des répits contemplatifs. Soyez conscient de la tendance de votre esprit à s'exprimer, faire et prévoir à l'excès, brûlant donc tout votre carburant solaire et vous forçant à vous effondrer ou à devenir fatigué, épuisé ou drainé – votre affection la plus commune sur Terre à ce moment-ci.

En tant qu'Être divin conscient, soyez attentif à la quantité de lumière que vous absorbez dans une période de vingt-quatre heures. Souvenez-vous que la seule manière de l'accumuler dans le corps est de présenter un cœur ouvert au soleil chaque jour. Le vôtre est-il réceptif ? Sinon, vous privez votre âme de sa nourriture essentielle et en ressentez fort probablement les effets. Prenez la décision d'en recueillir vingt minutes par jour pour régénérer vos cellules et votre esprit. Vous remarquerez immédiatement la différence.

L'un des plus grands buts de votre Moi Supérieur est d'être un phare pour les autres. À quel point rayonnez-vous? Apportez-vous de l'énergie aux autres ou êtes-vous une ombre sinistre ? Est-ce que vous brillez ou si êtes-vous rempli de tristesse et de mélancolie ? Donner et partager la lumière et l'amour est votre raison d'être. Plonger dans l'obscurité bloque la vie et draine votre force vitale ainsi que celle des autres, vous mettant en retrait. Un être éclairé en est un qui envoie littéralement de l'avant la lumière et l'affection à la planète, et la destinée de votre âme est d'évoluer et de devenir un tel ambassadeur.

Vous êtes ici pour apprendre à être un Être de lumière ou « éclairé ». Le Seigneur de l'Univers a décrété : « Que la lumière soit ! » C'est la directive la plus concise que vous trouverez de votre but sur Terre. C'est tout à fait simple si vous reconnaissez que la lumière est l'amour.

Maintenant, vous pouvez appliquer cette leçon.

— Si tout va mal, que vous vous assoyez dans la noirceur ; que vous portez constamment de sombres couleurs ; que vous vous poussez à bout ou mangez insouciamment et évitez le soleil... alors, vous êtes un **étudiant** par rapport à cette leçon.

— Si vous reconnaissez le besoin de prendre les choses moins sérieusement, mais trouvez cela difficile ; que vous êtes sensible à l'ambiance d'un endroit et que vous réagissez négativement quand l'éclairage est mauvais ou pas assez éclatant ; que vous êtes fatigué et que vous vous sentez sans vie ; que vous êtes attiré par les gens enthousiastes et faciles à vivre même si votre énergie est sombre ; ou que vous préférez les fruits et les légumes aux steaks... vous êtes alors un **apprenti**.

— Si vous ressentez une attirance soudaine pour les couleurs légères et les lumières plus éclatantes ; que vous êtes enclin à être végétarien ; que vous aimez prendre un bain de soleil, garder les stores ouverts et emplir vos pièces de la lumière du soleil ; ou que vous savez quand arrêter, vous reposer et vous régénérer... alors, vous êtes un **compagnon**.

— Si vous faites rayonner votre esprit dans le monde ; que vous demeurez enthousiaste et optimiste peu importe ce qui se produit ; si vous allez dehors quotidiennement pour prendre du soleil ou que vous enthousiasmez les gens et illuminez leurs journées... alors, vous êtes bien sur la voie de **maîtriser** cette leçon.

Si vous êtes un **étudiant**...

- Procurez-vous des ampoules à spectre complet, et installez-les autour de votre maison et de votre lieu de travail.
- Prenez une marche quotidienne de vingt minutes à l'extérieur, et appliquez une crème solaire.
- Ouvrez les stores et les rideaux, et laissez entrer les rayons du soleil.
- Portez des vêtements aux couleurs claires pour refléter plus de lumière de votre corps.

Si vous êtes un **apprenti**...

- Mangez plus de fruits, de légumes et de céréales à grains entiers.
- Ouvrez votre cœur et pardonnez à ceux contre qui vous gardez des rancunes.
- Repositionnez vos meubles pour vous asseoir et dormir près des fenêtres.
- Repeignez vos murs pour réfléchir plus de lumière, et ajoutez des miroirs et des objets de cristal pour la réfracter encore plus.

Si vous êtes un **compagnon**...

- Infusez intentionnellement les autres avec le rayonnement de votre esprit ouvert.

- Assoyez-vous dehors et travaillez au soleil pendant quinze à vingt minutes par jour.
- Portez de l'or ou du cristal près de votre cœur pour capter plus d'énergie solaire dans votre corps.
- Déplacez-vous immédiatement de tout environnement toxique.

Si vous êtes sur la voie de **maîtriser** cette leçon…

- Apportez de la lumière aux situations et aux gens.
- Essayez de trouver des spas locaux offrant des saunas à infrarouge, et offrez-vous une visite.
- Portez du blanc sur la partie supérieure de votre corps au moins trois fois par semaine.
- Gardez votre cœur ouvert en ne prenant rien ni personne de manière personnelle.

La leçon de votre âme
Laissez entrer les rayons du soleil.

Le but de votre âme
Apporter plus de lumière dans le monde.

Leçon de l'âme # 21

Brisez les modèles négatifs

Toute chose dans votre monde est créée en répétant des modèles. En commençant par le zygote à la conception, les cellules se divisent des millions de fois. Ce processus est responsable du développement de tous les corps physiques. En fait, tout de la vie est basé sur divers genres de copie. Si vous étudiez une plante de près, vous voyez que les feuilles contiennent des arrangements d'énergie qui se reproduisent encore et encore. C'est tout aussi vrai dans le domaine de la construction. Les édifices et les maisons sont tous composés de motifs rythmiques de briques, de mortier, d'acier et ainsi de suite. Votre expérience physique est générée par la répétition.

Les modèles sont puissants quand les résultats qui sont reproduits sont sensés, bons et positifs. Cela ne devient un problème que lorsque le processus ne mène pas à un résultat désirable. Comme le programme d'un ordinateur fonctionnant avec une erreur, vous continuerez de créer les mêmes effets négatifs jusqu'à ce que vous arrangiez le pépin. Pour corriger vos erreurs énergétiques, vous devez démanteler le vieux modèle et le remplacer par un qui soit amélioré.

Ceci se fait en trois étapes. La première étape est de devenir conscient ou d'identifier le modèle incriminé. S'il implique un corps en mauvaise santé, un manque dans le monde matériel ou des relations insatisfaisantes, reconnaissez-le simplement sur un niveau impersonnel comme quelque chose qui va de travers. Soyez objectif et percevez la condition malheureuse avec neutralité. Rien ne travaille contre vous. Votre programme a seulement un défaut qui nécessite d'être réparé.

La deuxième étape est de comprendre l'origine de votre comportement habituel ou de votre façon de penser. Les modèles sont adoptés, soit à partir de l'environnement de votre enfance, des vies antérieures ou des conditionnements sociaux actuels. Essayez de localiser la source, parce que ceci vous aide à voir comment cette situation vous a servi dans le passé et pourquoi vous l'avez acceptée en premier lieu.

Dans le cas de ma tendance à me surmener, il s'agit d'un comportement appris de mon père. Parce qu'il a chaque jour façonné ce modèle quand j'étais enfant, il est facile de comprendre comment je l'ai adopté si facilement comme un style de vie. En l'étudiant, je vois qu'à un certain degré, du moins jusqu'à récemment, cela m'a été utile et m'a aussi servi. Après tout, cela m'a poussée à écrire plusieurs livres dans une courte période de temps ; à enseigner et à voyager partout dans le monde en élevant mes deux filles ; à opérer mon cabinet de consultation ; et à maintenir un mariage avec un homme fantastique, artistique et parfois exigeant – tout en même temps. C'était beaucoup de travail.

Mais, maintenant que mes filles sont grandes, que ma relation avec mon mari est moins difficile et que mon horaire est plus flexible, cette habitude ne me sert plus, voilà pourquoi elle doit cesser. Maintenant que mes désirs ont changé, je dois prendre des mesures pour créer le changement.

Une fois que vous êtes conscient du modèle indésirable, reconnaissez qu'il existe d'abord comme une vibration mentale ou un plan maintenu dans votre esprit subconscient. Pour changer des habitudes indésirables, vous devez altérer cette structure d'énergie intérieure et établir la nouvelle à sa place. Ceci est accompli à travers la cohérence. Il n'est pas suffisant de penser positivement de temps en temps. À la place, vous devez changer de façon permanente les vieilles habitudes cognitives par de nouvelles, résistant à toute tentation de retourner aux anciens réflexe.

Lorsque vous démantelez des modèles dépassés et les échangez pour de plus désirables, reconnaissez qu'ils ont simplement perdu leur utilité. Le secret n'est pas de juger comme mauvais quelconque de vos modes de pensée ou comportementaux — il s'agit juste d'accepter qu'ils ne sont plus appropriés étant donné vos désirs actuels. Si vous les condamnez, vous devenez émotionnellement accroché, ce qui les rend aussi adhérent que de la colle. Les jugements attachent, tandis que le non-jugement détache, ne soyez donc pas critique — observez simplement.

La troisième étape consiste à se départir des réponses émotionnelles qui viennent avec le plan mental original et d'en incarner de nouveaux qui correspondent à votre plus grande intention. Cessez de réagir automatiquement, et choisissez plutôt une approche qui reflète votre nouveau désir ou but.

Pour moi, cela signifiait de confronter la croyance que j'avais traînée toute ma vie, à savoir que le surmenage était vertueux et bon — quelque chose pour laquelle j'étais récompensée et qui me faisait sentir une personne supérieure. Je devais rétablir mes vibrations mentales pour qu'elles correspondent avec ma nouvelle décision, ce qui voulait dire que je devais cesser de devenir accablée de culpabilité aussitôt que j'arrêtais de travailler, et, à la place, de développer une vision positive du repos. Cela voulait aussi dire d'abandonner la fierté que je maintenais à propos de ma capacité presque olympique de travailler sur un projet sans même prendre de pause pendant des jours — ou même des semaines, si nécessaire — et de la reconnaître comme de la vanité autodestructrice.

Rien de ceci ne m'est venu facilement. Après tout, j'avais investi plusieurs années et même toute une vie dans ce modèle, lequel était très familier et servait comme une source d'autosatisfaction ; voilà quelque chose que mon ego inconscient n'était pas très chaud à l'idée d'abandonner. En fait, l'une des raisons pourquoi j'ai choisi cette famille-ci lors de ma présente incarnation, est qu'elle m'a offert une chance de réorienter cette habitude de trop travailler, l'ayant trimballée tout au long des quelques dernières vies. Parce que tous les membres de ma famille se donnaient tellement, je me sentais plutôt à l'aise. J'ai donc dû m'entraîner à me sentir bien par rapport à la relaxation. C'était une nouvelle expérience, mais j'ai aimé cela.

Vous transférez les programmes d'une vie à une autre, abandonnant les corps et les circonstances, mais pas les comportements — du moins pas automatiquement. Vous pouvez seulement vous changer consciemment en détruisant le vieux modèle, conformément au trois étapes susmentionnées. Votre leçon de l'âme la plus fondamentale sur Terre est de rapidement transformer ce qui ne vous sert pas. C'est l'unique place dans l'Univers où vous pouvez briser les habitudes restrictives qui vont à l'encontre du but recherché, et apprendre, à travers l'épreuve et l'erreur, à devenir l'Être de lumière immortel et créatif que vous êtes.

La manière la plus rapide de modifier une séquence de réponses est de la « feinter jusqu'à ce que vous la fassiez réellement », parce que la pensée subconsciente ne peut pas distinguer le réel du perçu. Un bon exemple de ceci est le citron. Imaginez que vous mordez dans un citron et voyez ce qui se produit. Vous allez immédiatement plisser le front et grincer des dents à cette pensée. C'est parce que, pour votre inconscient, vous êtes vraiment en train d'enfoncer vos dents dans un fruit aigre. La même chose se produit lorsque vous vous concentrez à être joyeux. Même si vous ne vous sentez pas heureux en ce moment, si vous commencez à agir comme si vous l'étiez, votre esprit sera dupé et commencera immédiatement à créer du bonheur. Essayez-le dès maintenant, et vous verrez comment cela fonctionne.

Les émotions sont des habitudes, tout comme les comportements. En appliquer de nouveaux est simplement une question de changement de routines. Exercez-vous à vous sentir positif et optimiste à propos de vos nouvelles réalisations, même si vous croyez que vous ne faites que suivre les gestes ou les « feinter ». Souvenez-vous que les émotions sont le carburant de la créativité. Sachant cela, vous pouvez choisir les plus puissantes qui mènent à d'incroyables résultats.

J'avais une cliente qui ne se sentait jamais séduisante ou remarquée par les autres. Acceptant ceci comme un modèle appris plutôt qu'une réalité inchangeable, en contrepartie, elle a décidé d'en créer un nouveau qui s'apparenterait à « je suis belle ». Avec son plan tout neuf en tête, elle s'est pratiquée à se sentir superbe. L'un des moyens qu'elle a pris pour y arriver a été d'éviter les miroirs et d'ignorer son apparence physique actuelle. Mises à part les quelques minutes du matin qu'elle prenait pour se préparer à aller travailler, elle évitait de regarder son reflet durant toute la journée. Elle se concentrait toutefois sur les émotions agréables tout au long de la journée. Plus elle le faisait, plus elle rayonnait sa nouvelle vibration. Il ne lui a fallu que trois semaines avant de commencer à recevoir des compliments de la part des autres – même des étrangers – à propos du charme qu'elle dégageait.

La prochaine étape est de changer votre comportement. Si vous voulez briser un modèle, vous devez *faire* quelque chose de différent. En outre, vous ne pouvez pas faire un effort uniquement une fois ou deux et vous attendre à des résultats ; vous devez remplacer de façon permanente l'ancienne manière d'agir par la nouvelle.

Je suis tombée par hasard sur la fascinante affirmation suivante dans l'oracle nordique antique The Book of Runes : « Il y a seulement un pouvoir dans l'Univers et c'est le pouvoir de décision. Tout le reste suit. »

Une fois que vous décidez de briser un modèle, l'Univers intervient immédiatement pour vous soutenir sous la forme du synchronisme, de l'inspiration, de l'opportunité et de la vitalité renouvelée. Dieu ne peut pas vous imposer votre divinité ; vous devez la choisir. Aussitôt que vous le faites, vous ouvrez la voie pour que le pouvoir divin vous serve.

Vous êtes le maître de votre vie, mais vous avez les guides, les anges et votre Créateur aimant qui sont disponibles pour vous aider. Changez les modèles en sachant que le Divin travaille avec vous. Il y a un dicton qui dit quelque chose comme : « Lorsque Dieu est avec vous, rien n'est contre vous. »

L'humour vous aide à transformer les comportements plus rapidement que n'importe quelle autre énergie. Moquez vous d'eux — avec affection, bien sûr, mais ayez un petit rire. Aucun d'eux ne détient réellement de pouvoir sur vous. Vous leur donnez de l'influence à travers votre attention, mais vous pouvez aussi la leur retirer. Vous pouvez avoir de la difficulté à faire ceci, mais vous n'avez pas à en avoir. Vous pouvez vous détacher du modèle beaucoup plus facilement en faisant la lumière sur vos habitudes. Les autres façons sont efficaces, mais utiliser le bon sens fonctionne beaucoup plus rapidement.

Mon client Forrest avait le modèle destructeur de fréquenter des femmes superficielles et manipulatrices qui l'utilisaient pour son argent, puis le laissaient tomber. Après une série de peines d'amour humiliantes, il a décidé de se joindre à un groupe de comédiens improvisé et à rire de sa vie amoureuse plutôt que de continuer à souffrir des mêmes erreurs encore et encore. Il a compris que cela serait moins dispendieux et moins nuisible pour son ego déjà rabroué, et qu'il n'avait rien à perdre.

En l'espace de seulement quelques semaines, Forrest a transformé sa misère émotionnelle en une routine très drôle qui captivait et amusait l'auditoire chaque soir. Rire de ses malheurs lui a valu un succès instantané. Soudainement, il s'est retrouvé inondé d'offres provenant de femmes qui avaient vu son spectacle et voulaient sortir avec lui.

Quelques mois après avoir lancé sa pièce, il a commencé à fréquenter une femme, qu'il avait rencontrée dans le même groupe d'improvisation ; celle-ci avait également expérimenté une vie amoureuse douloureuse avant de se tourner vers la comédie. Ils ont formé un duo qui s'est concentré sur les tribulations amoureuses ; ils ont déclenché des rires approbateurs dans leur auditoire. Aux dernières nouvelles, ils étaient mariés et avaient cessé de produire leur spectacle.

Ayez de la patience, puisque briser les anciens modèles et en introduire de nouveaux prend du temps. C'est comme essayer de faire pousser autre chose dans votre jardin : vous devez tout d'abord arracher les vieilles racines, puis mettre les graines et attendre que l'Univers fasse son œuvre. Cela peut prendre plusieurs saisons avant que les anciens arbustes et les fleurs soient complètement dégagés et que les nouveaux soient pleinement épanouis, mais cela se produira.

Avant que les Êtres de lumière ne commencent à affluer sur la planète pour assister votre but de l'âme collectif, il en prendrait normalement trois cycles de vie à une personne avant qu'elle démantèle avec succès un comportement qui va à l'encontre du but recherché. Toutefois, la terre ne peut plus soutenir un progrès aussi lent. Voilà pourquoi nous vous encourageons à rire de toute chose qui n'est plus désirée, parce que cela élève l'esprit et le monde plus rapidement. Nous rigolons avec vous !

Ayant dit ceci, nous comprenons à quel point il peut être difficile d'être joyeux lorsque votre âme est en douleur. Mais la souffrance est le meilleur catalyseur pour votre évolution. Après tout, quand tout va bien, vous êtes moins enclin à vous connecter à votre vraie nature. C'est seulement quand vous souffrez, ressentez du chagrin et expérimentez la perte que vous souhaitez vraiment faire des changements.

Nous espérons que vous altérerez votre perspective de l'angoisse et la verrez comme une voie vers la transformation. Repositionnez-la dans votre pensée comme un professeur ou un ami. Lorsque vous observez ou expérimentez l'affliction, évaluez-la correctement. Ne la jugez pas comme « mauvaise ». Acceptez-la simplement comme un signe qu'il est temps de grandir.

La douleur stimule le développement. Une fois que vous avez appris votre leçon, vous n'avez plus besoin de la douleur et pouvez la laisser aller. Ne tombez pas dans l'habitude d'être perpétuellement blessé. Nous sommes encore et encore témoins de la force avec laquelle vous vous accrochez aux tourments, comme si vous vous colliez à une couverture réconfortante.

Remarquez avec quelle précision vous pouvez décrire votre dernière expérience pénible et même recréer les sentiments y étant rattachés. Puis, comme un exercice de conscience, racontez l'événement positif le plus récent dans votre vie. Neuf fois sur dix, vous serez loin de raconter les choses merveilleuses avec autant d'intensité que celles qui sont désagréables.

Ma cliente Marie est passée à travers la dissolution déchirante de son mariage et d'un divorce. Elle a été trompée par son mari, qui l'a laissée pour une autre femme, et abandonnée par les enfants de ce dernier, maintenant adultes et issus d'une relation antérieure. Bien que ce fût dévastateur, elle savait, lorsqu'elle l'a marié, qu'il était incapable de fidélité et d'honnêteté. Elle avait également réalisé que ses enfants étaient manipulateurs et égoïstes à l'image de leur père. Néanmoins, elle est entrée dans ce décor croyant qu'elle pourrait tous les changer.

Sachant maintenant à quel point il est pénible de transformer ses propres modèles et ses vibrations – encore plus ceux des autres –, Marie a finalement reconnu comment ses plans avaient été ridicules. Le divorce l'a finalement ramenée à ses émotions. La souffrance qu'elle a expérimentée pendant qu'elle était mariée lui a permis de lâcher prise et de cesser d'imposer son idée de croissance sur sa famille, alors qu'elle négligeait son propre développement durant ce temps.

Le problème qu'elle se crée maintenant est de constamment raconter l'histoire de ses souffrances à qui veut bien l'entendre. C'est comme si elle ne pouvait plus se passer de se « retraumatiser » sur une base quotidienne.

Quand je lui ai demandé pourquoi elle continuait de s'infliger cette ancienne blessure, Marie a dit qu'elle voulait s'assurer de ne pas commettre cette même erreur à nouveau.

L'absurdité de son raisonnement est qu'en racontant perpétuellement les événements passés, elle revit énergétiquement les mêmes gaffes. Lorsque je lui ai suggéré de lâcher prise à propos de ces événements, elle s'est défendue en s'exclamant : « Jamais ! »

Son intense résistance a dévoilé son amour de la souffrance, et je la comprenais. Le fait de penser sans cesse à son passé lui donnait une excuse pour ne pas revenir dans le jeu de la vie et continuer sa croissance. Cependant, je ne l'ai pas forcée à changer. L'évolution peut être aussi vite ou aussi lente que ce que nous décidons. Apparemment, elle n'était pas pressée.

Quand vous souffrez et êtes incapable de vous détacher, d'examiner et de changer consciemment votre conditionnement, nous vous offrons un autre outil pour vous aider : l'utilisation des sons, qui est constituée de vibrations. Par le chant et la psalmodie de certains mantras, vous pouvez générer des vibrations qui sont plus élevées que celles du comportement ou de la pensée que vous souhaitez transformer. Le fait d'exercer cette pratique assez longtemps va détruire un mauvais programme et libérer l'énergie pour en créer un nouveau.

Deux puissants mantras sont le *Om mane padme hum* – je suis qui je suis – et *A-do-na-I – prononcé A-do-na-ee –*, qui signifie « Dieu sur le plan physique ». Chantez ces formules sacrées de n'importe quelle manière. Trouvez votre propre clef, ton ou rythme, et laissez le son faire son travail.

Chantez *A-do-na-I* un maximum de trois fois en vous concentrant sur ce que vous voulez surmonter, comme l'isolation, la pauvreté ou la maladie. Votre mantra devient une vibration focalisée qui dérange le champ d'énergie existant. Faites ceci plusieurs fois tout au long de la journée et vous observerez un changement à l'intérieur de trois à trente jours.

Om mane padme um peut être chanté aussi longtemps et aussi souvent que vous le désirez pour le même but. Chaque fois que vous faites face à un comportement qui ne vous sert plus, qui vous apporte de la douleur ou qui vous empêche d'être présent, chantez *Om mane padme um* pendant que vous retenez la pénible habitude dans votre pensée. Cette pratique perturbe la situation en invoquant le nom de Dieu.

Une autre façon de briser les modèles dépassés est d'invoquer l'archange Gabriel en chantant son nom. L'une de ses missions spécifiques est de vous aider à briser les vieux modèles personnels et à relâcher les nouveaux par l'expression. Donc, sentez-vous libre de faire appel à lui lorsque vous avez besoin d'aide.

En utilisant les mantras et les chants ou en invoquant Gabriel, vous comprendrez mieux le sort réservé à un modèle lorsqu'une vibration plus puissante est introduite. Dans les années 1970, il y avait une publicité à la télévision sur les cassettes Memorex. Cette publicité montrait une coupe de cristal. Puis, la chanteuse de jazz Ella Fitzgerald commençait à chanter, et la résonnance de sa voix était si forte – plus intense que l'oscillation des molécules qui maintiennent le récipient – que l'objet se cassait.

Ce qui n'était pas apparent était que, avant que le verre ne se fragmente, les molécules qui constituaient la coupe se contractaient, se tenant serrées les unes contre les autres dans une tentative de maintenir leur ordre. Il fallait la note soutenue – ou la plus haute fréquence – pour briser et relâcher le resserrement.

Ce phénomène se produit partout dans la nature et dans nos vies. Quand une énergie élevée est introduite dans n'importe quelle formule établie, elle se rétracte tout d'abord pour essayer de se préserver. C'est ce qui explique qu'aussitôt que les gens décident de suivre un régime alimentaire ou d'abandonner la cigarette, leur réponse immédiate est de tout dévorer sur leur passage ou de fumer comme des enragés. Les atomes, les molécules et les séquences de résonance mentales et émotionnelles réagissent en se battant pour leur existence.

C'est le meilleur moment pour introduire une plus haute vibration. Plutôt que de manger, par exemple, chantez Om mane padme um, ou invoquez Gabriel à trois reprises ; puis, allez vous promener, rangez votre garde-robe ou faites quelque chose de différent. La même technique fonctionne pour arrêter de fumer : au lieu d'inhaler, chantez A-do-na-I à trois reprises ; puis, respirez, étirez-vous et allez faire une promenade. Vous pouvez invoquer ces énergies pour n'importe quel comportement que vous voulez changer. Chacun de ces mantras suscite une plus grande résonance pour combattre la contraction, briser le modèle et libérer une nouvelle puissance.

Comme nous l'avons mentionné, en tant qu'être spirituel, vous êtes lié à toute personne et toute chose dans l'Univers. Conséquemment, vous affectez profondément les autres — et vice versa. Votre douleur est celle d'un autre, et les leurs sont les vôtres. Voyez n'importe quelle souffrance, passée ou présente, comme votre opportunité personnelle à transcender pour l'humanité entière. Vous portez la douleur et vous la transcendez aussi à chacun. Aller au-delà de votre chagrin et devenir un être de lumière joyeux est la plus grande contribution que vous puissiez apporter à vos compagnons humains. Vous devenez un exemple vivant de ce qui est possible de faire et que les autres peuvent suivre. Plus vous surmontez les tribulations, plus vous apportez de l'amour aux autres. Comme vous le savez, votre plus grand but est de servir l'humanité comme un ambassadeur. Et la seule façon de le faire est de travailler à travers les obstacles et les ténèbres des modèles qui n'ont plus de raison d'être, et d'avancer vers une plus haute vibration.

Maintenant, vous pouvez appliquer cette leçon.

— Si vous êtes étourdi par des habitudes désuètes ; si vous ne faites aucun effort pour examiner votre comportement par rapport aux modèles contre-productifs ; si vous recréez constamment les frustrations et la douleur du passé, ou si vous vous sentez coincé… alors, vous êtes un **étudiant** dans l'apprentissage de cette leçon.

— Si vous remarquez que vous avez quelques programmations négatives ; que vous cherchez conseil au sujet de ces parties de votre vie qui sont peu satisfaisantes, mais résistez au changement ou espérez que les choses s'arrangeront… vous êtes alors un **apprenti**.

— Si vous transformez divers aspects de vous-même ; que vous vous en tenez aux nouveaux choix même si ceux-ci ne donnent pas de résultats instantanés ; que vous réalisez que la croissance prend du temps et êtes prêt à être patient ; ou que vous vous sentez inspiré à chanter ou à psalmodier pour invoquer une plus haute vibration… alors, vous êtes un **compagnon**.

— Si vous cherchez à résonner avec des niveaux élevés d'énergie ; que vous confrontez les comportements qui vont à l'encontre du but recherché ; ou que vous gardez une attitude positive face aux bouleversements… alors, vous êtes bien sur la voie de **maîtriser** cette leçon.

Si vous êtes un **étudiant**…

- Demandez-vous si vous voulez changer.
- Soyez conscient de votre douleur, et voyez-la comme un appel à évoluer.
- Écoutez des enregistrements du chant *Om mane padme um*.
- Demandez aux autres quels sont les modèles qu'ils voient se répéter dans votre vie.

- Portez attention à ce qui vous déprime ou à ce qui fait en sorte que vous vous sentiez désespéré, et remarquez ce que vous êtes en train de faire lorsque ces sombres vibrations vous entraînent.

Si vous êtes un **apprenti**…

- Identifiez des modèles énergétiques spécifiques que vous désirez changer.
- Déterminez les origines mentales, émotionnelles et physiques des comportements et des pensées qui vont à l'encontre du but recherché en remarquant qui, dans votre famille, a les mêmes façons d'agir.
- Devenez conscient des secteurs de votre vie où vous vous éloignez de vos anciennes manières d'être et d'agir, mais dont vous n'avez pas encore atteint une plus haute vibration. Félicitez-vous de vos efforts.
- Ayez des séances de « Rolfing » régulièrement ou des séances de massothérapie hebdomadaires pour reprogrammer vos modèles physiques.
- Faites semblant de le faire jusqu'à ce que vous le fassiez réellement.

Si vous êtes un **compagnon**…

- Inscrivez-vous à un atelier pour briser les modèles, tel que le *eight-day Hoffman Process* (1 800 506-5253), pour aborder et éliminer intentionnellement les vieilles habitudes.

- Recherchez des modèles différents pour les secteurs de votre vie que vous voulez changer ou améliorer. Si vous voulez de l'amour, recherchez une personne qui illustre le genre de compassion et d'affection que vous admirez, et apprenez de lui ou d'elle. Si vous désirez plus d'argent, repérez un professionnel qui vit votre rêve.

- Faites appel à l'aide d'un mentor ou d'un guide pour renforcer de nouveaux modes de comportement.

- Invoquez l'archange Gabriel pour vous assister dans la transformation de votre programmation mentale, émotionnelle et physique.

Si vous êtes sur la voie de **maîtriser** cette leçon…

- Voyez chaque expérience douloureuse dans votre vie comme votre participation personnelle à la guérison de la souffrance du monde.

- Pour toutes ces souffrances personnelles qui résistent à la transformation, priez les autres personnes dans l'Univers afin qu'elles vous envoient des messages de guérison et leur compréhension de cette leçon.

- Exercez activement votre nouveau modèle pour le rendre *permanent*.

- Parlez des habitudes que vous désirez adopter comme si elles étaient déjà effectives.

La leçon de votre âme
Détournez le passé.

Le but de votre âme
Modelez votre vie avec joie.

Leçon de l'âme # 22

Ne perdez pas de temps

Utilisez votre temps de façon judicieuse, puisqu'il est la seule chose d'une réelle valeur que vous possédiez sur ce plan terrestre. Quand vous le gaspillez, c'est un grave échec pour votre évolution spirituelle. Vous ne pouvez jamais être certain du nombre d'heures qu'il vous reste à passer dans ce corps, votre incubateur psychique condensé. Vos journées sont un don, donc utilisez-les convenablement.

Soyez organisé quant à l'utilisation de votre temps. Concentrez-vous sur les choses qui s'accordent avec le désir de votre cœur — ce qui veut dire de les intensifier. Après tout, le temps que vous passez à vous inquiéter, à vous mettre en colère, à vous attarder sur le ressentiment et la négativité, et à vous engager dans des activités auxquelles vous ne croyez pas ne peut pas être récupéré. L'âme est immortelle, mais elle s'incarne dans un corps physique pour une période de temps désignée afin de grandir, évoluer et accomplir son but. Si vous gaspillez cette vie — et vous pouvez certainement choisir de le faire — vous prolongez simplement votre douleur et votre souffrance, et vous vous empêchez, ainsi que les autres, de connaître l'épanouissement personnel. Reconnaissez comment vous employez mal vos journées, votre qualité terrestre la plus précieuse, *avant* d'être frappé par la mort, puisqu'il sera alors trop tard.

Ma cliente Emma a soudainement fait cette prise de conscience. Elle était une épouse et une mère de cinquante-trois ans vivant à Omaha lorsqu'elle a été diagnostiquée d'un cancer du sein, au quatrième stade de la maladie, lequel s'était répandu à ses ganglions lymphatiques.

Atterrée et inconsolable concernant ses perspectives d'avenir, elle m'a avoué :

– Sonia, ce n'est pas tant le fait que je sois mourante qui m'affole. C'est que je n'ai jamais réellement vécu ma vie. J'ai été l'épouse modèle ; j'étais présente aux repas d'affaires ; j'ai dirigé l'association de parents d'élèves et de professeurs ; et j'ai excellé en tant que maman idéale du soccer, comme représentante de block-parties et comme organisatrice pour collecter des fonds d'école – non pas parce que je le voulais, mais parce que j'avais trop peur de dire non et que je souhaitais être acceptée de tous.

– Ce dont j'avais réellement envie était de peindre, porter des chaussures rouges et visiter Rome. Et maintenant, je ne peux même pas me rendre jusqu'aux toilettes. J'ai perdu mon temps ici-bas et je ne peux pas supporter d'avoir à quitter cette terre en vain.

Emma me brisait le cœur. Elle se découvrait enfin, mais trop tard.

– Comment puis-je mourir en paix, Sonia ? me demanda-t-elle en implorant mon aide. Comment puis-je possiblement le faire en sachant que j'ai gaspillé mon temps ?

C'était une bonne question, et j'y ai sérieusement réfléchi. Puis, la réponse est venue.

– Laissez connaître la vérité à tout le monde, ai-je répondu. Dites aux gens de ne pas faire la même erreur. Encouragez-les à vivre dans leur esprit plutôt que de se soumettre à leurs peurs et de laisser leurs rêves leur passer sous le nez.

Elle s'est calmée et est devenue silencieuse.

– Vous avez raison, a-t-elle affirmé. Ce sera au moins un choix honnête que je ferai avant de mourir.

J'ai reçu une copie de la notice nécrologique d'Emma trois mois plus tard ; elle était décédée environ quatre semaines après que nous nous sommes parlées. Sa fille aînée, étudiante au collège, me l'a fait parvenir avec une note disant que c'était sa mère qui lui avait demandé de le faire ; cette note était suivie d'un message m'informant qu'elle était partie en paix.

Mon expérience avec Emma a été un cadeau — un rappel clair à repenser la manière dont j'utilisais mon propre temps. Ce faisant, j'ai remarqué des secteurs de ma vie qui étaient un gaspillage de temps colossal. Je me plaignais de conflits avec des gens, certains étant survenus il y a plusieurs années ; je me disputais avec ma famille sans ennui et avec un manque de souci pour moi-même ; je me débattais pour me débarrasser de mon stress ; et je regardais trop la télévision au lieu de profiter du sommeil dont j'avais besoin. La liste s'allongeait indéfiniment.

Je pense beaucoup à Emma. Bien qu'elle s'imaginait que sa vie avait été inutile, elle m'avait en fait aidée à sauver beaucoup de temps, et je lui en suis très reconnaissante. Elle aura été utile par le biais de sa mort.

Ne gaspillez pas non plus le temps des autres personnes. Il est émotionnellement indulgent et irrespectueux de briser des promesses, d'envoyer des messages contradictoires, de se présenter en retard à des rendez-vous — ou de ne pas s'y présenter du tout —, ou d'être irresponsable. Vos heures ici sur Terre sont l'unique vraie valeur que vous ayez, et, bien que gaspiller vos propres ressources soit assez mal, prendre celles des autres est le comble de l'égoïsme.

Je sais que ce sont des paroles lourdes de sens, mais elles sont vraies. Gaspiller le temps d'une autre personne, spécialement par folie et apitoiement sur soi-même, crée l'un des ressentiments de l'âme les plus profonds que j'aie rencontrés. J'ai eu d'innombrables clients qui se pointaient à mon bureau, hors d'eux-mêmes et contrariés de s'être fait consumer leur temps dans de vaines relations.

Une femme en particulier, Soledad, était si affolée qu'elle en avait presque des convulsions émotionnelles. Mère de six enfants maintenant adultes, elle avait un fils, un jeune homme créatif prénommé Jose, qui refusait de grandir et d'être une personne responsable. Elle l'avait soutenu financièrement durant sa vingtaine et sa trentaine, l'avait envoyé au collège, avait payé ses prêts étudiants et de voiture, et avait également pris ses amis sous son aile et les avait aidés – tout cela avec l'illusion que Jose assumerait un jour lui-même ses responsabilités et deviendrait un créateur de mode indépendant; il lui avait promis que cela se produirait bientôt.

Au lieu d'être sérieux et responsable, néanmoins, il fêtait, consommait de la drogue et sortait dans les bars soir après soir. Il pouvait se permettre de faire n'importe quoi avec ses manipulations parce qu'il était sympathique, et que Soledad voulait croire en lui. Tout ceci s'est terminé abruptement lors d'une veille de Noël, alors qu'il avait trop bu : il fut victime d'un accident de voiture avec ses amis en allant danser. Jose a perdu le contrôle de son véhicule et a frappé un arbre; ses deux amis et lui ont été tués sur le coup. Il a laissé derrière lui un montant de cinquante-six mille dollars en factures impayées, et beaucoup de chagrin.

Tout ce que Soledad put dire fut :

– Quel gaspillage!

Elle avait voué quarante ans de sa vie à quelqu'un qui n'avait pas été fidèle à lui-même. C'était une douloureuse leçon et une terrible perte pour chacun d'entre eux.

La leçon de l'âme # 22 lui a fait redresser la tête; elle n'avait maintenant qu'un seul véritable choix : ne pas dépenser davantage de temps à trop donner aux autres en négligeant sa propre vie. Je ne sais pas ce qu'elle a choisi de faire puisqu'elle n'est jamais revenue me voir.

Dans vos relations, soyez à l'heure et attentif à vos projets, tout en respectant les besoins et les désirs des autres. Estimez leurs priorités tout autant que les vôtres. Bien que d'imposer vos perspectives et vos volontés aux autres puisse vous donner l'impression d'obtenir ce que vous voulez, cela ne fonctionnera pas à long terme.

Charles, un de mes très chers compagnons, a rencontré une femme plus jeune que lui prénommée Claire. Il a immédiatement décidé qu'il devait faire partie de sa vie pour prendre soin d'elle. Parce qu'elle semblait démolie, Charles l'a convaincue de le marier, d'être la mère de ses enfants et de suivre ses consignes. En échange, il lui a fourni confort et sécurité. Étant soumise et facilement manipulée, Claire a accepté ce plan, particulièrement séduite par l'offre de facilité et de contentement – du moins pour l'instant.

Claire est devenue la femme de Charles, a créé une charmante demeure et a eu deux fils. Mais elle s'est aussi rebellée, s'est trouvé un amant secret chez le mari d'une voisine et a finalement abandonné son mariage et ses enfants lorsqu'elle est partie avec ce nouvel homme.

Charles était terrassé.

– Nous avions une entente, m'a-t-il dit. Elle n'a pas respecté notre contrat.

Je ressentais de la compassion pour lui, alors qu'il était clairement ravagé par la peine, mais je devais le mettre à l'épreuve concernant leur « accord ».

– Tu as dit que vous aviez un accord, ai-je poursuivi, mais je m'en rappelle d'une manière légèrement différente. Je me souviens que tu l'as harcelée afin qu'elle t'épouse, l'attirant avec des promesses d'argent et de sécurité. Elle s'est soumise à tes idées, mais je n'appellerais pas cela un véritable contrat, qui, lui, consiste en la rencontre libre et entière de deux esprits. Votre union ne s'est pas vraiment passée de cette façon.

Charles devait l'admettre.

– Je sais que je l'ai persuadée de ce que je voulais. Quelle perte de temps ce fut ! a-t-il admis.

– Oui et non, ai-je clarifié. C'était une perte de temps considérant que vous n'avez pas réussi à faire concorder vos idées. Toutefois, tu peux te servir de ce que tu as appris avec cette expérience.

Vous avez tout le temps que vous désirez pour accomplir toute chose vraie et significative, mais vous n'avez pas une seule minute à perdre. Cela ne signifie pas que chaque moment doit être utilisé à créer de grands résultats. Parfois, la chose la plus efficace que vous puissiez faire consiste à ne rien faire.

Utiliser vos journées convenablement veut dire de reconnaître le pouvoir du repos, de la patience et d'attendre que le cours naturel des choses se produise. Prenez conscience que vous n'êtes pas la seule personne agissant dans l'Univers. Le Seigneur de la création travaille aussi, et vous devez occasionnellement attendre la direction du Divin.

Il y a plusieurs années, j'ai eu un client, Al, qui ne voulait rien de moins que devenir un présentateur de journal télévisé. Son unique problème était qu'il avait un petit secret : il était homosexuel, et il était certain que son orientation sexuelle vouerait ses buts professionnels à l'échec. Naturellement, cela a créé chez lui beaucoup de frustration et de peur, et il a passé énormément de temps à construire ce qu'il considérait une façade acceptable dans le but de réaliser son rêve. Pour pousser sa ruse plus loin, il a fréquenté et marié une jeune femme naïve d'origine polonaise qui ne parlait pas un mot anglais.

Il est parvenu à ses fins et s'est vu offrir un poste dans un bulletin d'information du matin. Tout cela a duré deux ans, jusqu'au soir où, alors qu'il sortait d'un bar gay, il tombe par hasard sur plusieurs collègues de travail qui semblaient amusés de le voir là. Tout le personnel du bureau était au courant le lendemain matin. Humilié que son secret ait été dévoilé au grand jour, il quitta cet emploi. N'ayant plus besoin de sa femme pour camoufler sa réalité, il a également divorcé. Il était convaincu que sa carrière était terminée, donc, il a abandonné tous ses espoirs. C'est à ce moment-là que je l'ai rencontré.

Mon discernement m'a démontré qu'il était seulement avant-gardiste et qu'il se frayait un chemin. Je lui ai dit d'être patient :

— Le jour viendra, ai-je dit, où votre orientation sexuelle ne fera absolument aucune différence, et, en fait, pourra même vous aider dans votre travail.

Il se moqua :

– D'ici là, je ferai face à un autre tabou encore plus insurmontable : je serai trop vieux.

– C'est inexact, ai-je répondu. Patientez simplement et vous verrez. En attendant, mettez de l'ordre dans la pagaille que vous avez créée et soyez honnête envers vous-même et envers ceux dont vous avez gaspillé le temps.

Je ne l'ai pas revu après cette rencontre. Par contre, il y a quelques semaines, j'ai remarqué qu'il était l'animateur d'un talk-show sur une chaîne spécialisée pour les homosexuels. Il semblait suprêmement heureux et était plutôt à l'aise. Tout ce qu'il lui fallait était d'attendre que le monde le rattrape.

Utiliser votre temps convenablement est la dernière frontière à traverser dans l'évolution de l'âme. Vous ne pouvez pas contrôler le temps ; vous pouvez seulement le gérer, et, idéalement, vous devriez le faire avec grand soin. Consacrez vos journées à ce qui est important, et ne vouez aucune énergie à ce qui ne l'est pas.

L'essentiel de cette leçon est d'être pleinement autonome. Il est important et bon de rechercher du soutien, mais pas de demander, souhaiter ou rêver que quiconque ne vous entretienne. Votre âme recherche l'épanouissement personnel parce que c'est son plus grand but. Désirer ou vous permettre d'être entretenu par une autre personne est une grosse perte de temps parce que l'esprit va se révolter. Vous ne savez peut-être pas quand, mais il n'y a aucun doute que cela se produira.

Pour voir comment vous utilisez votre temps, portez une montre pourvue d'une alarme, et réglez-la pour sonner une fois toutes les heures pendant une semaine – sauf lorsque vous dormez. Quand elle sonnera, notez si vous êtes en train d'utiliser votre temps de manière judicieuse ou si vous le gaspillez.

Nous sommes des créatures d'habitudes. J'ai remarqué que ce que vous faites pendant une semaine est relativement indicatif de la façon dont vous passez vos mois, et même vos années. Soyez conscient de votre attention, de vos conversations et de vos états mentaux et émotionnels. Combien d'heures gaspillez-vous ? Cette expérience sera assez révélatrice.

Lorsque vous considérez que le temps est de l'or, et que vous consacrez à ce qui est important et vrai pour vous, la vie devient éternelle. Vous étirez vos minutes et ne courez plus après elles, et elles vous servent, ainsi qu'à votre évolution. Plus vous les appréciez, plus vous en avez. En fin de compte, vous allez complètement transcender et transformer votre existence en un art exquis d'épanouissement personnel. La grandeur *peut* être accomplie en l'espace d'une incarnation, quand vous l'utilisez judicieusement. Regardez simplement Léonard De Vinci ou Michel-Ange, pour ne citer que quelques exemples de ce qui est possible.

Traitez le temps comme une matière précieuse, et accordez-le seulement aux efforts qui en valent la peine. Agir ainsi vous conduira directement vers la maîtrise du but à un niveau spirituel et vous rendra pleinement responsable de votre vie.

Maintenant, vous pouvez appliquer cette leçon.

— Si vous perdez énormément de temps à regarder la télévision, à parler au téléphone, à vous plaindre des autres ou à vous tracasser à propos du futur ; ou que vous êtes peu soucieux et que vous vous présentez en retard aux rendez-vous ou les manquez complètement… alors, vous êtes un **étudiant** dans l'apprentissage de cette leçon.

— Si vous essayez d'être organisé même si vous n'y arrivez pas toujours ; que vous transférez les appels téléphoniques sur votre boîte vocale quand vous êtes déjà occupé à un autre projet ou à des choses plus importantes ; que vous vous sentez débordé, bousculé, submergé et surchargé ; que vous n'avez pas un sommeil adéquat ; ou que vous n'avez pas assez de temps pour les choses et les gens que vous aimez… vous êtes alors un **apprenti**.

— Si vous êtes honnête quant à vos ententes, respectueux et prompt dans vos engagements, et clair et direct dans vos intentions ; que vous avez une écoute attentive ; ou que vous appréciez et prenez du temps pour ce que vous chérissez le plus… alors, vous êtes un **compagnon**.

— Si vous êtes prudent et hautement sélectif quant à la manière dont vous passez vos heures ; que vous ne perdez pas une seconde à vous attarder sur le passé, et tirez plutôt au clair ce qui doit recevoir de l'attention afin de pouvoir vivre dans le présent ; que vous maintenez une allure confortable, et trouvez du temps pour l'imprévu ; que vous appréciez les gens importants dans votre vie plus que toute autre chose, et que vous vous faites un point d'honneur de partager du temps de qualité positif avec ces derniers ; ou si vous êtes reconnaissant pour chaque journée qui vous est donnée… alors, vous êtes sur la voie de **maîtriser** cette leçon.

Si vous êtes un **étudiant**…

- Procurez-vous un planificateur de journées et inscrivez-y vos buts et vos engagements.

- Prévoyez des rendez-vous pour renouer avec vous-même et pour vous régénérer.

- Allouez-vous quinze minutes supplémentaires pour vous rendre à chaque rencontre ou visite.

- Éteignez la télévision et prenez la décision d'être au service des autres.

Si vous êtes un **apprenti**…

- Accordez-vous un peu de temps pour réfléchir avant d'accepter des engagements.

- Concentrez-vous sur vos priorités et vos intentions, et communiquez-les clairement aux autres d'une manière opportune.

- Écoutez attentivement les gens pour discerner leurs plans et désirs.

- Prenez tout d'abord soin de vous-même avant d'aller aider les autres pendant votre journée.

Si vous êtes un **compagnon**…

- Prenez quinze minutes pour vous-même avant de commencer votre journée.

- Ne perdez jamais de temps à ressasser les vieilles histoires. Faites ce qu'il faut faire pour y mettre fin. Si elles sont soulevées lors d'une conversation, changez doucement, mais fermement de sujet.

- Accordez un maximum de cinq minutes à une dispute ou à une chamaillerie. Après cela, prenez une pause et revenez-y lorsque vous êtes moins émotif et avez l'esprit plus clair concernant ce que vous voulez.

- Exercez-vous à respirer, à vous calmer et à vous recentrer avant de faire face aux difficultés. Remarquez que la *réaction* est une perte de temps, tandis que la *réponse* est productive.

- Éteignez la télévision, l'ordinateur, et l'iPod, et profitez du présent.

Si vous êtes sur la voie de **maîtriser** cette leçon...

- Allouez-vous des moments quotidiens pour être reconnaissant et profiter du moment présent.
- Ne prenez aucun engagement que vous n'avez pas l'intention d'honorer pleinement.
- Prenez du temps chaque jour pour les relations interpersonnelles et les activités importantes, sans vous excuser de le faire.
- Dites non sans hésitation aux choses qui vous font perdre votre temps.
- Acceptez pleinement toutes les expériences comme étant la création de votre âme, et utilisez votre vie pour maîtriser les leçons que vous apprenez ici plutôt que de les combattre et de lutter contre elles.
- Par-dessus tout, faites-vous une priorité de profiter de vous-même chaque jour.

La leçon de votre l'âme
Utilisez votre temps judicieusement.

Le but de votre âme
Devenir le maître du temps de votre vie.

Épilogue

Ainsi, très chers amis, cet atelier d'apprentissage pour réclamer votre héritage divin tire à sa fin. Nous sommes reconnaissants d'avoir retenu votre attention tout au long de ces pages et nous vous assurons affectueusement que nous – ainsi que tous les Êtres de lumière dans l'Univers au service de notre grand Créateur – sommes toujours présents pour continuer de soutenir et de guider l'apprentissage et l'évolution de votre âme de toutes les manières possibles.

L'information transmise dans ce programme peut parfois sembler difficile et énorme à assimiler et à exécuter, mais nous vous assurons que ce n'est pas du nouveau pour vous. Le plan et le but de votre esprit ont été décidés avant votre présente incarnation et sont inscrits dans chaque cellule de votre corps. Notre directive provenant du Seigneur de la vie est de réactiver ce qui demeure dormant dans votre conscience, et d'éveiller l'engagement de votre Moi Supérieur à votre vraie nature. Si vous apprenez ces leçons, elles vous mèneront à réaliser votre plus grand potentiel. Si vous choisissez de donner la priorité à votre essence intérieure, vous comprendrez naturellement et avec grâce.

Alors que nous nous quittons, nous vous transmettons notre dernière directive, qui résume bien et simplifie tout ce que nous avons précédemment exposé, c'est-à-dire : vivez avec un cœur ouvert, une acceptation compatissante et un amour inconditionnel et indulgent, pour vous-même et pour toutes les créatures et créations de l'Univers. Cette décision dégagera le chemin afin que vous puissiez maîtriser vos leçons de l'âme avec facilité, et elle vous guidera vers la rencontre avec le plus grand but de votre esprit, qui est celui de glorifier Dieu et de servir en tant qu'ambassadeur de Lumière sur la Terre.

Comme toujours, vous reposez dans le cœur, la pensée et l'esprit du Seigneur de l'Univers. Respirez, acceptez et vivez votre divinité ; et chérissez le don de votre vie.

Dans le service et la gratitude la plus profonde, nous nous retirons dans l'amour et attendons votre prochain contact. Pour faire appel à nous et à tous les Êtres de lumière disponibles pour vous, soyez simplement réceptif et demandez de l'aide. Nous vous entendons et vous répondrons volontiers.

Avec bénédictions et grand amour,
Joachim et les Émissaires du Troisième Rayon

Écrire ce livre a été toute une expérience. À vrai dire, je me sens triste que les Émissaires aient terminé leur enseignement et se soient maintenant retirés. J'attendais avec impatience chaque séance d'écriture, me sentant comme une étudiante qui allait en classe, empressée d'apprendre – et, chers amis, j'ai appris !

Être si intimement liée avec leur vibration sacrée durant les six mois qu'il m'a fallu pour créer ce livre m'a grandement affectée et changée. Mon cœur s'est adouci et s'est ouvert davantage. J'ai ressenti des vagues de compassion intense pour moi-même ainsi que pour toute l'humanité tandis que j'écrivais ; et ce voyage a accru ma capacité à me sentir concernée. J'ai été incitée à devenir moins égocentrique, alors que je commençais à réaliser à un niveau plus profond combien nous sommes tous liés les uns aux autres. Ma tendance à aimer de façon sélective s'est aussi largement calmée parce que je sens maintenant que mes camarades spirituels font vraiment partie de moi.

Quand je regarde la mer de l'humanité, j'aime ce que je vois – même avec notre folie. Nous sommes si ridicules parfois, alors que nous nous débattons pour nous retrouver – particulièrement actuellement, tandis que le monde nous transmet des images horrifiantes par le biais de la télévision et des journaux –, mais nous sommes tout de même tous des êtres adorables et avons besoin de le croire, en dépit de ce que nous faisons.

J'ai également commencé à reconnaître à quel point mon ego peut obstinément porter des jugements, et je travaille de façon consciente afin de le maîtriser. Au moins, je peux me moquer de lui ces jours-ci lorsqu'il relève la tête de manière incertaine, sachant que ce n'est ni moi ni mon esprit qui se conduisent mal et me causent du stress. Voilà pourquoi mes journées sont plus légères et faciles, et ma frustration et mon chagrin ont considérablement diminué.

Mon attention est également plus centrée sur le présent. Avec l'aide de Joachim et des Émissaires, je pense rarement à demain ou au passé. Je comprends maintenant clairement, à un niveau plus profond, que la Terre est l'école de l'âme et que le Moi Supérieur est éternel. Une fois la journée finie, cette leçon est terminée et il est temps de passer à la prochaine. Ressasser sans cesse ce qui est passé est le plus grand gaspillage de notre précieux cadeau de la vie et ne sert aucun but utile.

Ce qu'il y a de mieux, quant au fait d'avoir travaillé avec les Émissaires sur ce livre, est que tout ce que j'ai appris et enseigné au cours de ma vie s'est enraciné en moi encore plus profondément. Rien dans ces pages n'est nécessairement nouveau ; j'avais déjà abordé la plupart de ces concepts à un certain niveau. Sauf que, cette fois-ci, j'ai pu entendre la sagesse d'une toute nouvelle manière – je l'ai ressentie au plus profond de mon être.

En tant que race, nous devons passer à une plus haute vibration dans le but de continuer à vivre ensemble sur cette planète. Nous ne pouvons pas continuer à progresser à la vitesse que nous avons maintenue jusqu'à maintenant. Il nous faut agir d'une façon beaucoup plus affectueuse, en commençant par nous-mêmes. Nous devons commencer dès maintenant si nous voulons pouvoir survivre et nous développer comme conscience de groupe. Je suis reconnaissante pour cette conscience grandissante.

Quand les Émissaires ont conclu cet ouvrage, je leur ai demandé :

– Et ensuite ?

J'ai reçu cette réponse :

– Ayez une acceptation compatissante, un amour et une indulgence inconditionnels à chaque instant de votre vie. Il n'y a rien de plus profond, de mieux et de plus urgent que cela.

Je me joins à vous pour assimiler cette information dans mon être et l'absorber. Mon esprit me dit de travailler en équipe, d'aider tout un chacun et de continuer d'être ouverte à recevoir le soutien généreux des cieux. C'est l'unique façon d'assurer un futur sain. Je suis prête et j'espère que vous l'êtes aussi.

Je vous envoie tout mon amour,
Sonia

Remerciements

J'aimerais faire des remerciements à ma mère et mon père, Sonia et Paul Choquette, pour me donner une vie pleine d'entrain. À mon mari, pour être une personne d'un grand soutien pour mes cinq sens, et pour me faire confiance, ainsi qu'au monde de l'âme, à travers tous ses tournants bizarres. À mes filles, Sonia et Sabrina, que j'aime tellement, merci d'être mon étincelle, mon rire et ma joie. À Lu Ann Glatzmaier et Joan Smith, mes sœurs de l'âme, pour m'aider à me préparer à recevoir une guidance si affectueuse et profonde. À mes professeurs spirituels, Dr. Tully et Charlie Goodman, pour superviser mon but dans la vie.

Et à mes toutes nouvelles aides spirituelles, Louise Hay, Reid Tracy et le personnel entier de Hay House, pour votre confiance en moi et votre inlassable soutien. À Julia Cameron, ma chère et plus grande amie, et la championne de l'écriture qui, sans son aide, je ne serais jamais devenue une auteure. À mes directeurs de publication, Bruce Clorfene et Linda Kahn, pour m'avoir aidée à modeler mon premier livre guidé et avoir apprécié le sujet en cour de route. À Ryan Kaiser et Anne Kaiser, pour m'avoir aidée à obtenir mon travail dans le monde et pour avoir écouté mes plaintes et mes inquiétudes durant tout le processus. À Nancy Levin et ses elfes magiques, pour avoir guidé mon envol tout en douceur à l'échelon publique. Par-dessus tout, à Dieu, pour m'accorder sa bénédiction encore et toujours en me permettant de partager ces messages avec le monde.

À propos de l'auteure

Sonia Choquette est une auteure reconnue mondialement, une narratrice, une guérisseuse vibrationnelle, et une professeure spirituelle du sixième sens demandée internationalement pour ses conseils, sa sagesse et sa capacité à guérir l'âme. Elle est l'auteure de huit livres à succès, incluant *Diary of a Psychic* et *Trust Your Vibes* (À l'écoute de vos vibrations) ; et de nombreux programmes sur cassettes et de cartes. Sonia a étudié à l'Université de Denver et à la Sorbonne à Paris, et elle détient un doctorat en métaphysique de l'*American Institute of Holistic Theology*. Elle demeure à Chicago avec sa famille.

Site Web : **www.soniachoquette.com**

De la même auteure :

Livres :
À l'écoute de vos vibrations
Demandez à vos guides
Il est maintenant TEMPS... d'accepter vos dons d'intuition !
La réponse est simple...
Voyager à la vitesse de l'amour

Cartes :
Demandez à vos guides

Livres Audio :
Demandez à vos guides
À l'écoute de vos vibrations

AdA éditions

www.AdA-inc.com
info@AdA-inc.com